沦陷时期北平社会问题研究
（1937—1945）

王显成　著

长春出版社

国家一级出版社

全国百佳图书出版单位

图书在版编目（CIP）数据

沦陷时期北平社会问题研究：1937—1945 / 王显成
著. --- 长春：长春出版社，2021.8
ISBN 978-7-5445-6441-0

Ⅰ.①沦… Ⅱ.①王… Ⅲ.①社会史 – 研究 – 北京 –
1937–1945 Ⅳ.①K291

中国版本图书馆CIP数据核字（2021）第165720号

沦陷时期北平社会问题研究（1937—1945）

著　　者　王显成
责任编辑　程秀梅
封面设计　清　风

出版发行　**长春出版社**

总编室电话：0431-88563443
发行部电话：0431-88561180

地　　址　吉林省长春市长春大街309号
邮　　编　130061
网　　址　www.cccbs.net
制　　版　吉林省清风科技有限公司
印　　刷　三河市华东印刷有限公司
经　　销　新华书店

开　　本　710毫米×1000毫米　1/16
字　　数　230千字
印　　张　16
版　　次　2021年8月第1版
印　　次　2021年8月第1次印刷
定　　价　95.00元

目　　录

第一章　概　论

第一节　沦陷时期北平社会问题的概念及其特征

一、北平沦陷时期的界定

这里说的"沦陷"是国土被敌人占领之意。因国家的构成要素是一定的地域、人口、主权，其中主权是最为关键的因素。在近代，随着列强入侵的加剧，国家主权意识越来越深入人心，国土被敌占领必然导致国家主权丧失成为一般人的共识。其原有的臣民或国民则沦为低人一等的亡国奴。那么，抗战时期北平是哪一天沦陷的呢？其标志又是什么呢？我们只能拿国家主权的丧失作为判断的标志。也就是说，中国中央政府及北平市地方政府丧失了对该地的管理权时，就是沦陷之时。

对于北平沦陷的具体时间，一般认为是1937年7月29日。依据是代表中央政府的宋哲元、秦德纯于1937年7月28日夜，离开了北平。这意味着中央政府放弃了对北平主权的坚守。从此，它成了日本人的天下。持这一观点的人，常以朱自清、沈从文等的回忆为据。如沈从文的《忆北平》就将7月29日作为沦陷日。[①]李景铭是当时北平地方伪维持会的参与者。他说："7月28日早7时，飞机数架在上空扔弹，不辨为中央机、日机也。"[②]该日，宋哲元部改变了此前犹豫不决的态度，"与中央一致抗日矣。通州、高丽营、丰台已有收回消息"。然日军很快发动了反攻，"城外秩序大乱"。其在29日这样记载："不意早晨见报，宋竟率冯治安、秦

①沈从文：《忆北平》，《大公报》1946年8月11日。
②中国社会科学院近代史研究所近代史资料编辑室：《近代史资料》第65号，中国社会科学出版社，1987年版，第122页。

德纯赴保，以军政两权交由张自忠接充……昨日昙花皆成幻象……先是李
孟鲁、今村已协同江宇老，往见今井武官及松井机关长，均托以组织治安
维持会。"①由上文可知：第一，主张抗日的中央代表冯治安等离平，他
们将权力授予张自忠，全权处理事宜。这样，中央对北平的管理权丧失。
第二，日方已开始蓄谋组建伪政权。第三，旧有的北平市政府已停止了办
公。第四，人们开始起了恐慌，仿佛有天大的灾祸将要降临到自己的头
上，由失望而渐渐地变成了绝望。从此，"北平由美丽的城市变成了人间
地狱"②。很明显，它们符合国家主权丧失这一历史事实，这就是北平沦
陷期开始的标志。从此，北平民众经历了历时八年零一个月的漫长的日伪
统治时期。1945年8月21日，日本投降，国民革命军孙连仲部进驻北京，
并重新更名北平。当然，从本书的写作来看，要想很好地研究该课题，时
间的跨度可适当放宽。

二、北平沦陷时期社会问题的概念

概念是对某一事物本质属性的高度抽象。要想很好地把握该概念，有
什么需要注意的呢？

首先，要从社会问题这一基本概念入手，寻找突破口。那么，如何界
定社会问题这一概念呢？必须联系中外社会学者对它的不同表述。乔恩·
谢泼德和哈文·沃斯在《美国社会问题》一书中认为："一个社会的大部
分成员和社会的一部分有影响的人物认为不理想、不可取，因而需要社会
给予关注并设法加以改变的那些社会情况即社会问题。"③袁方主编的《社
会学百科词典》中对社会问题的定义为：社会中的一种综合现象，即社会环
境失调，影响社会全体成员的共同生活，破坏社会的正常运行，妨碍社会

---

① 沈从文：《忆北平》，《大公报》1946年8月11日。
② 沈从文：《忆北平》，《大公报》1946年8月11日。
③ 乔恩·谢泼德和哈文·沃斯：《美国社会问题》，乔寿宁，刘云霞，译，山西人民出版
社，1987年版，第5页。

协调发展的社会现象。[①]朱力则认为社会问题是影响社会成员健康生活、妨碍社会协调发展、引起社会大众普遍关注的一种社会现象。[②]

其次，沦陷时期北平社会问题不仅仅是一个社会学意义上的问题，更是一个历史学意义上的问题。因此，界定它不仅要基于社会学的理解，更要基于历史学的理解。也就是说要站在综合两者的角度来分析它、解读它。

再次，不能站在日伪法统的角度来界定。因为依据日伪的法律、政令，毒品犯罪的合法化、娼妓业发展的过度化、赌博的合法化等本不是社会问题。在他们看来是"合法"的，本质上是其"国策"——以战养战等对华政策在具体的沦陷区治理上的反映。如果按照他们的法律、政令来界定该问题，必然会导致一个历史性误区——歌颂侵华战争、美化殖民统治。按照马克思主义法学的基本含义，法律与道德应是一致的。如果为了建立、强化不公正的殖民统治，利用"恶法"——违背人类的基本理性的种种法律，实施种种恶劣行径，必是不符合人类基本道德要求的。

最后，要依据传统道德来界定、分析。沦陷时期北平社会问题本质上是沦陷痛史在社会生活方面的反映，是当时社会道德弱化、堕落的产物。通过对它的研究，我们就可对当时的病态社会有一个直观的、切实的、深入的了解与把握。一个外来侵略势力扶植下的伪政权，其推行种种违背传统道义的政策，对其统治下的社会民众的伤害又是多么大！

总之，沦陷时期北平社会问题是从1937年7月到1945年8月，甚至更长的时间内由社会各界，特别是日伪政权所施行的种种违背传统道德、违背善良风俗的行为所产生的种种妨碍民众健康生活、阻碍社会正常发展的被大众普遍关注的一种病态的社会现象。

三、沦陷时期北平社会问题的分类

"对社会问题的分类主要是对社会问题认识的条理化"。[③]它能将分

---

①袁方：《社会学百科词典》，中国广播电视出版社，1990年版，第49页。
②朱力：《当代中国社会问题》，社会科学文献出版社，2008年版，第6页。
③朱力：《当代中国社会问题》，社会科学文献出版社，2008年版，第36页。

析对象化繁为简，清晰地把握事物的特征。如果应用得当，可通过对不同类型的社会问题的分析，深入研究社会问题。

那么，如何分类呢？目前，我国的社会学家对社会问题分类的形式有四种：一是二分法，如雷洪就将社会问题分为显性社会问题、隐性社会问题两类。二是三分法，我国台湾学者杨国枢、叶启政将社会问题分为三大类：社会性的社会问题、制度性的社会问题、个人性的社会问题。三是四分法，H.奥杜姆在1947年著的《了解社会》中，针对第二次世界大战后出现的各种社会病态现象，将社会问题分为：个人病态问题、社会病态问题、经济病态问题、社会制度病态问题。四是五分法，兰迪士在1959年出版的《社会问题和世界》中将社会问题分为五类：个人调适的失败、社会结构的缺憾、个人对适应的失败、政治与经济问题、社会政策与制度的失调。

笔者赞同朱力先生的主张，将社会问题分为三类：

第一类为结构性社会问题。该类问题是由某些制度性、政策性的因素引起的。第二类为变迁性的社会问题。这类问题主要是社会发展中不可逾越的阶段性现象，在发展中国家从农业社会向工业社会变迁过程中都会出现的伴生现象。如贫困、失业、战争、两极分化、青少年犯罪等。[1]第三类为越轨性社会问题，该类问题是由个人行为偏差造成的，造成的原因属于个人因素。因为人是有相对的意志自由的，他之所以产生某一社会问题，很大程度上是由个人的动机、目的支配的。如卖淫嫖娼、自杀、个人犯罪等。

依上述理论，再结合沦陷时期北平的社会实际，笔者将当时北平存在的主要的社会问题做如下分类：

第一类为结构性社会问题。依朱力先生的理论，结构性社会问题有：毒品业的泛滥成灾、赌博业的合法化、吏治的腐败、教育的衰败与停滞、民族工商业的衰败与停滞——它们主要是由日伪的制度、政策造成的。

第二类为变迁性社会问题。当时经济发展水平总体不高，且主要的工业、商业，甚至部分农业都为日方所垄断，为此，贫困、失业、青少年犯

---

[1]朱力：《当代中国社会问题》，社会科学文献出版社，2008年版，第36页。

罪、两极分化等问题表现得极为突出，形势严峻。

第三类为越轨性社会问题。主要是自杀问题。当然，社会问题的成因是多元的。可以说，绝大多数社会问题都与社会结构的变化、制度、法律的转型等，有着密切的关系。因此，上述分类只有相对的意义。

三、沦陷时期北平社会问题的特征

1. 它是一种客观存在

沦陷时期，社会问题在北平普遍存在，且不断增多，愈演愈烈。这是一种不可否认的客观事实。原因包括：第一，结构性社会问题确实存在，且危害极其深重。历史是一种人类有意识的活动。这种活动的参与者尽管可能因其地位、国籍、思想等的不同，从而在历史活动的过程中有着明显的差异性。但这种差异性本质上正是历史客观性的反映。在沦陷时期的北平，既有处于社会上层的日伪决策阶层，同样也有执行决策阶层颁布的政令、法令的一般伪政府人员，更有受到他们的"执法"活动影响的社会公众。历史是各种合力共同作用的结果，正因为如此，才形成了抗战时北平等地多彩多姿的历史画卷。前面笔者谈到日伪的政策、法令是结构性问题产生的根源，它们本质上就是一种客观存在。而由这些政令、法令导致的社会问题本质上也是一种客观存在。如毒品业的猖獗、赌博业的合法化等。第二，变迁性社会问题同样存在。变迁性社会问题是指因社会的剧变、战争的摧残等导致的北平经济为日伪所垄断以及由此而出现的失业增加、家庭破裂、青少年犯罪剧增等现象。它们往往通过一系列的经济调查、捺印犯罪统计等方式得以体现。第三，越轨性问题的存在也是一种事实。按照西方社会学的解释，越轨性社会问题主要是由个人的行为偏差造成的，即偏离传统的价值观。按照朱力先生的解释，该类社会问题分为：一是一般性越轨问题，如较为普遍的色情、卖淫嫖娼、自杀、精神失常等。二是严重的越轨性社会问题，如青少年犯罪、严重的刑事犯罪等。那么，如果仔细地解读当时北平遗留下来的资料，就会发现这类问题实际上多如牛毛。

2. 社会病态现象产生的原因是多元的

除了一般的民众自身的原因外，客观环境的恶化，特别是客观政治环境的急剧恶化恐怕是最为关键的因素。近代以来，排除毒品、珍爱生命、倡导健康文明的生活，建立良好的人际关系等一直是中国民众，特别是正直的爱国民众所提倡的主旋律。而卢沟桥事变后，华北政局发生了根本性变化：华北大部分地区沦陷，以汉奸王克敏为首的傀儡政府——伪中华民国临时政府成立。它客观上为日本进一步推行其毒化政策提供了可能。同样，赌博问题尽管早已有之。但沦陷前的北平是严厉禁赌的。而日本推行的纵赌政策却使它成了罪恶之城、堕落之域。至于色情业的过度发展，妓女地位的进一步的恶化，更与当时的社会环境的恶化有着密切的关系。翻翻当时的日伪报刊，再阅阅其他人对沦陷区的报道，就自然会知道：社会生存环境的劣化——物价飞涨、人身安全得不到保障、日伪的敲诈勒索，以及自然灾害的频繁等是将很大部分女性逼上绝路的根源。而伪政权的助纣为虐也是最为关键的原因之一。此外，传统的陋习、不文明的卫生习惯等也是北平社会问题产生的原因之一。

3. 违背传统的价值观，违背人伦道德

传统价值观、人伦道德是什么？它是一个尽管有着细微的争议，但总体上已被一般国人所认可的命题。古往今来，不少思想家对它有过充分的论述。中国古代社会强调纲常伦理与道德规范，反复阐发了修身、齐家、治国、平天下的道理。那么，要真正地将传统文化中的这些思想贯穿于具体的社会生活，往往要求人们从家庭、政治等方面予以很好地浸润、吸收、涵养传统文化的精华。"在中国古代社会中，由家庭到家族，由村落到国家，家国同构，结成一体。"①在这里，"国"与"家"彼此相通，君权与父权互为表里，治国与齐家相互为用，社会关系笼罩在温情脉脉的血亲伦理关系之中。整个天下构成是按宗法原则确立的，以父子—君臣关系为人格化体现的伦理构建政治系统。到了20世纪初，尽管封建帝制终结

---

① 庞天佑，于卫青：《中外历史与文化概论》，中央民族大学出版社，2006年版，第178页。

了，但传统的人伦关系、人伦道德依然不可能从根本上发生变化。如孝敬父母，尊敬师长，睦邻友好，诚实守信，为官一任、造福一方，爱岗敬业等，这些传统文化所衍生的美好道德，实际上随着社会环境的变化，其影响力也发生了变化。环境的恶化，生活的艰难，传统文化所倡导的那些观念依然具有那么大的吸引力吗？答案是否定的。为了说明这一点，笔者不得不痛心地指出：正是因为日伪的殖民统治才导致民生日趋苦难，而民众的日趋苦难又导致各种社会问题的急剧增加。

随着民生的凋敝，华北民众的思想又是如何呢？民众相信天命、风水之说。北平相师王志雄吹嘘自己"以术问世，实事求是……凡来宾尚未开口，我已明了其胸中隐情与现在境遇"。并扬言其推算是终身结局，而费用只取一元三角。[1]要知道，在20世纪30年代初，算一次命要付一元多，已是很贵的了。即便如此，一般民众仍趋之若鹜。它反映了民众迷信观念之重，客观上不利于民众对其自身能力的相信及依靠自我创造自己美好前程的欲望的满足。沦陷后，由于环境的急剧恶化，民众为求食等基本的欲望更难满足，为此，其心理、思想发生了裂变。部分人为了生存企图打破日伪的毒品专卖局面，从而寻找一些生活的机缘。为此，民众也成为当时毒品犯罪的参与者、牺牲者。赌博业的合法化及财政化意味着日伪希望通过赌博业的发展来谋求某种经济利益。与此同时，赌博业的兴盛最重要的原因恐怕也与日本的战略思想有着某种程度的关联。当时，部分民众甚至希图通过赌博来寻找生活的来源，从而实现其坐享其成的美梦。而日伪正是利用了民众，特别是下层民众这种心理，不断地给予其赌博之"权利"，以实现其瓦解中国民众抗战心理的目的……至于治安之恶化、教育的破坏、停滞、吏治的腐败等无疑都与当时的民众，特别是日伪当局有着密切的关系。可以说，正是社会各界，特别是日伪当局违背了传统的价值观，才使当时的北平陷入一种极为黑暗、混乱、无望、窘迫的困境。

4. 社会问题使北平陷入一种万劫不复的困境

美国社会学家米尔斯认为："个人麻烦源于个人性格，也同与别人

---

①《北平相命专家王志雄》，《申报》1935年9月7日，第3版。

的直接接触有关。但它发生在有限生活领域，麻烦属于个人的私事。它是个人感到自己的利益或生存条件以及所持有的价值观念遭到威胁时所产生的，需通过个人的行动加以克服。""公共问题却是涉及整个社会的问题，是属于大众的事，它超越了个人狭小的生活环境，与全体社会成员或相当大部分社会成员生命密切相关。它对社会生活产生很大的影响"。①那么，米氏的上述言论能否适合于沦陷期的北平社会问题呢？答案是肯定的。

首先，日本的侵略使旧有的社会结构遭到破坏，而新建立起来的以日本为核心的社会结构本质上是一种殖民统治的产物，是对沦陷区本土民众利益的否定。社会结构是指一个国家、部落、部族或地区占有一定资源、机会的社会成员的组成方式及其关系格局，包含种群数量结构、家庭结构、社会组织结构等若干重要子结构，其中社会阶层结构是核心。社会结构具有复杂性、整体性、层次性、相对稳定性等特点。一个理想的现代社会结构，应具有公正性、合理性、开放性。那么，当时的沦陷区社会结构是否具有上述特点呢？很明显，它不具备。华北伪政权是日寇卵翼下的伪政权，这种政权属性就决定了它不可能在华北建立一个公正、合理、开放的社会。当时，其权力主要掌握在日本人手中，伪职人员，即使是高层的伪职人员依然是傀儡。"有大批的日人以'顾问'身份进入各级华北伪政权之中，北平作为华北沦陷区的政治中心，聚集了大量的日本顾问"。②这些顾问实质上在各领域都处于高位。这种社会结构显然使本来已矛盾重重的华北产生了更多的社会问题，其对社会生活将产生更大的影响。

其次，华北伪政权是一个高度集权的为日本人卖命的政权。这种政权属性决定了它不可能推行有利于华北民众利益的政策。打个浅显的比方，日本为解决日本人在北平的就业等问题，推行压制华北民族工商业的统制政策以及强买土地政策。那么，伪政府有能力与勇气抗争吗？这自然是不可能的。而上述状况客观上导致民众的心理承受能力达到极限。为此，

①C．赖特·米尔斯：《权力精英》，北京时代华文书局，2019年版，第251页。
②米卫娜：《日伪时期北平市日侨职业问题探析》，《北京社会科学》2010年第5期，第94—99页。

自杀等社会问题也就应运而生了。

再次，各种社会问题的产生、滋长、强化，客观上直接影响到绝大多数民众，特别是下层民众的切身利益，也直接妨碍了正常的社会生活。如笔者提到的毒品犯罪的合法化、赌博的合法化、娼妓业的过度发展等问题就直接影响到社会的稳定、家庭的稳定、民族的未来。可以说，它们绝对是一个个使北平陷入万劫不复的困境的典型问题。

5. 明显的伴生性、依存性

沦陷时期正是南京国民政府各项制度在日占区影响力逐步衰退，"新"的以日伪为中心的法西斯秩序虽然逐渐建立起来，但依然没有深深扎根的关键时期。正因为这样，该时期产生的社会问题往往是伴随着日伪政权的建立而产生的。如毒品泛滥问题、赌博的合法化问题、吏治的腐败问题等都与日伪政权的建立及其政策有着密切的关联，甚至可以说它们是日本侵略政策的必然产物。同时，各类问题之间有着明显的依存性。如毒品业的泛滥与娼妓业的过度发展、吏治的败坏、自杀等问题的产生有着密切的依存关系。因为在高毒品价格的压迫下，各个与其关系密切的阶层都面临巨大的压力。吸毒女性为了毒资被迫走上卖淫之路；吸毒官吏为了毒资而权力寻租，走腐败之路；而吸毒民众为了毒资，铤而走险，走上犯罪之路。由此可见，各类社会问题之间有着明显的伴生性、依存性。

第二节　关于本课题的研究现状及继续研究的意义

一、本课题的研究现状及继续研究的意义

1. 研究现状

对于本课题，目前国内已出版了一部分涉及它的相关资料汇编。如北京市档案馆编写的《绝对真相：日本侵华期间档案史料选》（新华出版社，2005年版），北京市政协、北京市委文史资料研究会编写的《日伪统治下的北平郊区》（北京出版社，1987年版），北京市档案馆编写的《民国时期北平市工商税收》（中国档案出版社，1998年版），中国第二历史

档案馆、四川联合大学经济研究所编写的《中国抗日战争时期物价史料汇编》（四川大学出版社，1998年版），华北综合调查所所员、养成所学员练习调查报告——《北京西郊挂甲屯家计调查》（1944年油印本，北京大学图书馆藏），波多野鼎原著《日本统制经济概要》（舒贻上译，国立华北编译馆出版，1943年版）等。同时，目前学术界已有一些相关的研究成果——共89篇文章。其中关于经济的25篇，关于文化教育的35篇，关于社会生活的13篇。如许赤瑜的《北平沦陷期中小学损失研究》（《北京党史》，2015年4期）、许江的《沦陷期北京文坛的"大众化"与"色情文学"》（《辽宁师范大学学报》，2014年3月）等。那么，已有的研究成果有哪些局限呢？

其一，研究广度有待拓展。已有的研究主要集中在文化教育领域。如许赤瑜的《北平沦陷期中小学损失研究》一文认为"日伪政权在北平实行的是亲日反共，灌输中日文化同文同种、共存共荣的奴化教育政策"。当时的中小学遭受了极大损失，"中小学教育机构减少，校舍、校产被掠夺，学生人数下降。日伪统治给北平中小学教育的发展带来了严重的负面影响"。[①]王显成的《北京市伪政权对中小学的奴化教育》一文着重从奴化教育方针的出笼、日伪对中小学主要权利的把持、窃取等方面分析了北京市伪政权对北平市中小学的奴化教育及其影响。[②]张振鹍在《抗日战争中沦陷区青年学生投奔大后方的回顾》一文中结合自己的经历，介绍了当时沦陷区学生，特别是北平等地的学生因"痛恨日本侵略者，不甘心受敌伪统治……参与抗战或求学"，不惜"抗酷暑、战严寒，跋山涉水，踏破千里征程"，[③]前往延安等大后方的状况。张童的《北京沦陷期文化权力之争》一文认为："周作人是北京沦陷真空期文化地位最高、最具影响力的作家，当时围绕其展开了文化权力的持续争夺，参与逐鹿者有后生

---

①许赤瑜：《北平沦陷期中小学顶尖研究》，《北京党史》2015年第4期，第24—27页。

②王显成：《北京市伪政权对中小学的奴化教育》，《长春师范学院学报》2012年第7期，第21—25页。

③张振鹍：《抗日战争中沦陷区青年学生投奔大后方的回顾》，《抗日战争研究》2008年第3期，第208—215页。

晚学新势力、日伪官方势力与周作人嫡系弟子，他们或利用周作人的名望上位，或意图取而代之，最后各方均告失败，周作人始终居于文化权力的中心。文化权力运作机制不以个人意志为转移，无论沉默不语，抑或愤而反击，身在沦陷区的周作人都没能保全自我，无力挣脱权力控制，从一介文人蜕变为伪官僚。"①此外，袁一丹的《易代同时与遗民拟态》（《文学评论》，2015年第3期），王建伟的《断裂与传承：沦陷时期北平的文化生态》（《安徽史学》，2018年第4期），王瑞、张卫波的《透视沦陷期的北平出版史》（《北京社会科学》，2010年第5期）等二十多篇论文都与沦陷期的文化教育有着密切的关联。近年来从抗战文化史的角度，逐步改变了过去偏重于中共领导下的抗日根据地的趋向。"新近的几项研究已开始注意到与此不同的视角，论者更多地关注国民党与知识界的亲疏关系"。②研究娼妓业的有：李宜深整理的《沦陷期北京清吟小班见闻杂记》是纪实性的回忆。回忆者张文钧以过来人的身份讲述了沦陷时期那个特殊群体——北平娼妓，特别是高等娼妓的生活状况，从文中可知汉奸群体的醉生梦死、妓女群体的多重面相及无奈人生，侵略者的嚣张跋扈、横行霸道等。③王显成的《论沦陷期北京市伪政权的淫化政策》等三篇文章主要是从日伪政策的层面探讨北平娼妓业过度发展的政治原因。④对烟毒业的论述则极为少见。除了于力的《人鬼杂居的北平市》有些简要介绍外，王显成的《日伪统治时期北京市伪政权的毒品统制政策》（《史学月刊》，2010年8月）主要阐释了日伪恶毒的财政、政治政策是使北平成为堕落之城的根源。对物价的研究有：杨多杰在《屈辱与辛酸：北平沦陷后的市井生活》（网易历史），齐大之在《北平沦陷期的混合面探源》（《北京师范大学学报》，2006年第5期）等文中略有论述。除此之外，很少有人对赌博业的合法化、吏治的腐败、自杀、治安等社会问题进行深

①张童：《北京沦陷时期文化权力之争》，《北京社会科学》2017年第11期，第27—37页。
②冯启宏：《战争与文化：近十年抗战时期文化史的研究与回顾》，《中研院近代史所集刊》2006年第53期，第198页。
③文芳：《黑色记忆之青楼血泪》，中国文史出版社，2004年版，第36—62页。
④王显成：《沦陷期北京市伪政权的淫化政策》，《淮北师范大学学报》（哲学社会科学版）2012年第2期，第82—85页。

入细致的研究。其二，研究深度有待加强。如物价问题，尽管已有一些研究成果：认识到物价的变化与社会稳定的关系。但对物价变动的成因方面研究不够，很少有人从日本国策的角度分析。很明显，这样的研究是不够的。因为北京等地物价的变动，除了战争的破坏等因素外，一个重要的原因是日本的掠夺政策。其三，对该课题的重点内容部分研究不多。日伪政权与沦陷时期北平社会问题的关系是本课题研究的重点，但从目前的研究成果来看，涉及这方面的研究不多。目前学术界均重视对伪政权的研究。如张同乐的《华北沦陷区日伪政权研究》（生活·读书·新知三联书店，2012年版），张同乐、郭贵儒、封汉章等合著的《华北伪政权史稿》（社会科学文献出版社，2007年版）。而对伪政权，特别是北京市伪政权与社会问题产生之间的关系缺乏较多的关注。更不用说会涌现出较多的反映它的专题性成果。其四，较少横向比较研究。与汪伪、伪满统治区社会问题的横向比较研究很薄弱。如对毒品业的管理，同样都是沦陷区，日伪的政策又是怎样的？结果如何？目前缺乏细致的、深入的比较研究。同样，对赌博业、自杀等问题的研究，也同样如此。因而，很有继续探究的必要。

2. 继续研究的价值

其一，可以更深入地拓展抗战史，特别是华北伪政权史的研究。目前，抗战史研究已进入越来越成熟的阶段：表现在形成了一大批有良知的专家，出版了大批有分量的学术成果。但存在明显的不平衡：对伪满政权的研究最为透彻，汪伪政权次之，华北伪政权又次之。对伪满政权，目前已有的成果表现在出版了一系列相关的学术丛书：如《汉奸秘闻录》（吉林教育出版社1990年版）、《关东军宪兵队》《伪满经济》《伪满末日》《伪满政权面面观》《伪满保安局内幕》等，涉及政治、经济、文化等各领域。对汪伪政权，现有的专著有：中央档案馆等合编的《日汪的清乡》、南京市档案馆编的《审讯汪伪汉奸笔录》、黄美真著的《伪廷幽影录》、余子道等著的《汪伪政权全集》、复旦大学历史系编的《汪精卫汉奸政权的兴亡》等。当然，对伪满和汪伪的研究，还有为数不少的论文。但是，对华北伪政权的研究就少之又少了。除了张同乐著的《华北沦陷区日伪政权研究》，黄东的《塑造顺民》，张贵儒等合编的《华北伪政权史稿》外，总的来说专题性研究不多。这与它在整个沦陷区中的地位是不相匹配的。也就是说，对它的研究还是大有可为的。沦陷时期北平社会问题的产生、发展、强化与华北日伪政权有着密切的关系。目前，学术界对这方面开展的研究刚刚起步。如日伪物价政策与北京物价、民生、娼妓业的过度发展，赌博业的合法化与日伪政权的纵赌政策等，有着密切的关系。这些问题几乎很少有人涉及。因此，研究这类问题，对深刻地认识华北日伪政权的邪恶本质有着明显的帮助作用。其二，符合目前近代史研究向细化、地域化转变的规律。研究向细化、地域化转变是目前近代史研究的一大趋势。近年来对地域沦陷史的研究取得了很大的突破，产生了一批以一定地域为研究对象的抗战史专家，出版了一些很有地域特色的抗战史专著。代表作如岳谦厚的《战时日军对山西社会生态之破坏》、潘敏的《江苏日伪基层政权研究》、敖文蔚的《湖北抗战史》、左双文的《华南抗战史》等。那么，开展该课题研究正是将抗战史研究向细化、地域化方面转变的必然要求。其三，有利于对抗战时社会生活史的研究。本选题最大的特点是利用一手资料，对战时北平社会问题进行系统研究。而当时的吸毒、自杀等问题本质上是社会生活史的表现。为此，对它们开展研究，很明显有利于对社会生活，特别是对抗战时的社会生活史有更多地把握与理解。同时这也与目前史学的发展趋势是不谋而合的。其四，更好地批驳近年来甚嚣尘上的为日本侵略战争翻案的错误观念。近年来，随着美国亚太战略的进一步调整，日本国内出现了一种美化其侵略历史的恶毒声音，在我国台湾等地也有不同程度的反映。这种观念极大地伤害了中华民族的情感，也欺骗了部分思想不成熟的民众。那么，研究那段历史无疑是对日伪殖民统治的一种批判。其五，为开展爱国主义教育提供更好的理论素材。爱国主义情感的产生不是自发的，它往往需要人们不断地启发、浇灌、强化。而对沦陷时期北平社会问题展开的研究较易于使国民了解当时社会的状况，这对他们产生国家认同意识、民族忧患意识、责任意识具有强有力的催化作用。因此，从事该选题的研究是具有深远意义的。其六，为深入研究北平史添砖加瓦。北平是中国近代史上非常重要的城市，长期以来一直是我国的政治中心、文化中心。因此，它也是史学界研究的重点之一。从目前的研究状况来看，虽然重视总体意义上的民国北平史研究，但对抗战时期北平历史的研究还有待加强。"相比于抗战之前的黄金十年，日据时期的北京史研究，一直是较为薄弱的"。①如从知网中了解到从1990年至2019年5月，涉及民国时期北平的文章达2267篇，而涉及抗战时期北平的论文不到七分之一。涉及民国时期北平的专著有《北京教育史》《北京经济史》等20部以上，涉及抗战时期北平的专著则极为稀少。因此，开展该选题的研究还是颇有意义的。其七，为解决现有的一些社会问题提供借鉴。社会问题往往有着某种程度的一致性。正是它的上述特点决定了我们研究抗战时的社会问题有着深远的现实意义。那么，如何解读、遏制、消灭这些反社会行为就成为我们今天面临的一个现实问题。而沦陷时期北平市的某些做法值得我们去反思、借鉴。

第三节　本课题研究的重点、原则与方法

一、本课题研究的重点

本课题研究的重点是日伪政权与沦陷时期北平社会问题的关系。原因如下：

首先，日伪政权的建立使以北平为核心的华北产生了一些新的矛盾，同时又使旧有的矛盾更为尖锐。可以说，它的建立是一系列社会问题产生的根源。

沦陷前，以北平为核心的华北地区已存在不少的矛盾：日本侵华势力与中华民族之间的矛盾；日本势力与其他列强之间的矛盾；南京国民政府与华北地方政府，包括与北平市政府之间的矛盾；民族工商业与西方资本主义之间的矛盾，落后的农村与先进的城市之间的矛盾等。而日本武装侵占华北绝大部分地区后，中日矛盾成为中外关系中的主要矛盾，同时也成

---

①黄兴涛，陈鹏：《民国北京研究精粹》，北京师范大学出版社，2016年版，第13页。

为北平社会的主要矛盾。为什么这么说呢？其一，其侵占华北大部，并扶植伪政权的行为，使南京国民政府在华北的统治权丧失，意味着中华民族的国家主权遭到前所未有的挑战。其二，日本的上述行为使英美等西方殖民势力在华北的影响力大为下降，为此，直接影响到英美等列强在中国的既得利益，华北以往存在的各列强相对的均势局面被打破了。华北沦陷区成为事实上的日本独占的殖民地。为此，中日矛盾成为中外关系中的主要矛盾，更成为北平等地的主要矛盾。其三，大量的日本人的到来给华北当地民众带来强大的压力。这自然使中日矛盾逐步成为华北地区，特别是北京地区的主要矛盾。其四，日伪政权推行的各种政策不利于华北民众的生存与发展。这样，势必使本已尖锐的中日矛盾更为尖锐。如日伪根本无视华北当地民众的一些基本权益，导致他们家园丧失，家破人亡。而部分来华的日侨，包括部分韩籍侨民在北平等地采取种种歧视、掠夺、摧残本土民众的行为，势必使中日矛盾以更为残酷的方式表现出来。

其次，日伪政权与当时的许多社会问题的产生、强化有着密切的关系，可以说，正是它的倒行逆施才产生了那么多的社会问题。如毒品业的泛滥成灾、赌博业的合法化及财政化、教育的破败与停滞等均是由日伪政权造成的。至于民众自杀率的提高、自杀者年轻化、自杀方式的多样化，且最为突出的方式是吸毒过量等，尽管与民众本身抗压能力不高，或有所降低有关，但不可否认的是日本的侵略及其他暴行无疑是最为重要的原因。至于治安之恶化，表面上看是由一般民众造成的。但平心而论，这与日伪的掠夺政策及其刑事政策等有着密切的关系。

再次，某些问题尽管过去已有之，但沦陷期其性质与表现程度发生了质变。如毒品问题早已有之，沦陷前国民政府——包括北平市政府也采取了一些严厉的打击毒品犯罪的政策，并取得了一些阶段性成果。日伪政权建立后，为了达到以毒养战之目的，直接造成了毒品犯罪的合法化、财政化，最终使千年古都成为罪恶之城、堕落之城。同样，沦陷前娼妓业业已有之，但沦陷后，娼妓地位更为恶化。这表明正是日本的侵略及其导致的根本性的社会变化，才使这种越轨性的问题更为明显、更为强化。

最后，从控制论的角度来讲，华北社会问题的产生是因为日伪推行的各种政策不能实现其安抚人心之功能。伪政权日籍顾问曾指出，日本要想很好地、长久地统治，必须推行"德政"。但问题是沦陷区的日伪又是如何统治的呢？一句话，就是推行残酷的殖民统治。日伪企图通过制定、颁布苛刻的法律来推行其法西斯统治。如突出了伪警察机关的重要地位及其镇压机能。伪卢龙县曾规定：区公所撤销后，"乡镇公所由警务分局所直辖，所有乡镇公所，对于该管局所行文，用呈文"。[①]它体现了警权高高在上、草菅民命之事实。

二、研究本课题时所应坚持的原则

研究原则是指要很好地开展研究，达到研究的目的，取得良好的研究效果，所必须坚持的一些基本的指导思想。它包括：

（一）坚持唯物史观的原则

坚持唯物史观是马克思主义史学的原则性要求。历史研究有着重要的安邦治国、教化民众的作用，要做到这一点，就要求史家能真正地做到尊重事实、尊重历史。通过秉笔直书来赞扬历史发展过程中的真、善、美，通过揭露历史上的黑暗面来批判历史上的反面人物，从而真正地做到以史为鉴、面向未来。沦陷区社会问题研究更是一个关系中华民族传统价值观的弘扬与再造，关系到中华民族复兴的关键性问题之一。沦陷的八年多时间里，北平各个阶层因其与当时的日伪处于一种不同的，甚至是完全相反的关系中，其思想、心理、行为模式往往是不同的。其对北平社会的发展，乃至中国未来的走向起到了不同的，甚至完全相反的作用。那么，要很好地反映、研究这段历史，则不得不站在民族发展的角度、站在世界和平的角度予以实事求是地评判。"民族主义解决沦陷区的基本认知立场和原则问题，即历史价值观问题。不论是作为历史学家，还是作为普通的个人，我们的价值观都是由民族国家所塑造的"。这是认识和研究的前提，"从这种观点来看，沦陷区只表明中华民族这个共同体暂时在空间上被

---

① 《各乡镇公所受警务分局管辖，行文时应用呈文》，《冀东日报》1937年1月23日，第4版。

分割和撕裂，而从精神、文化和时间（长时间）上是一体，全体成员无时无刻不在为共同体的新生（重建）而共同奋斗"。①很明显，这段话只能代表学术界一部分人对战时全民族各个体的一种理想化的期盼。实质上，人是有思想、有欲望的高级动物，且其行为不仅受到自己思想、意志的支配，同时也在一定程度上受到其他因素的影响与左右，为此，才导致了同一时间内的人的心理、思想、行为模式的不同。为此，在研究这段历史，尤其是当时北平的社会问题时就不能不站在客观公正的角度给予恰当的分析。

那么，如何做到这一点呢？要结合唯物史观的基本理论。唯物史观认为，"经济状况是基础"。同时，法律、政治、哲学的理论、宗教的观点等又相互作用，导致历史"通过无穷无尽的偶然事件向前发展"。②总之，社会问题要想得到很好的解释，唯一的办法就是在坚持经济基础的决定性作用的同时，适当地考虑其他因素的综合作用。因为历史结果的形成确实是在许多单个意志的相互冲突中产生出来的。"其中每一个意志，又是由许多特殊的生活条件，才成为它所成为的那样。这样就有无数互相交错的力量，有无数个力的平行四边形。而由此就产生出一个总的结果，即历史事变"。③那么，如何用上述理论阐释当时社会问题的产生呢？

1. 社会生存环境的急剧恶化是诱使各种问题产生的外因

旧有的社会秩序从表面来讲被彻底摧毁了，新的以日伪为核心的秩序初步建立。这里所说的旧秩序是指以传统儒家文化为底蕴，以西洋物质文明为建设手段的国民政府所建立的社会秩序。当时，国民政府的意识形态本质上还是追随清末以来的中体西用观，希望继续维护封建的伦常道德，但同时又将西方的自然科学技术有节制地接纳。如国民党的理论家戴季陶就主张这样建国的。他甚至幻想依然维护传统文化所推崇的伦理道德。为此，不惜将孙中山"打扮"成他所主张的思想的先驱，以求得其

---

①王续添：《笔谈"抗日战争与沦陷区研究"》，《抗日战争研究》2010年第1期，第126—149页。

②中共中央马克思格斯列宁斯大林著作编译局：《马克思恩格斯选集》第4卷，人民出版社，1958年版，第477页。

③李澍：《论历史人物评价问题》，人民出版社，1981年版，第6页。

思想的"合法"性与权威性。他认为孙中山的三民主义是"以中国固有之伦理哲学和政治哲学的思想为基础""完全渊源于中国正统思想的中庸之道"。①又认为国共联合，造成了国民党内存在两个不相融的中心，这是混乱与纠纷产生的根源。因此，他主张建立一个纯正的三民主义的国民党。很明显，他的上述思想为后来蒋介石反对联俄联共、建立独裁的国民党政权提供了理论依据。正是在他的理论基础之上，国民党中的右派、中间派才发动了一系列的政变，建立了一党专政的南京国民政府。平心而论，南京国民政府在政治上确实独裁，但其对民族工商业、教育的发展还是功不可没的。短短几年，其经济发展水平很快达到了民初以来的最高峰。如财政部拟具《中国财政备忘录》（1927—1937）这样写道："定都南京后，年有进步，无论收支两方情况，均属良好。"建设性支出年有增加：由1927年的0.6%上升到1936年的9.9%。消耗性支出：从1927年的76.7%下降到1936年的27.9%。收入方面：由于推行税制改进，废厘金，办统税及将国家主要税源之间接税逐渐改为直接税代替等，导致了税收大增。为此，国家统一规模初具，财政整理亦渐臻正轨。由于收入增加，其军务、政务等费从1927年的189百万元上升到1935年的1337百万元，1936年上升到1987百万元。建设费及其他也由1927年的0.6%上升到1935年的26%。②在这种条件下，以北平为核心的华北也很快地进入快速发展的轨道。

日伪政权建立后，其希望华北充当一个什么角色呢？它企图将华北变为日本的兵战基地。1937年12月，以汉奸王克敏为首的华北伪政权成立，其施政方针：一、内政方针：清除国民党一党专政的"积弊"，真正体现中国民众的共同心意，施行为中华民族谋福利的政治。二、经济方针：确立以农为本的农村政策，同时开发资源，发展生产，努力改善民众生活。三、东亚政策：以体现东亚道义的民族协和精神为基础，与邻邦友好相处，谋求真正的亲善合作。四、外交政策：前政府所负的对外义务，凡属

①桑兵，朱凤林：《戴季陶卷》，中国人民大学出版社，2014年版，第414—415页。
②中国第二历史档案馆：《中华民国档案史资料汇编》，第五辑第一编财政经济（一），江苏古籍出版社，1994年版，第603页。

己国发表之债务及其他义务，代其承担一切责任，不侵犯他国利益。五、防共义务：绝对排除容共政策，进一步与防共各国相协力，确保东亚的固有和平。①很明显，它要充当日寇的走狗，将华北沦陷区变成日本商品的倾销地及资源的掠夺地，成为日本进一步扩大对华战争，实现其独霸东亚目的的战略基地。日伪政权的出现及其强化使华北社会产生了极大的变化。而这客观上也为各种社会问题的出现与激化提供了必然条件。1937年7月30日，伪北平地方维持会成立，江朝宗任会长。对于其政权的性质，伪方也公开供认，它是"隶属于其上级政治团体的政治团体，故其大部分功能在于如何应付其上级机关"。②很明显，其上级机关就是日本驻京大使馆与特务机关。马克思在《〈黑格尔法哲学批判〉导言》中指出："理论只要说服人，就能掌握群众；而理论只要彻底，就能说服人。所谓彻底，就是抓住事物的根本。"③很明显，要找到沦陷时期北平社会问题产生的根源，关键是把握、了解当时华北日伪政权的本质。它是一个在日军刺刀保护下产生的，为日本人卖命的剥削、奴役华北民众的殖民政权。马克思早就明确指出，"家庭与市民社会都是国家的前提"。④而资产阶级启蒙思想家则认为国家是社会契约的产物，本质上是为民众服务。很明显，华北日伪政权，特别是当时的北平市伪政权不是为了民众的基本利益而存在的。为此，其治下的北平社会才产生了那么多的社会问题！

2. 民众素养的急剧劣化无疑是社会问题产生的一个诱因

民众素养是直接影响社会的安定、可持续发展的一个重要指标，同时又与社会问题的产生有着明显的关联。民众素养又由人口的身体素养、文化素质、道德素质等构成。那么，民国时，我国的民众，特别是沦陷区华北民众的素养又是如何呢？

一是身体素养总体上来说不太好。按照生理学的角度来看，人的肉

①日本防卫厅战史室：《华北治安战》（上），天津人民出版社，1982年版，第54—55页。
②华北政务委员会总务厅情报局编制：《文化年刊》1942年第三册，第76页。
③中共中央马克思恩格斯列宁斯大林著作编译局：《马克思恩格斯全集》第3卷，人民出版社，2002年版，第207页。
④中共中央马克思恩格斯列宁斯大林著作编译局：《马克思恩格斯全集》第3卷，人民出版社，2002年版，第10页。

体的各种繁多的特殊矛盾（如骨骼构成、物质合成等）决定了人的生物属性，构成了人的身体素质，如发育、体质等都与其生理构成有着密切的关系。那么，当时中国民众的上述指标如何？总体上来说不太好。如1938年，国民党中央党部审核部在重庆举行学生健康比赛，参加比赛检查的初中、高校学生计5031人，审查结果表明完全健康者仅91人。据某军事学校数年来投考者的体检检查结果统计，列甲等者不足1/10，而列丙、丁两等者占3/5。①这一结果基本上也与当时华北民众的健康状况相符。

二是文化素养的低劣。文化素养又称文化素质，是指人们在文化方面所具有的较为稳定的、内在的基本品质，表明人们在这些知识及与之相适应的能力行为、情感等综合发展的质量、水平和个性特点。那么，20世纪20—30年代，国民的文化素养很明显与教育的不普及和不均衡化发展有着密切的关联。1931年度国家岁入经常、临时费总计893335073元。其中教育费18658536元，占总经费的2.08%。②1933年度、1934年度教育费、建设费总和分别为该年度支出总额的2.87%、6.25%。③由于教育费的投入总体少，结果必然是受教育者人数相对少。尽管北平是中国的教育文化中心，当地政府与中央对教育的投入较大，但真正能够受教育的人依然是少数。到1947年，除去5岁以下的幼儿，统计人口1520805人，接受过高等教育的仅占总人数的1.685%；受过中等教育（包括高中、初中肄业者）仅12.5%；受过初等教育的占23.9%。且妇女受教育的程度普遍低。④教育的落后无疑直接影响到民众的文化素质与文化修养，对其社会化程度以及生存能力的提高往往不利。

三是不良的道德观。如好逸恶劳的观念，官本位的观念，以及当官则贪的心理与思想，自我放纵的情绪等，它们无疑为各种社会问题的产生埋下伏笔。同时，上述观念也导致了不良嗜好频繁产生。这里所说的不良

---

①张庆军，刘冰：《略论民国时期的人口素质》，《学海》1996年第2期，第80—85页。

②中共第二历史档案馆：《中华民国史档案资料汇编》，第五辑第一编财政经济（一），江苏古籍出版社，1994年版，第323—329页。

③中国第二历史档案馆：《中华民国史档案资料汇编》，第五辑第一编财政经济（一），江苏古籍出版社，1994年版，第598页。

④王乐人：《北京档案史料》，新华出版社，2006年版，第225—239页。

嗜好主要是指吸毒、赌博、嫖妓等。如沦陷前，北平地区的鸦片年消费量达一千一百万两，[①]而赌博更是极为普遍的社会现象。不仅赋闲的政客与军人是参与赌博的常客，甚至不少学生都涉足其中。迷信观念依然很有市场。"长洲真本灵验符咒全书，均有出奇灵效，零售大洋五元，特价大洋四元"。[②]《申报》是当时很有影响力的进步媒体，尚且为迷信宣传刊登广告，这也说明当时的迷信观念之盛行。很明显，华北民众，特别是北平当地民众不良的道德观是促成社会问题产生的一大诱因。

3. 历史文化传统中的陋习

马克思说，"人们自己创造自己的历史，但是他们并不是随心所欲地创造，并不是在他们自己选定的条件下创造，而是在直接碰到的、既定的、从过去承继下来的条件下创造的"。[③]那么，从历史的角度来讲，中国古代、近代都存在着萌生某些社会问题的因子。如传统文化中的陋习就与这些问题的产生有着密切的关联。

陋习是长期形成的，与传统道德相违背的习惯。这里仅介绍赌博、吸鸦片、嫖妓三项。

第一，赌博是指以偶然性求输赢的行为。它是侥幸心理的促使下形成的营利性行为，易养成人们的好逸恶劳的习惯。且客观上对部分赌民有一定的娱乐作用。那么，清末，它又是如何影响到人们的生活的呢？首先是涉赌阶层极广。上至最高的权力阶层，下至一般的平民百姓都参与赌博。如慈禧就制作了掷骰图。"《掷骰图》，名八仙过海，乃各省地图，有吕仙等八仙……掷时有牙筹八根……上面刻有八仙名，八人各执一筹。若仅四人，则每人各执二根。中置一碗，以点之大小定高下，分省得三十六点者最大……么二三点最小，掷得者出局"。[④]由此可知当时的慈禧无疑是宫中赌博的爱好者。至于士大夫参赌的更是比比皆是。文人龚自珍就

①曹子西：《北京通史》第9卷，中国书店出版社，1994年版，第105页。

②《驱邪灭鬼，移病消灾》，《申报》1935年7月1日，第1版。

③马克思：《路易·波拿巴的雾月十八日》（1851年12月—1852年3月），选自中共中央马克思恩格斯列宁斯大林著作编译局：《马克思恩格斯选集》第1卷，人民出版社，1995年版，第585页。

④徐珂编撰：《清稗类钞》（第10册），中华书局，1986年版，第4908页。

"嗜赌，尤喜摇摊"。摇摊是庄家用骰子四颗藏在容器内摇动后摆定；赌者猜点数下注。龚常以指责时弊，开启民智，推动社会良性变革为己任。然而，这位思想领域的先驱却对赌博之事甚为上心。"尝于帐顶画先天象卦，推究门道生死，自以为极精，而所博必负"。失败了依然再战，甚至不惜向他人借贷而战。"不三五次，资复全没。龚甚怒，遂狂奔出门去"。①与他命运不同的是部分文人不仅文章做得好，官也升得高，赌技也不赖。如赵菁衫，晚清古文名家，曾任按察使等职，史称他为"道、咸间一代文宗。而嗜赌成癖，术亦绝精，常胜不负……一日不赌，若荷重负"。②可见，赵氏是各领域的全才。百姓赌博就更普遍了。如广州的番摊馆则是各色人等都可参与的场所。"广州有番摊馆，以兵守门"，是谓"奉旨开赌者是也。尤大者，严防盗劫，时时防备"——措施是赌金与赌筹分开。由于管理到位，设施先进，因而防止了盗贼、抢夺行为的发生……"其最下者，则标明'内进铜牌'，为下等社会中人赌博之处，铜币、制钱均可下注，不论多寡也"。甚至"不名一文者亦可入局"。③可见，参赌者比比皆是。其次，赌博种类繁多。赌博的种类是将赌博按一定的方式予以分类。那么，有多少种赌博方式呢？有闱姓、花会、扎局弄赌、抽头、赌具作对、女总会等。考虑到文章篇幅的需要，笔者重点介绍闱姓。闱姓又称榜花，清末盛行于两广的一种赌博活动。中国最早的彩票始于民间。光绪六年，广东人刘学询在京会试时发行，规则是将应试者每人的姓名印在纸上，定出价格出售，由购买者填选可能中榜者的姓名，发榜后，按猜中的多少兑奖。再次，赌博业的过度发展严重地影响到社会的稳定，成为当时极为重要的问题之一。家庭的稳定往往是社会稳定的前提。而清末由于好赌之风盛行，导致家庭破裂现象增多，一些嗜赌之徒甚至将妻作注，参与赌博。如宛平的周之俊好赌，常在外做生意。他有个漂亮的妻子李氏，而周常在外游荡。邻村有一个叫寿思明的，对其妻垂涎已久。有一天傍晚，寿思明经其家门，李氏正倚门而立，寿为此与她拉上了家常，下

---

①徐珂编撰：《清稗类钞》（第10册），中华书局，1986年版，第4888页。
②徐珂编撰：《清稗类钞》（第10册），中华书局，1986年版，第4888页。
③徐珂编撰：《清稗类钞》（第10册），中华书局，1986年版，第4909—4010页。

半月，他们俩愈发熟悉，且过从甚密。一天，两人正在喝茶聊天，突然听到敲门声，原来是周从上海归来。李仓皇欲逃，周却说："不要这样，我们已是老邻居了。半年不见，正想与你聊聊。且我刚从上海新买了赌具。为何不稍微逗留一下，消遣消遣呢？"李则说，你刚回来："还没有卸装，不如定以后的日子吧。"于是就约定第二天一起赌。到了第二天，寿访周，则见周已备好了饭菜，将赌具放在桌上。寿出生于小康之家，也好赌。但每赌必输。周也认为其必输，便说："你好自为之。你胜了，我将我的老婆让给你；如我胜了，除了赌博所获的财产外，你还要将四十亩田产给我。"寿听到这些话，大为高兴。以为他的老婆必归其所有。既定了规矩，就赌吧。赌到次日天明，寿胜了。等到寿欲将其妻带离周家时，周显出不开心的样子，寿乃对周说："我已按约定办事了。你还有什么怨言呢？现假设你胜了，而用四十亩田作为你的聘资，行吗？"周答应了。①这段文字反映了一个事实：在赌博这个恶魔的掌控下，赌徒们已丧失了基本的良知——甚至连家庭也不要了。这还不可怕吗？！

赌博不仅危害了家庭，更危害了吏治，危害了社会。姚敦布，清初步军统领，俗称九门提督，"以缉捕盗贼、赌博为专责。然赌博遍九门，辄知之故纵之，以岁有例规也"。②在他的心目中，赌博是其生财之道，缉赌只是借口罢了。可见，赌博是如何败坏吏治的。而吏治的败坏又在客观上加剧了不法行为的产生。种种积弊，应运而生。为此，清末尤展成著《戒赌文》，呼吁人们戒赌。"天下之恶，莫过于赌。牧豕奴戏，陶公所怒。一掷百万，刘毅何苦？今有甚焉，打马断虎。群居终日，一般水浒……最恨奴仆，全无心肝，暖衣饱食，游手好闲……忙中作耍，背后藏奸。狐群狗党，非赌不欢。故赌虽百族，恶实一类。天理已绝，人事复废。盖以大灭小者不仁，以私害公者不义，式号式呼者无礼……敢告司寇，宜制严刑。天罡地煞，大盗余腥。诛不待教，有犯必黥……人心禽兽，何去何存？借曰未知，请视斯文。"③总之，在尤氏看来，赌博是由

---

①徐珂编撰：《清稗类钞》（第10册），中华书局，1986年版，第4882页。
②徐珂编撰：《清稗类钞》（第10册），中华书局，1986年版，第4889—4890页。
③徐珂编撰：《清稗类钞》（第10册），中华书局，1986年版，第4884页。

社会上层带动，由其他阶层共同参与的严重危害社会的问题。为此，必须引起高度的关注，切实戒赌。

赌博等问题的产生与严重化客观上加速了清王朝的灭亡。为此，进入民国时代，知识精英在分析西方民主制不能在中国产生很好的效果时，逐步地意识到必须从国民素养的革新来探究社会发展的奥秘。为此，以反对赌博等恶习为己任的社会改良运动又一次成为人们关注的焦点。1912年8月，俭德会成立。发起人祝书元等呈称：近来文明日进，而"国民货殖之能力，仍每况愈下。而纨绔少年，世禄子弟乃事奢华……掷金钱于虚牝，倾心船货……只图一快"。他们认为这种行为是"自速其亡"的危险之举。为此，他们组织了该会。规约为戒狎妓、戒赌博等。为了使戒赌等取得实效，该组织还设立了评事、纠察、理事三部，其职权如下：评事部议决本会一切提议之事。纠察部纠察会员违章情形，报告评事部评议。理事部办理调查社会风俗等事"。①此外，新民学会也是1917年成立的一个带有明显的要求改革社会的政治团体。其对会员的要求是：（一）不虚伪；（二）不懒惰；（三）不浪费；（四）不赌博；（五）不狎妓。可见，民初，部分先进的中国人已意识到，要实现社会的良性转型，戒赌等实为必要。

但进入民国后，赌徒们依然我行我素，混迹于各界。"省长已为封疆大吏，而冶游饮博，则有同驵侩。"②"又某省长以宿逋（债务）重，日恒郁郁。政务长进曰：近有商人愿以重贿，乞开禁赌。军署已运动成熟。公如许，彼偿宿逋且有余。省长喜过望，嘱某为说和，已而禁开。贿殊不至。问某，某错愕若未前闻者。知为所给，议收回前命，都督诮之曰：'我武人，只知谚所谓得人钱财，与人消灾，而过河拆桥之行所深恶也。'省长忸怩去而京电已来调某入都供职也。其运动费亦取之于赌贿也。"③赌博是万恶之源，而民国的要人们为了私利的膨胀，不惜纵

---

①中国第二历史档案馆：《中华民国档案史资料汇编》第三辑《政治》，江苏古籍出版社，1991年版，第794—796页。
②沃邱仲子：《民国十年官僚腐败史》，河南人民出版社，2016年版，第124页。
③沃邱仲子：《民国十年官僚腐败史》，河南人民出版社，2016年版，第126页。

赌。其结果就是多年的禁赌努力付之东流。那么，20世纪20—30年代初，我国赌博犯的总体情况又是如何呢？"我国赌风亦盛，因赌被处刑者恒占十分之一。照民国17年计，于290000余犯人中，赌犯占28000余人"。①而据《申报》的报道，因侦查赌博而殉职的警察占有很大的比例。如"1935年因公死伤之员警，以赌博拒捕为最多，占25.33%。盗贼拒捕占16.09%。"②可见，自古以来赌博在中国，都是一个严重危害社会秩序的问题。这种历史传统很明显对沦陷期的北平社会有着明显的诱导作用。

第二，毒品对我国的影响从什么时候开始的呢？其影响如何？

"鸦片，药名，即罂粟，其名称至多，曰阿芙蓉、月芙蓉……曰小土，曰膏土，曰公班烟。鸦片为碱性植物，刺取罂粟果实之汁，候干，制为褐色之块，谓之为土。熬成浓汁，曰膏，一曰浆，味苦，有异臭，内含吗啡等质，性毒，为定痛安眠之药品。相传乾隆时，英人自印度传入我国，久之而我国亦自植之。吸者久服成瘾，为近百年来民族之大患。"③既然它是中国近百年之大患，那么，中国各阶层对其态度又是如何呢？首先是统治阶级嗜毒如命。"道光季年，五口通商，洋药弛禁，朝野上下，无不嗜好。文宗初立，亦常吸，呼为益寿如意膏……咸丰庚申，英法联军入京，文宗狩热河……更沉溺于此，故孝钦后亦沾染也。所吸鸦片，称福寿膏。福寿膏者，即粤人陆作图所制者也。"为什么叫这个名字呢？因为他家的井"水湛蓝而碧，以煮烟甚佳"。由于其膏"芬芳酷烈，迥异寻常"，以至于很多人想方设法地来他家买水制膏，由于他掌握了煮膏的奥秘，"故每月可获二百余金"。"孝钦喜之，故赐名福寿"。④上有喜之，下必甚焉。至清末，士大夫阶层吸烟的大有人在。如刘忠诚与广西提督苏春元"皆以大瘾著于时，而皆不夺其治事之日力。苏瘾尤大，其所用烟灯大而高，视常人所用者倍之"。⑤后来，清廷厉行禁烟，官吏亦须

①郭卫：《最新刑事政策学》，上海法学编译社，1930年版，第156页。
②《申报》1935年60周年纪念刊，上海《申报》年鉴总社发行，第103页。
③徐珂编撰：《清稗类钞》（第11册），中华书局，1986年版，第6359页。
④徐珂编撰：《清稗类钞》（第1册），中华书局，1984年版，第283—284页。
⑤徐珂编撰：《清稗类钞》（第11册），中华书局，1986年版，第6362—6363页。

调验。然而官僚们依然我行我素，不知自忌。当时，鸦片一度成为送礼的佳品。"有人送京师西城新街口铁匠胡同德宅节礼两盒，其门丁以为腊肠，乃私窃一串。预备午餐佐酒，熟而剖之，中皆墨汁，有异味。细察之，则为大土烟膏，复出而献主人。主人大惭，给以银两数圆，戒勿声张。"①"鸦片盛行，官署上下几于无人不吸，公门之中，几成烟窟。有人仿唐诗一首曰：'一进二三堂、床铺四五张、烟灯六七盏、八九十枝枪。'"②

吸毒群体日益扩大。部分文人也将吸毒作为其写作的借口，甚至误以为吸毒是文明的表征。"马平王定甫通政拯负时名，惟以吸食鸦片为一生之玷……及近今姓名显著、脍炙人口之诸人，亦皆博学而有此嗜好。或云学者终日伏案，疲劳已甚，假此小憩。可卧而构思腹稿也。较之嫖赌征逐，固胜一筹……诸人皆挂名仕籍，宜其尔尔。又鸦片产于英属印度，为文明之英人贩运而来，此亦文明空气，宜为文明人所饱吸也。"③吴历绘是清末民初有名的画家，遗有《墨井诗钞》《三巴集》及《墨井题跋》各1卷。天主教士李问渔编有《墨井集》5卷，兼收其传记、诗钞、题跋及口译（言行录）等。吴氏等无疑是清末民初有名的文化人。他们嗜毒如命的品性客观上加速了民间社会的效仿。徐珂总结说："我国上古，男皆束发于顶。世祖入关，乃薙发垂辫。女子多缠足，男子吸鸦片者甚众，亦好赌博，烟管赌具，几视为日用要物。光、宣之间，始有天足会、戒烟会之设立。"④对于毒品之危害，时人徐印香，同治年间的举人，"性方正，于博弈烟酒，痛恶深嫉。尤恨鸦片，尝有诗讽吸烟者"——"琼萧锦瑟并横陈，玉琢精装制作新。到口便医心上病，行云频见掌中身。百年有尽先拼命，寸铁无锋惯杀人。怪底一灯青似豆，夜深风雨化阴燐。"⑤长期以来，国人对鸦片等毒品价值的错误认识，从上到下的推动造成了中华民族

---

① 徐珂编撰：《清稗类钞》（第11册），中华书局，1986年版，第6363页。
② 徐珂编撰：《清稗类钞》（第4册），中华书局，1984年版，第1609页。
③ 徐珂编撰：《清稗类钞》（第4册），中华书局，1984年版，第1609页。
④ 徐珂编撰：《清稗类钞》（第5册），中华书局，1984年版，第2187页。
⑤ 徐珂编撰：《清稗类钞》（第5册），中华书局，1984年版，第2197页。

"东亚病夫"之名，也加剧了社会的混乱与动荡。那么，到了民国时代，对毒品价值的认识是不是似乎又有了真的改变呢？答案是否定的。这种恶习依然被某些人所师承。到20世纪30年代，一部分人认识到鸦片等的危害，希图戒除它。"有鸦片瘾者，莫不求速离苦海，徒以无良好之戒烟药剂，致心长气短，踌躇难决。"[1]然经济的拮据，医疗卫生条件的落后又使人们不得不依赖它们以缓解病痛。[2]

第三，我国春秋时已有了公娼之制。至清末，与娼妓有关的各种制度、习俗逐步成熟。"古有官妓，今无之。然有公娼、私娼之分。纳捐于官中，略如营业税，得公然悬牌，可以出而侑酒，设宴于嘉者为公，反是则私。至业此之鸨，所蓄钱树子，皆为其假女，姓名皆伪托，阅时稍久，遂不可问。公私皆然，固不仅年龄之不能确计也。"那么，从社会的氛围来看，妓女是否真的就如一般现代民众所认为的是一个值得否定的群体了呢？依笔者对民国以前的历史来看，并非如此。首先，娼界也如民间一样推行等级制。如当时的上海是全国乃至全世界有名的花都。其妓女群体之大、人数之多是其他城市不可比的。那么，娼妓的争奇斗艳也是出名的。"妓之花榜则屡见不一。亦以状元、榜眼、探花甲乙之。一经品题，声价十倍，其不得列于是榜者，辄引以为憾。然其间之黜陟，亦系乎个人之爱憎，且亦有行贿得之者也。其不足征信，亦与伶之花榜无以异也。"[3]由上可知：当时之妓女阶层并不像后世那样，为人们所厌弃。在时人看来，登上榜单者不是一般的风尘女子，而是集色、质、气、神于一体的尤物，她们有着丰富的思想，有着足以让人难以忘怀的东西。"妓之所以奉客而外，曰侑酒外，清歌一曲，足以怡情。"[4]可见，当时上海民间认为娼业的发展实为生活所需。那么，北平又是如何呢？"京师皇华坊有东

---

① 《解决戒烟痛苦之圣剂》，《申报》1935年9月2日，第5版。
② 李延安在《我国重要都市卫生经费之研究》一文认为：抗战前夕，每一居民纯粹卫生事业费以上海公共租界为最高，计每人每年享1.44元；次为广州市，每人享0.49元；又次为汕头市，每人一年享0.37元。而北平仅每人年享0.08元。选自李文海：《民国时期社会调查丛编》二编《医疗卫生与社会保障卷》（下），福建教育出版社，2014年版，第450页。
③ 徐珂编撰：《清稗类钞》（第11册），中华书局，1986年版，第5151—5152页。
④ 徐珂编撰：《清稗类钞》（第11册），中华书局，1986年版，第5149页。

院，有本司胡同……顺治初，沿明制，设教坊司。京师所指妓馆所在地为胡同。"逛妓院就是"逛胡同"。像内城口袋底地蓄歌妓的妓院称之为小班，"以别于外城剧团之名"。后经庚子之乱，内城歌妓都跑了，而外城歌妓馆遂沿袭其名，与十年前迥异：早期的小班以歌舞为主，很少出卖肉体。到丁酉、戊戌间，南城娼寮条件更糟，"较韩家潭之伶馆不如远甚……其次则不设宴，不歌曲，但可留宿……仆役走卒得一金，即可强邀一宿，群妓亦欣然就之。"这表明歌舞伎的数量减少了，而以出卖肉体为主的增多了。当时妓寮分为南北帮……"大抵南帮活泼，而不免浮滑，北帮诚实，而不免固执。南帮仪态万方，应酬周至；若北帮则床第外无技能，偎抱外无应酬酢。顾亭林论社会情况，以'闲居终日，言不及义，好行小慧'评南人，以'饱食终日，无所用心'评北人，观南北两帮之妓女亦犹是也。"①

妓寮在形成的过程中逐步完善了自己的管理制度。先是管理不善，"逃债者甚多，掌班者亏累不支，倒闭相属。庚子乱后，改弦更张，此辈乃得藉以自存，而章制亦略有变更。入门，座客盈室，奴导入小屋中栖息，谓之坐柜房。前客去，乃引入所亲室，谓之到本房，约坐一小时，揽衣起，出掷银币一圆于案，铿然有声，谓之开盘子，客留止宿，夜度资费银八圆，亦有十二圆者。"②随着妓院生意的好转，部分妓女成为犯罪的对象，为此，清王朝采取保护措施。为此，"各妓衣服丽都，彻夜来往，老妓见之，咸谓别有天地，非复人间也。"随着管理、保护的到位，妓女与民间的互动更为频繁。如京师妓院，"无论生张熟魏，识与不识，皆可问津，且大了高叫见客，妓即相率而出，任客选择也。""京师酒馆，不能召妓侑酒，若在妓院肆筵设席则可。"甚至还有"所谓割靴者，以甲眷某妓，而其友某乙于暗中复狎昵之也。二人共狎一妓，则称为靴兄靴弟"。这样，京城再次回到了咸丰年间娼业兴盛的局面。"每过午，香车络绎，游客如云。呼酒送客之声，彻夜震耳。士大夫相习成风，恬不知

---

① 徐珂编撰：《清稗类钞》（第11册），中华书局，1986年版，第5153页。
② 徐珂编撰：《清稗类钞》（第11册），中华书局，1986年版，第5153页。

怪，身败名裂，亦有为之弃官者。"①

中国官营娼妓大致可分为两种情形：专供皇帝独自享用的"宫妓"和为各级文武百官服务的"妓"。在中国封建社会，皇帝享有至高无上的尊严与权力，他们高居于整个社会金字塔的尖顶上，"君临天下"，可以任意占有无数的绝色美女；而王公大臣、文武百官嫖妓有时却要受到一定的约束、限制，甚至禁止。故家妓的出现，是势所必然的事情，既可视为宫妓的"平民化""扩大化"，亦可视为宫妓的"私有化"、官员嫖妓的"合法化"。总而言之，家妓是中国宫妓制度的一种补充形式，在漫长的历史长河中曾发挥了其特殊的功能。②

秦以前一般官僚贵族蓄养家妓的情况，史籍记载的很少，这里仅举两例：其一，《左传·襄公十一年》："郑人贿晋侯以女乐，晋侯以乐之半赐魏绛。"事情发生在周灵王十年（公元前562年），晋悼公将郑国送来的乐师、歌女、乐器的一半赏赐给大臣魏绛，以奖励他和戎的战功，其中有女乐八人。其二，《史记·吕不韦列传》云："吕不韦取邯郸诸姬绝好善舞者同居。"这或许是家妓的滥觞。纵观历史，帝王后宫妃嫔无数，更有大量女乐、宫妓以助其声色之娱。上有所好，下必甚焉。王侯将相，官僚贵族竞相仿效，也在家中蓄养数目不等的能歌善舞的美女，这就是"家妓"。到清代依然有这种现象。李渔（1611—1680），号笠翁。浙江金华人，明末清初文学家、戏剧家、戏剧理论家、美学家。自幼聪颖，素有才子之誉，世称"李十郎"，曾家设戏班，至各地演出，从而积累了丰富的戏曲创作、演出经验，提出了较为完善的戏剧理论体系，被后世誉为"中国戏剧理论始祖""世界喜剧大师""东方莎士比亚"，是休闲文化的倡导者、文化产业的先行者，被列入世界文化名人之一。一生著述丰富，著有《笠翁十种曲》《无声戏》等著作，是中国文化史上不可多得的一位艺术天才。那么，他又是如何看待已过世的家妓呢？乔复生、王再来是李所蓄之家妓。那么，他与她们之间的关系如何呢？请看李氏在她们离世

---

① 徐珂编撰：《清稗类钞》（第11册），中华书局，1986年版，第5150—5155页。
② 王书奴：《中国娼妓史》，上海三联书店，1988年版，第256页。

后为她们写的传吧。"再来声容，虽逊复生一筹，然不宜女而宜男，易装换服，即令人改观，与美少年无异。予爱其风致，既不登场，亦使角巾相对，执尘尾而伴清谈，不知者目为歌姬，实予之韵友也。"①可见，李氏与她们关系之和谐与密切！

晚清民国时，中国民间嗜赌、嗜毒，对娼业的宽容态度等，客观上为沦陷时期北平各种社会问题的发生提供了诱因。

当然，自然灾害的频繁化、严重化等同样也是促使各种社会问题产生的原因之一。

（二）坚持联系、发展的观点

面对沦陷时期北平众多的社会问题，那么，如何理顺它们之间的关系，并探寻其发展变化的规律呢？这是一个艰难、急迫，但又无法回避的课题。为了弄清它们之间的关系，笔者认为要做到两个"坚持"。

1. 坚持联系的观点

坚持联系的观点就是在肯定各种问题存在的前提下，承认它们之间关联的必然性与实在性，并通过这种必然性与实在性的研究，来把握历史的发展脉络。为什么要坚持联系的观点呢？因为任何人的活动都与一定的历史条件相联系。历史唯物主义认为："人创造环境，同样环境也创造人。"②那么，在研究该课题时，如何贯彻联系的方针呢？

第一，要认识到社会问题的产生与日伪政权有着密切的关联，可以说，日伪政权的邪恶性、罪恶性、殖民性才是问题产生的根源。按照启蒙思想家孟德斯鸠、洛克，及后来马克思等的论述，国家成立的目的在于维护、强化人权。而日伪政权本质上是人类政权发展史上的毒瘤——"一个对外实行征服的政权会带来一个对内实行压制的政权"。③这种政权的属性决定了它必然要采取种种联合外来侵略者掠夺、残害本土民众的政策。

①徐珂编撰：《清稗类钞》（第11册），中华书局，1986年版，第5186页。

②马克思，恩格斯：《费尔巴哈》（1845—1846），选自中共中央马克思恩格斯列宁斯大林著作编译局：《马克思恩格斯选集》第1卷，人民出版社，1995年版，第43页。

③马克思：《从美国革命到1801年合并的爱尔兰》，选自中共中央马克思恩格斯列宁斯大林著作编译局：《马克思恩格斯全集》第45卷，人民出版社，1985年版，第49页。

如抛弃了沦陷前夕北平市政府对妓女的救济政策，借口中日"友好"，采取牺牲华北当地民众利益的各项政策。

第二，要认识到各种社会问题之间的关系。联系是普遍的、客观的，那么，各社会问题之间又有什么关系呢？其一，它们之间是一种并列关系。笔者在介绍沦陷时期北平社会问题时将其细分为烟毒业的泛滥、赌博业的合法化、娼妓业的过度发展、民众的自杀等一系列问题。这些问题从某种程度来说是一种并列的平行关系。其二，它们之间又存在着明显的依存性关系。如烟毒业的泛滥成灾很明显是当时娼业的过度发展、吏治的腐败等产生的必然前提。可以说，正是因为烟毒业的泛滥成灾才导致了其他社会问题的产生。其三，它们之间存在明显的互动关系。娼妓业过度发展、赌博业的兴盛反过来又为毒品业的泛滥成灾提供了温床。而自杀率的不断上升、自杀者的年轻化等现象客观上又与社会生存环境的急剧恶化，毒品业的泛滥成灾等有着密切的关联。其四，联系是双重性的，既有直接的，也有间接的。教育的停滞与落后尽管与毒品业的泛滥成灾等没有直接的关联。但毒品业的泛滥成灾无疑不利于教育事业的发展。这就是联系的间接性。同样，这种观念同样适合于对北平民族工商业困局的分析。北平民族工商业的停滞与衰落，直接原因是日伪的打压以及民族工商业自身的弱点生成。而间接地又与毒品业的兴盛、赌博业的合法化、财政化有关。

第三，认识到各种社会问题与民众、社会的关系。一般来说，社会问题的多少、烈度、广度一定程度上与民众自身的素养是分不开的。其一，民众素养愈高，其违反传统道德的概率会相对较低；即使实行了某种危害社会公益的行为，其危害性程度可能较低——当然，个别情况也不尽然。其二，社会问题一产生，其必然对民众产生不利的影响。为此，在考察该问题之时，不得不就它们两者之间的关系进行细致的论述。如谈到娼业的过度发展时，就必对社会良善风气、对家庭的稳定性产生的危害进行分析。其三，社会问题存在的烈度、广度，进一步加速了民众对日伪政权存在的"合法性""权威性"的怀疑。为此，反对日伪的殖民统治，要求民族解放的斗争自然会风起云涌。

2. 坚持发展、变化的观点

第一，要认识到发展、变化的观点是马克思主义史学的基本观念，并利用它探寻历史的发展规律。其一，历史发展本身是螺旋式前进、阶段式发展的。在肯定康德提出太阳及一切行星是由旋转的星云团产生时，马克思就预言：太阳有产生、灭亡的规律，由此推断人类社会是一个由低级向高级逐步转变的过程。其二，人类活动是一种有意识、有目的的行为，经过思虑或凭激情开始的；而人的目的、意识是有差别的，为此，历史活动本是有别的。但这种差异性研究，丝毫不能改变一个事实："历史进程是受内在的一般规律支配的……这样，历史事件似乎总的来说是由偶然性支配着，"[1]但这种偶然性始终是受内部隐藏着的规律支配。"而问题只是在于发现这些规律"。其三，促成事物发展、变化的原因可能是多方面的。既有历史文化的原因，又有现实的政治、经济、外交等方面的原因。

那么，在分析、研究沦陷时期北平社会问题时，不得不认识到日伪推行的诸种政策本质上与各种社会问题的产生、强化有着某种程度的关联。有的甚至是出于邪恶的政治目的开始的。但日伪的政治目的是否真的如其所愿地达到了呢？翻开日伪的各种档案，我们可清楚地认识到：毒品统制政策是为了实现其以毒养战，长久地统治中国的目的。但历史给予了否定性的回答——大量良田耕地的被圈占、大量吸毒者的迅速产生、自然灾害的频繁化、社会秩序的劣化再一次昭示这样的真理：任何政策，特别是恶毒的殖民政策都根本挽救不了这个垂危的、罪恶的法西斯政权覆亡的命运。日本的各种掠夺政策只能使其大陆政策最后成为水中花、镜中月罢了。这就是铁律！

第二，社会问题都有一个发展的过程。在近代，长期以来，毒品问题一直是困扰中国社会的一个极为严重的问题。为此，中国的有识之士掀起了三次浩浩荡荡的禁毒斗争。那么，即使是在该时期，日伪对毒品问题的认识、把握与执行政策也是有别的。具体表现为抗战后期，不论华北伪政

---

[1]恩格斯：《路德维希·费尔巴哈和德国古典哲学的终结》（1886年初），选自中共中央马克思恩格斯列宁斯大林著作编译局：《马克思恩格斯选集》第4卷，人民出版社，1995年版，第243页。

权，还是汪伪政权都有着企图戒毒的意愿。翻开汪伪政府《行政院会议记录》中有关内容以及汪精卫临死前给华北伪政权的密令，我们将对这段历史有更多的理解与认知。不管当时汪精卫出于何种目的，但他确实有希图改写毒品历史的思想，这是不可抹杀的。但问题是历史已对他做出了必然的安排——一个出卖国家主权的、践踏民众利益的伪政权是不可能真正地走出这一怪圈的。

（三）坚持反思历史、造福民族的原则

近代中国多灾多难。梁启超曾非常形象地比喻中国在世界的地位——如果说世界是一艘即将沉没的船，那么，中国就是这艘船上最危险的地方。近代中国之所以有那么多的问题，除了列强的侵略外，恐怕自身的制度、自身的国民性弱点也是一个极为重要的原因。与其说，日伪是被中国人民、世界人民的反法西斯战争所打败，还不如说是被其自身罪恶的法西斯制度所打败。"一个国家，只要它的政体不是产生于全体人民明确表达的意志，它就没有宪法。爱尔兰的情况正是这样，难道还不清楚吗？在爱尔兰只存在着行政权力，在这种体制下，最高权力能做的事情，最多的是压迫老百姓而不是保护他们的权利。"①马克思的上述论断，同样适合于沦陷时期的北平市伪政权。要缓和、解决当时的社会问题，唯一的办法就是铲除法西斯化的日伪政权。因为它的专制、独裁导致了民众处于被剥削、被压制的困境。在这里，宪法荡然无存，民主政治被抛弃在九霄云外，社会黑暗到了极点。

而国民自身的问题，主要表现为存在一批民族意识淡薄甚至完全丧失，权力欲极强的汉奸群体。据北平市警察局呈报，从1945年12月5日起至1946年1月止，地方军事委员会北平行营别动队、宪兵十九团等，陆续拘捕了汉奸175名（内含日人3名）。从这些汉奸的以前身份来看，有伪政权各级行政、军事官员共147人——如伪逆王克敏等129人，伪商业组织成员于景陶等10人，伪教育系统成员钱稻孙等4人，伪新闻界管贤冀等4人。

---

①中共中央马克思恩格斯列宁斯大林著作编译局：《马克思恩格斯全集》第44卷，人民出版社，1982年版，第62—63页。

很明显，当时被捕的汉奸主要是以伪政权的核心人物为主，同时遍及不少行业。对华北沦陷区危害极大。[①]

对于当时的巨奸，战后国民政府进行了卓有成效的审判，严厉惩罚了他们的犯罪行为。如对"罔顾国家民族，甘为敌人傀儡"的王克敏，对其犯罪行为进行了清算。起诉他自卢沟桥事变即勾结日寇，拉拢汉奸组织伪临时政府，就任伪临时政府行政委员会委员长，成立各种叛国机构，犯下了滔天罪行。[②]"综上述事实，该被告一再通敌卖国，主持招募军队……公务员及人民逃叛通敌，藉以反抗本国，已讯据供认不讳"，实已触犯《惩治汉奸条例》多条的规定。"惟被告于捕获前即患有心脏病甚重，在押就医，于侦讯终结、待命移送时，忽于（民国）三十四年十二月二十四日晚病更加剧，医治无效。于二十五日下午五时气绝毙命。"考虑到被告患病身亡，其刑罚之请求权业已消灭的事实，依然对其进行有罪宣判，并"没收其财产之全部"。[③]除此之外，还对助纣为虐的王揖唐、汪时璟、金璧辉等进行了审判，他们终于受到了应有的严惩。

但是这些罪孽深重的巨奸们对自己的罪行没有深刻忏悔，或者说，他们有没有意识到他们的罪恶与沦陷期的华北社会问题的产生有着明确的关联呢？为了说明这一点，笔者联系当时的审判记录予以分析。

王克敏总是为自己的罪行开脱责任，说他"自问并无祸国殃民之事"，[④]任职之初，即"希望和平与减少华北人民之痛苦……关于减除人民痛苦，本人自信凡有所知见，无不尽言，并求见诸实行，至于成效如何，听之公论……关于财政，本人向持紧缩方针，冀为国家人民保存元气。"不过，他最终还是承认：在日伪的残酷统治下，"通货膨胀，物价腾贵，人民痛苦，不堪言状"。特别是物资几乎全被日本掠夺而去。日本的对华北政策的特点是："以武力行使政权，以政权运用经济政策，此为

---

① 《北平市警察局呈报市政府的拘捕汉奸及日人登记表》，档号：J1-1-460，北京市档案馆藏。
② 北京市档案馆：《绝对真相：日本侵华期间档案史料选》，新华出版社，2005年版，第398—407页。
③ 北京市档案馆：《北京档案史料》，新华出版社，2005年版，第354页。
④ 北京市档案馆：《绝对真相：日本侵华期间档案史料选》，新华出版社，2005年版，第402页。

敌方一贯之政策。至于中国用人之权，在政务委员会范围内尚比较自由，在地方政府，则日方几乎无所不用其干涉。最重要者为各地县长，殆全由外省各联络部长所推荐，非本地之豪绅劣绅，即为各部队之翻译或特务人员。危害民间最重。"且日军"军纪不整，政纲亦遂不张，早可知必败也。"对于华北出现的种种社会问题，王逆推得很干脆，他说："本人近八年中在华北两次任职，本系有所抱负而来，虽然未能一一达到，但在本人则总已竭尽心力，可告无愧。"①

王揖唐也是当时华北伪政权中的铁杆汉奸。那么，他又是如何回答当时审判人员的问题呢？

问：王克敏组织临时政府，是你帮助组织的？

答：王克敏组织的。

问：你那是不是临时政府委员？

答：临时政府我也反对。

问：你是不是议政委员呢？

答：他看着我，没有办法。

问：你是不是赈济部部长？

答：他说我念佛人办了赈济还不帮忙？

……

问：以后你又是伪华北政务委员长职，是不是？

答：被日本人逼迫，当时如俘虏一样，没什么话讲？②

好一个滑头、奸诈的小人？！面对民族正义的审判，依然幻想着通过"抗拒审判、狡诈答辩"来开脱罪责。

可见，这些汉奸头目们在面对正义的审判时是如何幻想通过避重就

①北京市档案馆：《绝对真相：日本侵华期间档案史料选》，新华出版社，2005年版，第404页。

②北京市档案馆：《绝对真相：日本侵华期间档案史料选》，新华出版社，2005年版，第411页。

轻或推卸责任来企求苟全的。但人是有相对自由的。正是因为他们有相对的自由，才导致一个必然的结果：他们必须要对自己的行为承担相应的责任。为此，历史已对他们做了公正的审判——他们中的不少人受到了正义的严惩，被永远地钉在历史的耻辱柱上。这是向世人宣告：数典忘祖的民贼永远将被世人痛斥，做好一个国民之本分吧！同样，要使中华民族在日益竞争激烈的国际舞台上拥有自己的地位，每一个国民都有义务承担起一个国民最起码的责任。这就是爱国，而不是害国！

（四）坚持清除历史遗毒，服务中日关系大局的原则

日本在其发动侵华战争的过程中，常常发表企图掩盖、歪曲、美化其侵略历史的罪恶言论。早在华北沦陷初，日方最高层就企图通过舆论宣传来掩盖其罪恶本质，以减轻中国民众的反抗。胡说"日军行动之最大目的是惩治与扑灭抗日分子，绝不敌视一般善良之民众。"甚至颠倒是非地宣称："日军所到之地皆成王道乐土。"[1]沦陷中期，日方人员也是这样做的。臼井亨一是伪教育总署学务专员。1942年，他曾专门在北平给华北各中等学校行政人员做了一个《东亚新秩序理念中的几个问题》的演讲。这位满腹经纶的日籍顾问首先冠冕堂皇地宣称：日本的资本主义经济正在走向发达之路。这是不能用马克思的学说所能解释的。他说，东亚新秩序的建设，"如果没有文化上的坚定的基础，是不能成功的"。那么，如何采取违背历史事实的方式，为日本的侵略历史开脱罪责的呢？他妄言：日本的对华历史就是一部"解放东亚民族，解放中国"的历史。他说，从鸦片战争爆发至甲午战争前夕，中日同处于被西方殖民之困境，日本自明治维新，"即以抵抗外国侵略为目的……而中国至于民国革命成功后，才想起抵抗西洋诸国之侵略"。这样，就将近代的日本打扮成保护东亚、抵制西方侵略势力的先锋。他又说，甲午战后，西方各国掀起了瓜分中国的狂潮，中国之所以没有沦为殖民地，原因是日本的"维护"起了作用。日俄战争的结果是"不但保存了日本，东亚也得到了保存"。总之，日本是希

---

[1]张云生：《华北沦陷期日人宣传活动之研究》，1946年北京大学文学院新闻系毕业论文，影印本，北京大学图书馆藏。

望与中国亲善的。日本的侵略行为是情有可原，甚至有益于中国。日本与中国发动战争，是为了确立东亚永久和平，"用拔本塞源之法，图谋打开局面"。①

对于日方错误的言论，国民政府教育部部长朱家骅曾予以严厉的驳斥。他说，日本帝国主义施诸我国者，"徒见其侵略之事实，最近强占我土地，残杀我人民，尤见其恣睢暴戾，达于极点，诡称德政，可谓谬妄已极！"为此，他号召教育界同人："为保持民族生命起见，应各矢勤矢勇，急起坚持：陷敌之区，务痛辟其谬妄……毋存逆来顺受之心，立志不移，以图后效！"②因此，抗战一结束，国民政府就着手对日本侵略华北的罪行调查取证。当时，它将恶敌之罪分为谋杀与屠杀、抢劫、强奸等32类。③并建立了由中央军事委员会、中央党部及行政院等机关牵头，由地方各级机关、民众共同参与的调查敌伪罪行的机制。1945年11月23日，国民政府颁布了《处理汉奸条例》，12月6日重新制定了《惩治汉奸条例》《敌人罪行调查办法》，此后开始了对战争罪犯及汉奸的审判。

那么，当时的华北日方人员又有多少因为侵华战争而遭到战后审判的呢？日本投降后，随着部分汉奸势力被镇压，一部分日方战犯也因其战争罪行而受到必要的处理——1945年9月，土肥原贤二等261名重要战犯被逮捕。④后来，除了个别战犯被处决外，多数战犯经历了中国人民的改造后又回到了日本。抗日战争已结束了75个年头，对于这场历时14年，给中国人民带来极大灾难的侵略战争，日本社会各界的态度是不一样的。部分经过中国人民改造的战犯、侵华老兵等对自己的罪行有所忏悔，他们希望日本政府能够真正地认识到自己的战争罪行，向被侵略国道歉、谢罪，给予必要的补偿。并愿意为使中日两国，乃至全世界走上永久的和平之路贡献绵薄之力。⑤部分文化人对这段历史也给予了高度关注。如《日伪统治

①《教育时报》1942年第2期，第11—17页。
②北京市档案馆：《九一八事变后国民政府教育部对日交涉教育问题史料选》，《北京档案史料》，新华出版社，2005年版，第2—12页。
③《敌人罪行种类表》，档号：J187-1-180，1945年11月，北京市档案馆藏。
④《日本重要战犯名单》，档号：J181-17-2688，北京市档案馆藏。
⑤星彻：《日本老兵忏悔录》，叶世纯，等，译，宁夏人民出版社，2005年版，第15页。

下的北平》出版后，不仅在国内引起了强烈的反响，而且日本学界也给予了高度的关注。日本岩波书店马场公彦先生决定在日本发行该书，以期教育日本民众，特别是日本青少年理性地认识这段侵华历史。北京市政协主席白介夫为此书作序——《记住日本侵华战争的历史教训》，他希望日本社会，特别是日本的青少年对这一段历史有一个清醒的认识。侵华战争"不仅给中国人民带来了巨大的灾难，而且也给日本千千万万家庭带来了切肤之痛"。希望它的出版能帮助日本人民，特别是日本的青少年了解沦陷时期北平人民所遭受的种种苦难，从而真正地了解中日关系这一页……前事不忘，后事之师。只有正视历史，吸取教训，才能把握中日两国关系的大局。

抗战结束后的70多年来，否认、美化侵略历史，为侵略历史翻案的大有人在。且侵华战争遗留的一系列问题依然没有得到有效的解决。如领土争议问题等一直没有得到很好的解决。"日本侵华战争遗留问题的根源是日本的历史认识问题，日本的历史认识问题是一个有特别含义的概念。它指的是自20世纪80年代以来日本对待侵略战争历史及其责任的认识逐渐恶化的现象。主要表现为：日本社会围绕如何认识侵略战争历史和如何承担战争责任，以及如何取得曾经遭受日本侵略战争之害的邻国，尤其是受害最重的中国及其人民的原宥，并重新建立信任关系这些根本性原则性的问题上，出现了整体右倾化的趋势……政府、右翼势力和普通民众三者在历史认识问题上的表现互为因果并互相推动，造成日本社会上出现了为侵略战争的历史翻案的事态。"①

可见，清除军国主义的遗毒任重道远。那么，要防止日本再一次走上侵略战争的道路，国际社会，包括日本民众必须对自己过去的历史有着更为清醒的认识。结合本选题的内容，我们不难发现：沦陷时期北平诸多社会问题的产生与日本的侵略、掠夺政策是分不开的。正如笔者多年前在论述沦陷时期北平毒品统制政策与日伪关系时曾说：日伪毒品统制政策与日本侵华政策是一脉相承的。两者互为因果，相互促进。首先，日本的侵华

---

①吴广义：《日本侵华战争遗留问题》，昆仑出版社，2005年版，第3页。

政策是日伪毒品统制政策形成的基础与前提。没有它的武力侵华，就没有日伪毒品统制政策的出笼、强化和沦陷区深刻的毒化。其次，日伪的毒品统制政策是日本侵华政策所包含的必然性内容。再次，毒品统制政策确实强化、美化了日本侵华政策，它带来的滚滚利润无疑是日伪的强心剂。①总之，北平沦陷时期社会问题众多、强化，甚至烈化，尽管原因众多，但日方无疑是最关键的原因。正是因为沦陷区这么多严重的社会问题没有被追查责任，使它们像梦魇一样一直困扰、纠缠着受害国的民众，再加上日本国内不健康的心理与做法，使日本的周边国家与民族不能从思想上、心理上根本原宥当时的战争罪人。解铃还须系铃人。那么，要使日本民族真正地融入国际社会，得到其他周边国家与民族的理解与信任，关键还在日本民族的态度。"任何民族当他还在压迫别的民族时，不能成为自由的民族"。②尽管现在的日本已远离了那段丑恶的历史，但其不愿直面历史、不愿承担责任的态度是很难被人接纳的。唯一的办法是放弃以往的大和民族优越史观，改变历史上对周边民族的不友好的态度，切实履行和平宪法，而不是恣意妄为，这样才能与周边国家与民族和平共处，共谋发展。

三、研究方法

（一）文献资料研究法

文献资料研究法主要是收集、鉴别、整理文献，并通过对文献的研究形成对事实的科学认识的方法。它是一种古老而又富有生命力的科学研究方法。沦陷时期总体上来讲距今不是太远，虽然日军撤离时对部分资料进行了大规模的销毁，但仍遗留下了大量的文献资料，给我们研究这一段屈辱的历史提供了方便。如敌伪档案、敌伪报纸杂志、战时国共两党以

①王显成：《日伪统治时期北京市伪政权的毒品统制政策》，《史学月刊》2010年第8期，第131—135页。

②中共中央马克思恩格斯列宁斯大林著作编译局：《马克思恩格斯全集》第4卷，人民出版社，1958年版，第410—411页。

及其他势力所办的报纸，民间所存的日记、族谱、契约等无一不是了解这段历史可以利用的资料。在看到足够多的第一手、第二手资料后，自然就容易产生研究某一问题的冲动，进而鉴别、整理、形成对某一社会问题的想法。如在研究当时民族工商业发展状况时，必涉及对商会、同业公会等的性质、功能等的定位。在近代，我们常说，民族工商业是推进社会发展的利器。那么，商会常是维护其利益的一个工具。从1943年3月日伪颁布《工商同业公会暂行条例》就可得知：其对民族工商业发展的促进作用大打了折扣。因为它明确规定："工商同业公会以协助政府，施行经济政策及增进同业之公共利益为宗旨。"①而《治安部警政局组织规则》则明确了治安部在伪警察的建立、考核、升迁等方面的职权。如警务科掌下列事项：一、关于警察制度之厘定事项；二、关于警察机关之设置事项……七、关于不属于保安科所掌之其他警政一般事项。通过这些规则条例，就可对当时的华北伪政权与汪伪的关系有些粗略地了解——两者关系较为疏远，汪伪的法律制度不适用于华北，华北伪政权有独立的一套管理警察的制度。通过阅读华北伪政权颁布的《北京特别市公署警察局训令》，则对当时的伪警察局的集权体制，乃至对整个伪政权的集权体制有着深刻的认识。根据该训令，警察局设秘书室及第一、第二、第三、第四科与特务各科……尽管各科有一定的职权，但它又规定：警察局置局长一人，简任，承市长之命经理本规则第二条规定事项，并监督所属机关及职员。依上述内容，就可对日伪高度集权的体制有了初步的理解与认识，更对日伪法西斯政权的黑暗统治有了法律上的认识。

　　总之，文献研究法是社会科学，特别是历史学广泛采用的一个研究方法。它对历史本来面目的把握有着极为重要的作用。为什么说它是一个最基本的研究方法呢？首先，历史文献是历史知识的载体。它存在的时间极为久远。从传说中的仓颉创造最早的汉字，到商周时代的甲骨文、金文，到后来的竹简、帛书等，无一不是中国古代历史的见证。后代史家往往是

---

① 《银行公会转发伪社会局颁布的〈华北经济统制政策〉及〈工商业同业公会条例〉等问题的来函》，档号：J46-1-520，1943年3月25日，北京市档案馆藏。

依靠它来研究的。而竹简、帛书等，就是古代最早的文献了。后人是通过阅读、理解、研究它，从而对历史的本来面目进行认识的。其次，历史文献种类繁多，有档案、报刊等。尤其是近代以来保存得较为完好，且数量极为丰富，可供研究者很好地认知、把握历史的本来面目。如个人购买毒品，日伪时期是如何监控的？可以说，通过文献可以了解到早期是极为严格的，后期则采取极简的方法——不必对购买者的信息予以详细地登记，只要商家笼统地填报就可。实质上反映了当时日伪为了利益最大化，完全不顾道德的心态。再次，该种研究方法在其他学科应用得极为广泛。如社会学、经济学、心理学等领域，通过一定的文献资料把握问题的本质，也是一种通用的方法。

（二）比较法

"这是在比较那些相同类型的社会现象的不同表现中寻找某种类型的社会现象发生与发展规律，或研究不同的社会现象的相互关系与共同点的一种方法"。[1]为了很好地研究该时期北平社会问题的时代特征，笔者采用了比较法。如在研究毒品问题时，首先介绍了近代中国毒品问题，特别是沦陷前夕北平的毒品问题以及北平市政府的禁毒政策，通过对比研究，使读者知悉：尽管毒品问题一直是当时困扰中国社会发展的一个严重的社会问题。但是当时国民党政权也意识到要采取严厉的禁毒政策，并取得了一些效果。而日伪为了以毒养战，极力地纵毒。实质上在本课题的研究过程中，广泛地采用这种方法展开研究。

一是竖向比较。列宁强调要坚持历史性，反对把自己的思想强加给历史人物和做肤浅的历史类比。但他并不反对站在一定的历史角度来分析其差异性与历史的继承性。列宁说，"在分析任何社会问题时，马克思主义理论的绝对要求，就是要把问题提到一定的历史范围之内"。[2]那么，在一定历史时期某一社会问题的产生、发展、灭亡必有其阶段性特点。而历史学的责任则是用比较的方法将其阶段性特点探索出来。要达到该效果，

①朱力：《当代中国社会问题》，社会科学文献出版社，2008年版，第102页。
②列宁：《论民族自决权》（1914年2—5月），选自中共中央马克思恩格斯列宁斯大林著作编译局：《列宁选集》第2卷，人民出版社，1960年版，第512页。

必然要用竖向比较法。如在介绍娼妓业过度发展之时，对沦陷前后北平娼妓地位的研究也采用了竖向对比法。北平市政府的救娼政策以及其相对宽和的政策表明：沦陷前夕，娼妓地位尽管很低，但当时的政府、民间还是有不少人关注她们、同情她们。而日伪时期则迥然不同了。娼妓往往成为很多阶层掠夺、榨取的对象。甚至伪职人员也参与和组织了这一活动。通过对比，自然就对妓女的地位变化有了更多的了解。

二是横向比较。横向比较就是将沦陷时期的北平某一社会问题与同时期其他地区，特别是其他沦陷区的该类问题进行实质性的对比研究。如对毒品业的管理，对"违法吸毒"的处罚等与当时的上海就极不一样。上海地区的毒品管理几乎都是由日方的机关、人员决定的。具体来说就是1937年8月以前，主要是由当地的帮会组织涉毒，当然部分军政人员也参与其中。1939年兴亚院成立以前，毒品业基本上是由日本军方管理，1939年随着兴亚院的成立，原本由军方控制的毒品贸易，转由该机构管理。在兴亚院的主导下，上海乃至华中地区的毒品垄断组织——华中宏济善堂在上海正式成立。华中宏济善堂及地方善堂，专门负责鸦片的采办、运输、销售和毒品的戒除、治疗等事。华中宏济善堂实际上是一个服务于兴亚院的机构。该机构从鸦片贸易中获得的大量收入并未上缴伪维新政府，而是被存入台湾银行，后拨给兴亚院，这一点得到了里见甫的证实。从这里，我们就可知上海日方对毒品业的控制更为严厉。华界与租界对毒品实施的不同政策，造成两界内的毒品销售机构处于不同的法律地位。设在华界的戒毒所和鸦片馆只需在相关机构进行登记并交纳捐税后，便可公开营业。但在租界内，毒品贸易与消费始终属于非法。对"非法"吸毒者，华北总体上采取驱赶或罚款之法，而上海则采取刑罚处罚之法。反映了日本在上海占领区对毒品问题的不同态度。消费毒品的结构上两地也有区别：上海越来越多地采用合成毒品，而北平更多地采用了鸦片等非合成毒品——合成毒品毒性大，价格便宜。与战前毒品犯罪的处罚相比，战时毒品案件出现的一个全新的特点是"处罚轻罪化"和"经济处罚化"。同时，毒品业也使当时的日伪政权腐败化。这是两者的共同点。通过对上海、北平毒品市场的综合比较，就会对当时的北平毒品问题有更多的理性认识：日伪时期毒品问题的产生主要是日伪政策导致而成。而中国民众一些落后的观念、不卫生的习惯、因循守旧的陋习等确实也是导致毒品业猖獗一时的诱因之一。①

（三）马克思主义的历史研究法

马克思主义史学在不断发展过程中形成了一系列行之有效的历史研究方法。马克思、恩格斯等对经济基础与上层建筑关系的论述、阶级斗争理论、国家政权理论，特别是关于民族殖民地理论、民族自决理论等无疑是从事史学研究必用的一些基本的理论与方法。那么，如何将它们贯穿于该课题的研究中呢？前面笔者谈到任何社会问题的产生都是历史合力的产物，马克思、恩格斯等人极力反对颠倒物质与意识地位的主观唯心主义的史学研究方法。相反，他们认为历史人物的活动与思想往往受到历史条件的制约，且随着历史条件的变化而发展。而这里所说的条件更多的是经济、政治、哲学等方面的，其中经济条件才是最为重要的条件。因为稍微有点历史知识的人都知道："君主们在任何时候都不得不服从经济条件，并且从来不能对经济条件发号施令。"②

联系上述理论，在研究沦陷时期北平社会问题时，尤其是毒品业的泛滥、赌博业的过度发展、娼妓业的兴盛等问题时，就绝不能离开20世纪20—40年代华北，特别是北平的经济形势、经济制度。如在分析沦陷时期北平娼妓业的过度发展时，就不能不结合当时的封建土地私有制、农村经济的破产等问题来分析。对北平市伪政权的腐败问题，应借鉴马克思等对民族殖民地问题等方面的一些理论来阐述。"政治国家没有家庭的自然基础和市民社会的人为基础就不可能存在"。③同时，马克思又从权力的集中与分散的角度分析民主政体与君主政体的区别。他们认为民主制才能真正地消除政治国家同市民社会、政治领域和社会领域、国家公民和作为市民社会成员的分离。而君主制是权力集中于君主一身的政治体制。这种

---

① 蒋杰：《战争与毒品：战时上海毒品贸易与消费》，《抗日战争研究》2018年第4期。
② 马克思：《哲学的贫困》（1847年6月），选自中共中央马克思恩格斯列宁斯大林著作编译局：《马克思恩格斯全集》第4卷，人民出版社，1958年版，第121—122页。
③ 中共中央马克思恩格斯列宁斯大林著作编译局：《马克思恩格斯全集》第4卷，人民出版社，1958年版，第10页。

体制必然走向腐败。"民主制是君主制的真理"，"君主制却不是民主制的真理"。"在民主制中，任何一个环节都不具有与它本身不同的意义。每一个环节实际上都只是整体人民的环节。在君主制中，而是部分决定整体的性质。在这里，国家的整个制度构成必须适应一个固定的点。民主制是国家制度的类，君主制是国家制度的种，并且是坏的种。"①结合日伪政权的政体，可知华北伪政权，包括当时的北平市伪政权，其政权体制又是什么呢？很明显，它们是高度集权的法西斯政权，是君主制在现代社会的变种。首先，从其政体来看，表面上三权分立。实质上权力高度集中于日伪的上层，特别是日驻华北的军方上层及特务机关。此外，也给予了伪上层人员一些必要的权力。至于一般伪职人员往往处于无权的地位。其次，在权力的运作过程中，往往奉行警察权至上的原则。由于伪警察是重要的伪国家机器，为此，日伪上层极为倚重它。其管辖的事务极为庞杂。其职权之重，地位之显赫，几乎达到无所不管、渗透极深的地步。再次，推行连带责任制。北平市的连坐法如是规定："甲之住民有左列之行为者，除本人依法处罚外，警察分局长对本甲区内之各户长（甲长在内）得课以三元以下之连坐金。"②可见，在日伪严酷的殖民统治下，只要民众对它们稍有不满，都可能遭到致命的打击与迫害。而一些不法官吏往往会乘机敲诈勒索，从而加速了腐败等问题的产生。

①卡尔·马克思：《黑格尔法哲学批判》，人民出版社，1963年版，第38—39页。
②《暂行保甲法》，《新民报晚刊》1938年12月30日，第4版。

第二章　沦陷时期北平的毒品问题

第一节　沦陷前夕北平的毒品问题及北平市政府的对策

一、沦陷前夕北平的毒品问题

（一）毒品及毒品问题的概念

对于沦陷前夕的北平毒品问题，目前学术界似乎很少有人涉及。要很好地论述它，不得不先介绍毒品的概念。民国时期所称之毒品，"系指下列所指之物：（一）吗啡、海洛因；海洛因与吗啡脂及其诱导体与各种碱性物品。（二）伊功纫、古柯碱、伊功纫脂及其诱导体与各种碱性物品。"[①]《现代汉语词典》如是言：毒品是"进入机体，能跟机体起化学变化，破坏体内组织和生理机能的物质。"[②]据《中华人民共和国刑法》第57条规定，毒品指鸦片、海洛因、甲基苯丙胺（冰毒）、吗啡、大麻、可卡因以及国家规定管制的其他能使人形成瘾癖的麻醉药品与精神药品。《麻醉药品及精神药品品种目录》列举了121种麻醉药品与130种精神药品。其中最常见的是麻醉药品中的大麻类、鸦片类和可卡因类。

综上所述，依定义的本质特征——要做到某一事物的内涵与外延的统一，笔者认为上述三个定义各有千秋：第一个前面是列举性的介绍，后面包含了其他的毒品种类；第二个真正反映毒品本质——做到了内涵与外延的统一；第三个是列举式及笼统式并用的定义方式。但它突出了精神药品与麻醉药品的本质。因此，笔者认为第二个定义是最可取的。

---

① 《华北禁烟暂行办法》，档号：J181-22-4621，1939年8月21日，北京市档案馆藏。
② 中国社会科学院语言研究所词典编辑室：《现代汉语词典》第6版，商务印书馆，2012年版，第319页。

那么，毒品问题是什么呢？是指由于毒品的吸食、制造、转运、买卖、持有等环节引起的一系列社会问题。毒品是能够使人形成瘾癖的麻醉药品与精神药品。很明显，种植、生产、销售、买卖、持有、转运、吸食它必对人的生理、心理产生某种程度的危害。正因为如此，它必然与人类传统道德、传统的价值观背离，为此，它常是任何明智的政府所极力反对、禁止、打击的对象。但不可否认的是，毒品又有着一定的药用价值。为此，它必然是昂贵的、有害的、被禁止的。

（二）沦陷前夕北平的毒品问题

1. 晚清毒品问题与清王朝的禁毒斗争

为了很好地研究毒品问题，不得不稍稍介绍一下近代中国的毒品问题。它是以英、美、日等国为急先锋，再加上中国国内部分恶势力导演的，以毒品的吸食、贩卖、制造等为手段，对中国社会进行渗透、影响、破坏，进而掠夺中国财富，摧残中国民众身心健康的一个极为重要的社会问题。鸦片战争前夕，中国已有吸鸦片犯达200万人。[1]以英国为首的西方列强将鸦片如潮水般推向中国，从中国掠夺了白银6亿银圆。至1917年，西方各国向中国倾销毒品，折合鸦片共约7023119箱，由此从中国掠夺了6616345219银圆。[2]它给中国社会带来了巨大的冲击，表现在国民精神日趋颓废，财政危机日趋加剧，统治危机强化。为此，以林则徐为首的地主阶级改革派意识到必须通过严厉的禁烟才能维护清王朝的统治，实现社会的长治久安。正是在他们的推动下，才有了历史上有名的虎门销烟。但是，当时的清王朝并没有意识到中国将进行一场根本性的变革，反而错误地认为只要解除了林的职务，就万事大吉了。根本没有认识到鸦片仅是西方打开中国大门、牟取中国钱财的一种手段。因此，最终导致第一次鸦片战争的彻底失败。第二次鸦片战争后签订的不平等条约将鸦片贸易合法化，从此毒品问题就成为晚清，乃至民国时代中国社会存在的一个极为严重的社会问题。为此，光绪末年清王朝终于

---

① 李侃、李时岳：《中国近代史》（1940—1919），中华书局，1994年版，第11页。
② 苏良智：《中国毒品史》，上海人民出版社，1997年版，第3页。

意识到要实现社会的良性变革，必须解决毒品问题。为此，才有了晚清新政时的禁毒斗争。为了帮助读者了解清末统治者对毒品态度的变化，我们不妨以天津为例说明之。

表2-1　1902—1911年外国鸦片进口统计表（数量：担）

年份	白皮土	公班土	剌班土	新山土	金花土
1902	349	97.20	……	……	……
1903	226.22	79.20	……	……	2.94
1904	174.14	73.20	……	——	0.48
1905	127	97.28	1.2	……	……
1906	153	114	4.80	……	……
1907	77	70.80	……	2	……
1908	83	69.60	……	……	……
1909	93	58.80	……	……	……
1910	19	24	……	……	……
1911	……	……	……	……	……

从天津一地进口的外国鸦片数量来看，很明显，清朝灭亡前夕，鸦片输入有所减少。之所以产生了这一结果，与当时清政府推行的禁毒政策是分不开的。正是这种较为严厉的禁毒政策，才使当时公开的烟馆关闭。如新禁烟章程对"私食者的种种令人不快的限制，致吸食者声名狼藉"。[1]

2. 南京国民政府的毒品政策与北平的毒品问题

（1）南京国民政府的毒品政策

针对鸦片等毒品问题，南京政府在20年代末30年代初，采取了两种政策：首先，寓禁于征的政策。即用增加税收的办法来禁烟——实质上是公开纵毒。如1928年3月，财政部颁布了《戒烟药料特税章程》等，设专门地点买卖，政府设立特种税、印花税。其次，以严禁为主的政策。1928年，全国局势趋于稳定。国民政府禁烟政策开始严厉起来，蒋介石

——————————

①郭大松，张志勇译：《中国海关十年报告（1902—1911）选译》，选自中国社会科学院近代史研究所《近代史资料》编辑部：《近代史资料》，总111号，2005年，第90—139页。

在禁烟会议上发表了慷慨激昂的演说："如果要救国，必自禁烟始。"为此，国民政府首先在新颁布的《刑法》中，加重了对鸦片罪的处罚力度。1928年8月，禁烟委员会正式成立，蒋介石等许多国民党要员担任禁烟委员。1928年9月，国民政府公布禁烟法与禁烟法施行条例。规定：栽种、制造、贩卖、输送、吸食毒品者，按刑法治罪，公务员犯以上诸罪者，依刑法最高刑处断。至1929年3月1日以后，全国禁吸鸦片，违者治罪。还规定全国禁烟会议、全国禁烟委员会、各级地方政府等为办理禁烟机关，各地方自治团体协助政府办理禁烟事宜。规定对鸦片等毒品实行禁种、禁运、禁售、禁吸。其禁烟成就是：1928年7月—1929年6月，15个省市县公安局共办理禁烟案1492起，抓烟贩31850名，各海关查获国内鸦片58061斤，吗啡7580两，海洛因2297两，高根421两，处决烟贩7251名。在这一片禁烟声中，中央和地方着实进行了一些努力，取得了一定的成效。①然而就全国而言，还有很多省份将中央制定的禁烟法束之高阁。

围剿红军取得"成功"后，蒋又提出了两年禁毒、六年禁烟的口号。规定1935年至1936年年底为禁绝烈性毒品之期限。1936年6月公布的《禁毒治罪暂行条例》规定：制造、运输、贩卖毒品者，意图营利为人施打吗啡，或以馆舍供人吸用毒品者均处死刑。要求各省对吸食鸦片者进行登记，限期6个月办理完毕，并限期勒戒，至1940年年底以前戒绝。

可见，抗战前夕，南京国民政府的禁毒日趋严厉，且取得了一些切实的效果。那么，当时北平的烟毒问题又是如何呢？北平市政府的态度又是如何？对于这一问题，学术界的研究是不多的。

（2）沦陷前夕北平市的毒品问题

沦陷前夕北平毒品问题的特点是：

第一，毒品问题已是严重影响社会稳定的一个毒瘤。20世纪20—30年代，由于中国政治中心的南迁，北平的经济等受到明显的冲击。表现在就业艰难，谋生不易。一部分失去良知的民众在暴利的驱使下从事非法的毒

---

①苏良智：《中国毒品史》，上海人民出版社，1997年版，第301页。

品生产、买卖活动。在北平市各庙会、各市场等地，"各小摊售卖烟灯烟枪……海洛因纸卷，无处不有售卖者。烟灯烟枪，违禁物品，明令禁止在案。唯所用器具等物，售卖甚伙，得利甚厚……可否禁止售卖？"[①]毒品吸食器具买卖的公开化促使毒品的吸食、制造等违法行为的产生，进而严重危害社会的安定。

第二，涉毒者错综复杂，有明显的国际化倾向。涉毒者除了部分土生土长的中国人外，绝大部分是拥有领事裁判权保护的日韩侨民。从1934年9月至年底，查抄烈性毒品案1960件，涉毒犯3719人，他们供称："十九购自朝鲜人和日本人。"他们"依领事裁判权为护符，敢于公然贩卖。"[②]

第三，烟毒犯地位特殊。这里所说的特殊是指无论是毒犯数在总犯人数中的比重，还是烟毒犯与其他犯罪的关系而言，烟毒犯有特殊的意义。其一，烟毒犯人数众多，在整个犯人数中占有很高的比例。如1934年5月，北平市捺印罪犯指纹数为302人，其中鸦片犯、烈性毒品犯158人，很明显，52.3%为毒品犯。[③]1936年4月，有各类案犯1417名，其中涉毒犯805名，占56.8%。[④]其二，烟毒犯的数量、比重不仅决定了社会治安的好坏，而且还是催生其他犯罪的一个极为重要的诱因。该时期，北平的盗匪案、盗窃案发生率之所以居高不下，一个重要的原因就是烟毒案过多。其三，烟毒犯的改造质量实质上与社会的稳定有着必然的关系。光绪年间，人们已认识到鸦片等对人体的危害，能使人产生人身的物质依赖与精神依赖，正是这种依赖性导致了戒毒的困难。戒烟药之所以难以产生很好的效果，"实则人既有瘾，既与烟相依有命焉。一旦欲其服药于中，未有不畏难于

①《关于禁止各小摊售卖烟枪烟灯及违禁物的训令》，档号：J181-20-7509，1931年6月6日，北京市档案馆藏。

②《各省市禁烟情况》，选自马模贞主编《中国禁毒资料》，天津人民出版社，1998年版，第1075页。

③《北平市政府公安局关于民国23年5月份捺印罪犯指纹分类统计及6月份再犯人员统计表》，档号：J181-20-10235，北京市档案馆藏。

④《刑事人犯调查表》，档号：ZQ012-002-00284，1936年4月，北京市档案馆藏。

中，而始于勤，殆于终者矣。"①为此，毒犯的戒毒、改造实为不易。为此，再犯率自然就提高了。

第四，烟毒犯之所以在北平那么猖獗，原因众多，其中一个重要的原因是中国对外籍人士没有绝对的司法管辖权。当时的日本人正是利用中国这一尴尬的处境在中国进行各种非法活动。这样导致了华北地区的禁毒工作面临一系列的难题。

3. 沦陷前夕北平市的禁毒工作

（1）措施

在全国禁毒政策发生重大变革的关键时刻，北平市政府也采取了一系列卓有成效的禁毒措施。

首先，强化禁毒宣传力度。鉴于毒氛汹汹，禁毒工作不断出现反复的态势，20世纪20—30年代，全国形成了一系列的禁毒团体从事禁毒宣传工作。如当时的中华民国拒毒会。它是由唐绍仪等民国政要组织的，反映了全国人民的禁毒意愿，积极推动南京国民政府禁毒的一个民间性、公益性组织。该组织奉孙中山拒毒遗训为最高宗旨，抱着欲禁毒必由"政府采取全国一致遵守之计划，拒毒团体必须奋斗不懈，千万不可放弃坚忍与不妥协之奋斗决心，永远抱定彻底不降服之政策"。②据上述精神，河北组织了国民拒毒会。它要求会员必须真正做到：有义务，无权利，不问政争，不计利害——成为一个彻底的为反毒而建立的利国利民的公益性组织。那么，作为近邻的北平当时也非常重视禁毒宣传工作。鉴于部分烟犯依然我行我素的事实，北平市政府认为主要是因为"宣传工作不能深入民间"，应遵照中央的全社会防毒、禁毒的精神，"组织清毒大会，按照禁烟总会前发通告，赶速尽量宣传"。采取简明警醒文告等方式来进行宣传，力图取得较好的效果。而北平市具体的做法是由烈性毒品人犯审判处、自治事务所、监理处协同公安机关办理。这样，以市政机关为核心的全面防治毒品的宣传机制建立起来了。③

---

① 《戒烟真药》，《申报》1881年12月1日，第3版。
② 《中华民国拒毒会资料》，档号：J181-20-5256，北京市档案馆藏。
③ 《北平市政府训令甲字第4117号》，档号：J181-20-29421，北京市档案馆藏。

其次，把握好严禁环节，确保禁毒效果。一是建立以警察机关为核心，其他部门共同参与的严打机制。冀察政务委员会曾电令北平各部局：嗣后再有查获烟土案件，一面呈报中央有关部门查核，一面"将人货送往我处与警备司令部，令部查照办理"。可见，当时的禁毒工作实质上已成了众多部门共同参与的工作。二是推行严厉的考核制度。具体一点就是公务员，特别是警务人员的升迁、奖惩与禁毒的成效有着密切的关系。一句话，对有功于禁政的人员予以精神的、物质的奖励，甚至在职务的提拔上也给予倾斜。市府于1930年12月令："现届考核办理禁烟之员工之期，拟分别功过，出具考语投府。"因此，从1931年1月至4月，外四查获售卖鸦片或替代品的案件超过10多起。外五西车站保安队，共50起，署长、队长被给予了嘉奖。[①]三是对外来涉毒势力采取必要的防范、打击政策。考虑到中国当时是一个半殖民地国家，而北平又是中国的故都及文化中心，南京国民政府对可能前来的外来势力采取了一些必要的防范：严禁外国人在我国租用、购买土地。1933年1月，国民政府密令各地："查外国人在我国租用土地，除教会外，应以通商口岸为限，现行条约规定甚严。"而执行不力，至有流弊滋生，为此，望"切实查禁在案"。[②]该时期，北平市民众的主权意识不断强化，他们认识到要维护国家安全、社会稳定，必须废除领事裁判权。[③]

再次，共同禁毒。北平在开展禁毒的同时，还联合周边其他地方开展禁毒工作。"1928年9月21日至9月30日，河北省高等法院将各县解获的毒品在天津中山公园当众销毁。这场运动涉及河北61县。如文安县鸦片毛重33.4两……高增畜案烟枪、烟杆、烟坨一个……"[④]正是因为构建了警民合

①《公安局关于本市政府令署长佟世斌等禁烟成绩认真，准予传令嘉奖的训令》，档号：J181-20-7523，1931年6月，北京市档案馆藏。

②《内政部关于严禁外国人在我国租用、购买土地等的密令》，档号：J7-1-375，1933年1月，北京市档案馆藏。

③《北平市政府关于领海范围定为三十海里，缉私里程为十二海里，仰即知照的训令》，档号：J181-20-7024，1931年4月，北京市档案馆藏。

④《河北省法院关于在天津四马路焚毁一切毒品的函》，档号：J181-31-3404，1930年5月，北京市档案馆藏。

力、全面防毒、禁毒的体制，毒品问题在华北得到了一定程度的遏制。

表2-2　北平市公安局破获部分日人贩毒案统计表（1929—1930）[1]

破获日期	破获地点	人犯姓名及年岁	日犯在华贩卖地址	破获毒品名称及量数	处置经过
1929年11月26日	外五区署	白马氏，29岁	八宝胡同日人金姓家	白面九分	送北平地方法院检察处惩办
1929年9月3日	内三区署	高木喜道等	东直门大街	海洛因十八两七钱	送日本公使馆转天津领事馆惩办
1930年7月9日	内一区署	杨素华，29岁	苏州胡同朝鲜人金姓家	海洛因一小包	送北平地方法院检察处惩办
……	……	……	……	……	……
1930年9月5日	内一区署	郝国珍，22岁	三元巷8号朝鲜人姜姓家内	白面一包	送军警联合办事处惩办
总计（1929年11月—1930年9月）	涉及北平各区，共180多起案件，涉案白面465包，吗啡189包，海洛因245两45钱以上，麻药19两，形成了一个以日本人为中心、朝鲜人、部分华人参与的制售毒品体制。				

（2）成就

在上述一系列措施的推动下，北平市在禁毒方面取得了一些阶段性成果。表现如下：一是破获了大批大案、要案。从1934年9月至1935年3月，枪决制毒犯2名，贩毒犯8名，复吸海洛因犯9名。从1934年9月至年底，查抄烈性毒品案1960件，涉及人犯3719人。1935年，北平共查获烟毒案31716件。1936年12333件。查获人犯数：1935年4804人，1936年1430人。执行死刑人数：1935年6人，1936年12人。[2]二是捕获了部分从事毒品犯罪的日韩商人，有力地打击了他们的嚣张气焰。针对毒品"十九购自朝鲜人与日本人"的状况，市公安局对他们采取了打击政策。据统计，从1928年7月至1932年5月，破获日韩商人涉毒案200多起。三是成立了一些戒烟机构。1935年成立了3个戒烟医院。戒烟解毒人数：1935年9297人，1936年

---

①《市公安局查获大量的日商毒品案给北平市政府的呈》，档号：J181-20- 7509，1931年，北京市档案馆藏。

②马模贞：《中国禁毒史资料》，天津人民出版社，1998年版，第1075页。

9179人。[1]

表2-3 北京河北第一监狱涉毒案部分军人情况表[2]

姓名	年龄	籍贯	罪名	刑期	原判机关
刘发贵	49	河南武安	售毒	徒刑13年4月	平津卫戍司令部
……	……	……	……	……	……
刘永清	43	武安	运毒	徒刑12年	冀察绥署
海三川	37	磁县	意图贩卖毒品	徒刑12年	同上
王克义	41	山东黄县	教唆贩毒	徒刑15年	北平市公安局
于云程	43	固安	造毒	徒刑14年	冀察绥署

可见，20世纪20年代末至30年代初的北平市政府在反毒品犯罪方面确实还是有一些成绩是值得肯定的。它充分反映了中国人民在反对毒品问题上的坚定决心与坚强意志，也反映了中国人民渴望生活在一个没有战乱、没有毒品的，健康、安宁、国富民强的美好社会的意愿。可是这一美好意愿很快被日寇的野蛮侵略击破了。

（3）不足

首先，相对于华北其他地方，北平的禁毒力度还有待于进一步提高。与周边地区相较，其禁毒成果还是不够的。原因是列强，特别是日本的纵容与破坏，对涉案的韩日毒贩打击力度不大。尽管已查获了大批的日韩毒犯，但因没有绝对的司法管辖权，导致他们很快便逍遥法外。其次，部分警察已堕落为毒犯的保护伞。某市民基于义愤曾向市公安局写信，指出了北平毒品问题难以解决的一个重要原因就是警察队伍部分人的腐败。他说，巡官等"吃香的，喝辣的，自应不得不吸那家卖各种药的。每月还送给他大洋若干元，教旁人看见说，你们公安局同人是干什么的？！"[3]该信实质上反映了部分警察因毒品犯罪腐败了——充当了毒犯保护伞的事实。当然，当时绝大部分警察还是坚定地站在反毒第一线的。再次，政府

①马模贞：《中国禁毒史资料》，天津人民出版社，1998年版，第1193页。

②《河北高等法院检察处训令行字第201号》，档号：J191-2-14019，1938年3月5日，北京市档案馆藏。

③《北平市公安局关于烟案毒品应如何收缴的函》，档号：J181-31-3303，1930年5月，北京市档案馆藏。

自相矛盾的禁毒政策不利于毒品犯罪的根绝。毒品是一种有害的物品，其对社会伦理道德的冲击、对国家法律的漠视，对人性的歪曲和践踏达到了无以复加的地步。为此，称其为洪水猛兽绝不为过。但它又有着矛盾的二重性：一定的医药作用，及从心理上暂时缓解痛苦的作用，这对于多灾多难的民众来说，无疑有着天然的吸引力。而政府尴尬的财政状况决定了它对毒品采取时禁时纵之策。它的矛盾政策与国民内在的弱点一拍即合——尽管已知鸦片之害，"仍贪一时之快，因循沉溺至今"，[①]可见，北平市政府的禁毒是不可能彻底的。

第二节　沦陷时期北平毒品问题产生的原因及其表现

一、沦陷时期北平毒品问题产生的原因

毒品问题产生的原因就是诱使毒品问题产生的各种因素。卢沟桥事变发生后，平津等地很快沦陷。为此，北平步入长达8年之久的沦陷期。在这漫长而短暂的八年内，为什么毒品问题一度成为北平头号的社会问题呢？

首先，日本的毒化政策是毒品问题产生的根源。毒化政策是日本侵华过程中常用的企图通过毒品的专卖，在其占领区牟取暴利、摧残中国民众身心健康的一种有深厚历史渊源的侵华政策。应该说，日本各界早就意识到毒品之害，因而为了保障其国民素养的"优质"性极力在国内推行禁毒政策。日本占领台湾后，最初一度主张效法其国内的做法，严禁在台售毒。"本岛既归我国领土，有关鸦片之输入及吸收，一般认为迟早必依本国例予以禁止"。后考虑到财政的需要又开始在台推行专卖制。"唯因鸦片价格日昂，不能如从前，擅意满足其嗜好，致鸣诉其苦者亦不乏人。"[②]为此，特推行有关的警察制。"鸦片警察之要务为：第一，应

---

①程大学，许锡专，等：《日据初期之鸦片政策附录保甲制度》第1册，台湾省文献委员会出版，1978年版，第76页。

②程大学，许锡专，等：《日据初期之鸦片政策附录保甲制度》第1册，台湾省文献委员会出版，1978年版，第75页。

网罗所有中瘾者；第二，不得令中瘾者以外之人，即未领牌照者，秘密吸烟。第三，不得秘密输入、制造及贩卖鸦片。"①占领华北之后，日本对该地的毒化政策出笼了——将华北等地作为其他占领区所产鸦片的售卖市场，从而牟取暴利。1943年9月，日本在东京召开了亚洲各地区的鸦片会议。在这个会议上，日本军阀正式提出将蒙疆、伪满地区作为其鸦片产地，将华北等地作为鸦片等的销售地。

其次，民众落后的卫生观念及糟糕的经济状况是毒品问题得以产生、强化的又一诱因。"我国对于卫生，素不讲究……就国民全体而言，不独传染病猖獗，死亡率增加。而国民之体格健康，亦日趋弱劣。"②由于卫生观念落后，医疗条件差，部分民众有一种恶习：把鸦片当作一种治病的"成药"。③千百年来，民众对鸦片等的了解总的来说是不科学的。对于缺医少药的他们，鸦片等具有无穷的"功效"，以至于在北平郊外的怀柔，吸烟人数"约占全民人数之半"。④其实，早在20世纪30年代，已有不少人认识到鸦片的作用是暂时性的。"又甚注意者，是当治病使用的鸦片及其他麻痹类药物事。大概疾病所伴随的痛苦，借了鸦片的作用，便可解消，所有胃疼、腹痛患者，痛苦辗转苦闷的时候，最愿吸食。甚至还有迷信这样的止痛为病痊愈表现的人。其实，鸦片的作用麻醉痛苦，或觉掩耳盗铃……嗜好鸦片的人不但有成瘾的害处，且有如斯潜伏的危险。所以有讲求营养的充足，加旺血行（鸦片有使血行缓慢），连除身上老废物的必要……要想营养的改善，须有强健的胃肠，美善的消化为第一个条件。"⑤由于疾病的产生、强化、病人的死亡等无一不与其经济状况等有关。而日本的侵略导致了国破家亡、民穷财尽，而上述悲

①程大学，许锡专，等：《日据初期之鸦片政策附录保甲制度》第1册，台湾省文献委员会出版，1978年版，第76页。

②伪新民会中央指导部：《河北省丰润事情调查》，1938年版，第167页。

③1935年12月，严霈章先生在《从上海市市立沪北戒烟医院一千烟民成瘾原因统计上探讨普及卫生教育与中国禁烟戒烟之关系》一文中认为，88.3%的烟民是将吸烟作为治病的手段。选自《卫生月刊》（上海）第5卷第12期，1935年12月。

④伪新民会中央指导部：《河北省怀柔县事情调查》，1939年版，第43页。

⑤《疾病和痛苦》，《新民报晚刊》1938年5月24日，第4版。

剧性结果无疑加剧了疾病的产生，以及疾病预防的艰难。时之东郊医院院长鲁景岱说得好，"不罹疾病，则不陷于贫困，但亦有因贫困之故，而始罹疾患者也……换言之，则因患疾患而贫病者，不论疾患之有无，已有贫困之存在，其陷入贫困之原因，则为心身之一面，或两方面之低格，至于贫困之后，因发生疾病而更为贫困者，此自然之事也。"①人之命运与其经济状况，与其所处的环境有着莫大的关系。如经济状况本已不好，再加上疾病之摧残，其命运就必更为不幸。卫生观念落后的结果是对医疗卫生事业投入的不够及看病难等问题的产生。②沦陷后，该问题日趋凸显。至1937年下半年，该市的贫民有233237人。后物价不断攀升，分配不公的现象更为严重，这导致了下层民众就医更为困难。"三月份死亡人数为二千二百二十三人……前经治疗者九百九十九人，未经治疗者一千一百二十一人，尤以贫病无力治疗者及服用成药未经注意致死者居多。"③这表明：沦陷区民众，特别是贫苦的民众不可能有就医之机会。最多是跑到毒品店内购买一些可缓解病痛，但不可治病的鸦片罢了。

再次，伪政权对毒业收入的依赖是该问题产生的另一诱因。伪政权在财政上行自给自足的政策。日寇是不可能拿着大批的金银财宝来中国烧杀抢掠的。那么，如何实现其秩序的稳定，进而强化其殖民统治，这一点对刚建立不久的日伪政权来说确实不是一个易事。华北沦陷后，日寇就提出了要以毒养战。1938年10月，日本驻华大使馆制定了《对华北地区鸦片与毒品问题的方针》。其主要内容是对华北的鸦片问题，"今后应采取以根本禁止为远期目的的专卖制度。当前，严格的取缔方针过苛，日本方面应取缓和的纠正方针。据此方针，财政收入应能有所寄托。"④那么，作为其卵翼下的华北伪政权自然要遵守其主子的指示，将毒业的收入作为其财源之一。因此，于力先生分析说："没有鸦片烟鬼，不能养那么多日本

① 《贫苦与疾病因果之关系》，《新民报晚刊》1938年11月20日，第2版。
② 沦陷前，北平市年均卫生经费4951648元，每一居民纯粹享受的卫生事业费仅0.08元。其中教育经费、不属卫生及教育项之费达440万元。选自李文海：《民国时期社会调查丛编》（二编），《医疗卫生与社会保障卷》（下），福建教育出版社，2014年版，第446页。
③ 《京市上月份死亡者，因无力治疗者居多》，《新民报晚刊》1938年5月4日，第3版。
④ 王宏斌：《日本侵华毒品政策五十年》，河北人民出版社，2005年版，第129页。

鬼；不要养那么多日本鬼，也不会有那么多的饿死鬼。互为因果，乃成就了北平市的三多。"[1]

最后，就是饱尝苦难的民众幻想通过毒品的吸食来摆脱眼前的困境。近代以来，华北民众经历了各种各样的磨难：生活的艰难，生命之脆弱，列强的入侵，政治民主化的迟滞……凡此种种，不一而足。面对上述窘境，部分民众麻木了。而日本的入侵更是使旧有的秩序消亡了。而"新"的日伪建立的"秩序"是不是真的就"好"了呢？非也。"新"秩序是指以日本为核心的，以伪政权为附庸的庞大的日本帝国殖民统治秩序。实质上，日伪统治的"合法性""权威性"一直遭到酷爱和平、自由的中国人民的否定。一是华北伪政权与汪伪政府的关系理不清。华北伪政权是由北洋时代的落魄军人、政客，再加上一部分丧失民族性的留日生构成，他们本希望借日军之力建立全国性的统治。为此，汪伪政权建立之时，"他们表现得极为冷漠"。[2]"各处虽悬五色旗，但身悬青天白日徽之小官吏，其数甚伙……民众对此茫然不解所以"。[3]可见，民众对汪伪没有从心理上、思想上予以接纳。更不用说其卵翼下的华北伪政权了。二是沦陷区民众从日本占领后就承受着各方面的压力，经济上、政治上日趋艰难。该时期水旱频仍，饿殍遍地。如1939—1940年的河北水灾导致了其"东境内行将就毙之民，至少有四百万"……因灾情奇重，"中国农民以水草、以木屑为食者，遍处都是。因乏食而全家自杀者日渐增多。"[4]灾区的一望无际，灾民的悲惨境遇进一步昭示了日本殖民统治的残暴与冷酷，而战争的长期化、残酷化又表明了抗战复国的不易。那么，在这个特殊的历史关头，华北核心地区——北平的民众，其心理又处于一种怎样的境地？一句话，度日如年，看不到尽头，内心充满着苦闷、焦虑、无奈，希望寻求精神的寄托而又无可奈何。"民众忍受

---

①于力：《人鬼杂居的北平市》，群众出版社，1984年版，第42页。
②《伪中央政府出现中南京景象之概况：伪中央不能控制华北》，《申报》1940年3月25日，第6版。
③《伪中央政府出现中南京景象之概况：伪中央不能控制华北》，《申报》1940年3月25日，第6版。
④《河北灾情奇重》，《申报》1940年3月28日，第4版。

种种困难，颇能刻苦自勉"，[1]然对战争的局势因所知不多，且不时有受迫害之危险。因而其心里的苦闷、无奈、焦虑是明显的。

正是各种苦难的丛集、煎熬，无奈、无望情绪的产生，才使部分民众，特别是下层的民众将吸毒作为其摆脱眼前困境，寻求暂时安乐的一种手段。

二、沦陷时期北平毒品问题存在的表现

表现就是一个事物的存在方式。那么，当时的毒品问题主要的存在方式又是什么呢？只能是日伪的毒品统制政策，正是它才使本已得到暂时遏制的毒品问题再一次死灰复燃。那么，它又包含哪些内容呢？

（一）毒品犯罪"合法"化

1. 毒品原植物种植的"合法"化

蒙疆、伪满地区长期以来是日寇的鸦片原植物的生产基地。日军占领华北后，也使罂粟种植合法化。1934—1935年伪满规定种植罂粟面积68.5万亩，1937年达106.2万亩，产鸦片1271吨。热河1938年罂粟种植面积为36万亩，东北各省1643亩。[2]1942年，山西日占区罂粟种植：特许面积41550亩，复查面积32561.18亩。[3]该年度蒙疆伪政权鸦片产量9393366两。甚至北平郊外也盛开了紫色的罂粟花。且日在种植鸦片之时，还对其销路进行了规划：如1942年计划在北京销售蒙疆鸦片130万两。[4]

2. 买卖毒品的"合法"化

毒品买卖的合法化就是说通过伪政权法律制度的变革使本来违反道德、违反社会公益的毒品买卖行为"合法"化的行为。具体来说就是确立了毒品专卖制。

---

①《北平民众刻苦自励》，《申报》1940年9月16日，第10版。

②中央档案馆：《日本帝国主义侵华档案资料汇编·东北经济掠夺》，中华书局，1994年版，第826页。

③王宏斌：《日本对华毒品政策五十年》，河北人民出版社，2005年版，第150页。

④江口圭一：《日中鸦片战争》，宋志勇，译，天津人民出版社，1995年版，第93页。

表2-4　伪警察许可的土膏店名册（资本单位：元）①

时间	土店	膏店	备注
1938年6月	土膏店301家，资本额不详		其中235家为冀察清查总处设立
1939年9月	广源恒等344家，资本441万元	久大商行等104家，资本133.74万元	
1939年10月	久行商店等100家，资本84.21万元	一品香等235家，资本37.33万元	
1944年11月	光大等102家，资本总额98万元	一品香等261家，资本220万元	
1944年12月	不详	人和等261家，资本总额200万元	

表2-5　日警方许可、伪警默许的售毒店清册②

时间	国籍	制售毒户数	备注
1938年3月	朝鲜	韩锡泰等372户	朝日合开4处
1940年10月	朝鲜	河渐道等357户	西郊全金浩全家参与
1941年6月	朝鲜	李万荣等436户	得意楼为台湾人开
1942年底		3000户（包括中国人自办的400家）	

于是，在北京这个拥有悠久历史的文化名城就上演了一幕幕由中外奸商导演着的人间惨剧。

3. **毒品吸食的"合法"化、扩大化**

首先，吸毒的合法化。它是使本来按中国已有的法律看来是违法的，需严厉制裁的吸毒"合法化"的行为。其措施如下：一是废除由前南京政府公布的禁烟、禁毒法规。该法规一个重要特点就是严厉禁毒、禁烟。为此，日伪要极力废除它。"查《禁烟治罪暂行条例》及《禁毒治罪暂行条例》现已由本会饬令废止。"它们的废止为推行罪恶的毒品统制政策提供

①《北京统税分局公函禁字第568号》，J181-22-8052，1938年6月；《北京统税分局关于报送10月份土膏店清册的公函》，J181-22-8040，1939年10月；《北京统税分局关于报送9月份土膏店清册的公函》，J181-22-8039，1939年9月；《北京禁烟局关于民国三十三年十一月份膏店清册》，J181-22-8033，1944年11月；《北京禁烟局关于民国三十三年十二月份膏店清册》，J181-22-20231，1944年12月；北京市档案馆藏。

②《北京警察局关于查明制造及吸毒处所的训令》，J181-22-4637，北京市档案馆藏。

了条件，也从伪法统的角度确保了吸毒的"合法化"。二是规定："凡属鸦片不能吸食。男子年龄五十以上，有鸦片瘾者，不在此限。年龄在三十岁以上，因病吸食，一时不能戒绝，经医生证明确属于治疗上之必要者，得暂特例允许吸食。"①这样导致了沦陷区民众借口治病等吸毒。三是推行吸毒执照制。除了年龄在五十以上，或治病需要外，要吸毒还需领取执照。"依前项之规定申请登记者，须提供居住证。证明其年龄、姓名、职业及住址"。对于移动之潜在烟民，"法人商店，其他团体之代表者等有代本人为第一项声明之义务"。②且该执照不能转让或转借他人。这种扩充烟民之策，就使不少人的吸毒合法化。这是对前国民政府严厉禁毒政策的公然挑战。

其次，吸毒者的扩大化是通过各种手段来实现的。一是释放烟民犯。烟民犯是指按前国民政府严厉禁烟的政策因吸毒而被判刑的人。他们是潜在的毒品消费市场。为此，为了扩充毒品市场，伪政权成立后，就颁布了释放该类罪犯的命令。1938年3月，它借口"人犯过逾定额……气候渐热……急应疏通"，③将命盗案外，如有合于刑事诉讼法第107、111、115、116条所列之情形，即要将羁押撤销或停止。并颁行之《疏通人犯办法》，厉行缓刑或假释，责付其已决人犯，应修正《监犯保外就医暂行办法》，及《释放已决吸食鸦片人犯办法》。二是给人证食用固本丸。固本丸本是一种毒品，有强烈的剧毒性。对于警局拘留所的人证，强令其吸食。④很明显，其目的就是扩大毒品的流通市场。三是公开宣传毒品药力的"优势"。当时，各奸商大肆宣扬其毒品的"功效"。如西四凌云阁膏店推荐吟咙百寿膏说：去火冷滤，祛暑清热、减灰清硝，不滞肺肠、性柔不热，力量延长等。甚至煽动说："如谓不信，登楼一尝"⑤……对于这

① 《华北禁烟暂行办法》，档号：J181-22-4621，1939年8月21日，北京市档案馆藏。
② 《华北禁烟暂行办法》，档号：J181-22-4621，1939年8月21日，北京市档案馆藏。
③ 《人犯多逾定额》，《新民报晚刊》1938年3月，第3版。
④ 《第三科关于拘留所人证食用烟药固本丸的函》，档号：J181-22-7010，1939年2月，北京市档案馆藏。
⑤ 《派往市内各膏店调查有无利用五次强化治安之标语粘贴其他诱惑性言词具报》，档号：J181-22-16654，1942年，北京市档案馆藏。

些招徕生意的不实广告，伪警察不取严厉的打击之策。四是对私人购买方式的变通。考虑到购买毒品本质上是一种违反道德，且不利于家庭稳定的行为，对其购买方式予以笼统性登记。在日伪看来，"土店营业性质特殊，购买运销，均有主管官署监督，与普通商店迥不相同……若系个人购买，虽当时询其姓名、住址，亦难以足信……每多掩饰"，那么，为了扩大市场，"应予业务上便利……以免纠纷而恤艰"。①

（二）强化毒品统制体制，建立以日伪为核心的毒品市场秩序

如果毒品犯罪的"合法化"仅从制度层面摒弃了南京国民政府在20世纪20—30年代努力培养的远离毒品、珍爱生命的社会秩序。那么，要使毒化统制政策长久地推行，必须建构一种全新的毒品价值观，并努力使之成为沦陷区民众的主流意识。为此，日伪从1938年起颁布了一系列的"法律"来实现其纵毒之梦。在此，笔者引用当时臭名昭著的《华北禁烟暂行办法》——它是日伪在华北纵毒的一个纲领性的法律文件，提出了要建立毒品统制秩序的构想。1942年颁布的《华北禁烟暂行办法》规定："华北禁烟总局综理禁毒事宜。不得以前条之运输、买卖、或授受罂粟的种子，但得主管官署的许可者，不在此限。"②总之，毒品的生产、买卖、吸食等环节必须得到日伪上层的许可。否则就是非法的。之后，又制定了《华北禁烟暂行办法实施细则》等一系列法律。而它们就成了日伪推行毒品统制政策的法律依据。

那么，如何来维护其所期盼的毒品市场秩序呢？日伪采取了全方位的手段。首先是刑罚性手段。刑罚性手段就是日伪在刑事法制中制定的赋予"刑罚"名称，用以专门严惩实施所谓的妨害毒品统制秩序的行为人的，由特定伪机关执行的强制方法——死刑、自由刑、财产刑等。统制意味着日伪企图独享毒品市场的红利，这是一般民众，甚至个别的伪府人员所不愿看到的。为此，冲击毒品统制秩序的行为时有发生。如在1944年2月，捺印罪犯指数1244人，其中烈性毒品犯、鸦片犯占92人，占

---

① 《华北禁烟总局命北平市警察局免单人购买之填报》，档号：J181-26-112，1942年，北京市档案馆藏。

② 《华北禁烟暂行办法》，档号：J181-22-4621，1939年8月21日，北京市档案馆藏。

7.4%。[1]1940年7月，罪犯指纹数为1403人，其中烈性毒品犯、鸦片犯164人，占11.7%。[2]对于这种冲击毒品统制秩序的行为，日伪常取严厉的打击政策。如伪逆许修直任市长时，北平市发生了韩子秀等集股造毒案，该案被查后，案犯不仅多人被处自由刑，其房产也被查封、拍卖。其次是非刑罚性措施。非刑罚性措施是日伪法院或警局根据冲击毒品统制秩序的行为人的具体情况及"危害"状况采取刑罚以外的其他处理方法的总称。该政策是得到了日籍顾问的推动产生的。"渡边辅佐官提议：凡轻微偷窃，限于初犯并无惯犯恶性者，可勿送法院，由局适用简单手续，裁惩之"。[3]实质上当时很多"鸦片犯"也是采取该种手续来结案的。如训诫、责令具结悔过等。考虑到文章的篇幅，笔者重点介绍铺保制度。铺保制就是当犯罪行为人有较轻微的犯罪情节时，由拥有良好经济条件的商家予以担保的制度。如张成本是一个安分守己的小生意人，但因经人介绍，且不知他人送来的是毒品被抓。考虑到其家境特殊——"自被羁押后……七八口之家，一日不得温饱，其母终日哭泣"等情，特许樊良初向日伪提供担保，请求"恩准开释"。[4]再次是行政奖惩措施。为了驱使广大的伪职人员，特别是伪警察参与到维护该统制秩序中来，日伪更多是采用行政奖惩手段。它是迫使各伪职人员更好地服务于伪政权"禁政"的各种调动、惩罚他们的手段与方法。它分为行政奖励与行政处分。这里重点介绍烟案罚金制。烟案罚金制就是对违规吸毒行为，给予罚款，而罚款所得一部分用于奖励、一部分用于司法收入的制度。一般来说罚金是如下分配的：五成为司法收入，给原区，三成给警局，二成为办案人员所得。[5]

---

① 《警法科关于报送民国33年2月份罪犯指纹表的呈》，档号：J181-22-18353，1944年2月，北京市档案馆藏。

② 《第三科关于民国二十九年七月份捺印罪犯指纹统计表》，档号：J181-22-8303，1940年7月，北京市档案馆藏。

③ 《警法科科长给北京特别市警察局长关于适用简单手续的呈》，档号：J181-22-14166，1939年6月，北京市档案馆藏。

④ 《关于张成伙同日本人贩毒一案的密令》，档号：J181-23-841，1939年6月，北京市档案馆藏。

⑤ 《关于民国三十年六月份烟案罚金充奖请查收的函》，档号：J181-22-11392，1940年6月，北京市档案馆藏。

（三）日伪利益的最大化是毒品统制的终极目的

日伪为什么要纵毒？一是摧残中国人民的精神与意志，弱化其体质；二是牟取更多的钱财，实现其以毒养战之目的。日本本是一个经济结构极为虚弱的国家，其在侵华战争前夕，基本上还是一个以农业为主导，经济并不很发达的国家。农业人口占绝大多数。1930年有人调查日本国内"居住在10万人以上的城市的只占18%，居住在5000人以上的市、镇、村的占61%，居住在不满5000人的农村的占9%"。[①]尽管其工业较其他亚洲落后国为先进，但其先进的工业主要为轻工业。钢铁、机械、化学等高级工业品完全需要进口。可见，其工业化水平不高。日本发动对华战争后，经济结构"日形虚弱。日本专力于对华战争，致其他各种发展皆受不利影响……惟一般工业产业之继续振兴，则因电力与煤炭供应之不足，劳工之数不敷分配，机械工作效率之低下，与主要原料之减少而受阻矣"。[②]不仅其经济状况堪忧，而且其对华战争也陷入了僵局。"日本政治军事领袖所持之悲观态度足以证明中国民众所采取的长期消耗战略，收到了极大的效果，而使日方不能自拔"。[③]为此，日伪想到了纵毒政策。"麻醉剂——鸦片、吗啡及海洛因是日本对华军事侵略的刀头"。[④]上述论述很好地阐述了日伪毒化政策的动机与目的。而客观上也达到了它的部分战略目的。

首先，伪政权财政的自给自足政策得到了基本的落实。日伪通过私土变价等牟取了足够的钱财。私土变价是将查获的违法毒品予以公开拍卖的制度。据统计，从1938年至1945年9月，伪政权公开拍卖毒品至少超过280741.3两，变价金额在6500万元以上。[⑤]该时期，北京禁烟分局大发横财。据统计，1940—1944年，华北禁烟总局、十一个分局总收入115823144.5元，其中北京分局占27.5%。仅次于总局的收入，远高于

---

①藤原彰：《日本近现代史》第3卷，商务印书馆，1983年版，第2页。

②《美商务部发表报告：日经济结构虚弱》，《申报》1940年5月3日，第2版。

③《胶着于中国泥土的日本对华战争》，《申报》1940年5月5日，第2版。

④一周：《麻醉剂：日本的新武器》，《申报》1940年5月5日，摘译CARLCROWL原著。

⑤王显成：《日伪统治时期北京市伪政权的毒品统制政策》，《史学月刊》2010年第8期，第131—135页。

其他分局的收入。①由于吸户登记、灯捐收入可观，华北伪政权一度希望将其归禁烟总署办理，因此，伪市府急得团团转，忙给伪上层上呈："奉禁烟暂行办法，本局并无意见……将来如何提拔市库之处呈请裁夺施行。由呈悉吸户登记及征收土膏店灯捐收入与警饷有关，停止年需亏七十万，经呈请华北政务委员会准予如数补助。"②上述言论充分反映了伪财政与毒业关系之密切。

其次，日本毒化政策的目的得到了部分的实现。毒化目的有两个：一是从占领区牟取钱财；二是弱化沦陷区民众的体质，泯灭其民族意识。这两个目的，日方是部分地实现了的。表现在日本在北平等地售卖了大批的毒品，牟取了大量的钱财。"从1938年至1942年，日伪使用各种手段在蒙疆共强制收购鸦片35201228两，购买费用接近2亿元。利用强制手段配销鸦片29680974两，配销总值为366376814元。至1942年年底，日伪获利润为170425386元，此外，还剩库存鸦片5520254两。"③

第三节　毒品问题对沦陷时期北平等地的冲击

一、诱使伪政权官僚体系的腐败

毒品是有害的物品。其本来有一定的市场，而在日伪的极力开拓下，其市场呈不断扩展之势。它不仅成为上流社会一部分人身份的象征，更逐步成为一般民众的必需品——时称"黑粮"。由于有市场，故其价格也在不断地攀升。1939年10月，一等土标卖价为3.43元/两，到1944年10月上升到291元/两，1945年6月上升到2150元/两。④当然，黑市价与伪政权的拍卖

---

① 王宏斌：《日本侵华毒品政策五十年》，河北人民出版社，2005年版，第174页。
② 《北京市公署关于吸户登记及征收土膏店灯捐一事的指令》，档号：J181-22-11047，1940年11月，北京市档案馆藏。
③ 王宏斌：《日本侵华毒品政策五十年》，河北人民出版社，2005年版，第109页。
④ 《北京统税分局为拍卖私土致市警察局的函》，档号：J181-22-4681，1944年10月；《北京统税分局关于抬高标价拍卖私土的公函》，档号：J181-22-8027，1939年12月；北京市档案馆藏。

价又有很大差别，如1945年7月，张家口的烟土仅760元/两，而当时北平市拍价高达3000元/两。相差四倍以上。[①]为此，不少民众，甚至一部分伪职人员都暗地里参与贩卖、走私、制造毒品，更不用说掌权的禁毒部门往往利用职权大发国难财了。笔者仅以禁毒警察与毒品走私的关系说明之。

陈金声长期以来伙同王广庆等通过火车在部分伪警的帮助下走私烟土，获得了一些利益。后他们被捕。在审问的过程中，伪禁烟总署的官员与他们之间有一段极有意思的对话。

问：你平素以何为生？

答：我素以做小买卖为生。

问：你不是时常代人接送烟土吗？

……

答：于上月26日下午六时余，陈金声约妥我与王广庆、怫海及我兄富成厚，共五人前往四道口吕姓房屋后接烟土。约七时半，由北开来火车一列经陈金声以信号暗示当由车上抛下白色包袱两个：一包完整，一包摔碎。共计36件……是时，忽有北郊警长郭文彬等十余人将所下之一大整包烟土抢去……我遂紧赶尤志刚，并叫富成厚去找保长，及至我将尤志刚揪住……当经押带我，先到王马家，检查未获，又转至王三家，由其妹之麦地内检出烟土二件，至30日始将我等一并解送总署。王广庆也一并解送总署。

……

问：你住家在第五段管界，接土亦在五段管界，能不有人干涉你吗？

答：因为我每月给五段警长白博年一百元。故可以关照。

……

问：既然关照你们，为何又发生冲突？你们是弄把戏吧。

答：因北郊常有截获情事。故自9日后就不用他们了。因此，发生了冲突。[②]

---

①王宏斌：《日本侵华毒品政策五十年》，河北人民出版社，2005年版，第92页。

②《警察人员与贩毒人抢毒案的调查》，档号：J181-23-17523，1943年，北京市档案馆藏。

该段对话充分反映了当时伪警与毒贩之间形成的一个强有力的利益链条：警察不惜牺牲公权，想方设法地从毒品走私中牟利；同时，他们之间又存在着矛盾。两者都希望自身利益的最大化。正是这种原因才导致了它们之间不断地产生冲突，最后警察也公开抢夺毒品，据为己有。而当时的警察在整个伪职人员中拥有特殊的地位，生老病死等都离不开他们的管控，且其规模庞大。他们的腐败也促使了其他伪职人员的蜕变。

二、使社会治安面临前所未有的挑战

毒品犯罪的"合法化"使一部分拥有特权的奸商以及部分拥有政治特权的人大发横财。当时物价飞涨，人心浮动，一般民众因为毒品吸食的"合法化"而在价值观等方面发生了剧变。

第一，长期以来遵奉的拒绝毒品、珍爱生命的观念发生了蜕变。这样，家庭的稳定性必然受到致命的冲击。张鸣英因"吸白面又好赌，以致家中什物，典卖殆尽。其妻担保租赁洋车数日未回"，后在白面房子将其找到。又因其无钱吸毒，"导致洋车被扣"，其妻一怒之下，将其毒打，为此，夫妻两人对簿公堂。①该案实质上是那个特殊时代家庭纠纷之缩影，它表明了日伪的毒品统制政策已使不少家庭家破人亡、妻离子散。家是社会的最基本细胞。家庭出了问题，甚至更多的家庭因毒品面临瓦解的困境，这充分反映了毒品统制政策之罪恶。

第二，吸毒的普遍化导致一个必然的结果就是家庭开支的急剧增加。毒品价格的不断攀升也诱使其他商品价格的日趋高昂。由于吸毒者愈来愈多，且成为生活中的"必需品"，其必然的结果是导致各种开支的急剧增加。为了说明当时吸毒对人们生活的影响力，不妨引用以下文字说明。

"一般有房产的主儿拼命地抬高房价的真实原因，与其说是人多房

---

① 《内一区关于赌博、窃盗、烟毒等案件的报告书》，档号：J181-22-18708，1944年1月，北京市档案馆藏。

少，或是米面太贵，不够嚼裹，毋宁说是鸦片烟太贵的关系……以为这种说法，拟与不论。且慢，待我道来。"

地点：一个饭店的雅座

角色：甲乙两个大胖子，都穿着薄棉袍子，丙是一个瘦子，穿着很考究的西服。

（甲）咱们哥仨，好久没见面了。

（丙）敢情，彼此都忙，没有机会常见面。

（乙）你的日子，还好对付吗？

（丙）别的是假的，就是家里头三根烟枪要命。我更难办，老爷子、老太太一天就得二两膏子，内子更干嘛？一个人二两膏子还挺不住。我呢，总算戒了。每天打打针，就是我们两代人吗，这一项开销，照现在的行市，就得五百块钱开外，真叫人发愁。

（甲）得！别叫穷，你这份家当，还怕什么？

（丙）照说呢，一个月收千把块钱的房租，真还不愁什么。不过一家三十多口子，米面那么贵，烟也跟着涨，真不是闹着玩的。您信不？

（乙）我可比不得您，一个月的房租，以前是三百来块，后来都请他们涨点，涨了七百多的。可是还不够，还是亏空。那么，你们二位的开销，就很可观了。

（甲）我没有别的法子，打算从下个月起，还得从客人身上想办法，好在外面闲房没有。我想他们不能干吗？一定可以帮忙呦。我也这么想，多挤一个算一个，谁让大烟那么贵？怨不得人呀！

（乙）可惜我没有第一所房子。简直只有瞧着你们发财的份儿。哈哈！[1]

文学是生活的反映。上述文字充分反映了在高昂的毒品价格的影响下，那些有房阶层是如何企图利用自身的"优势"地位来解决毒资问题的。可见，毒品已成为影响千家万户生活安宁的一个重要的因素。

---

[1] 天梅：《房租屡屡涨，只因黑饭贵》，《新民报晚刊》1939年10月10日，第5版。

第三，毒品统制政策意味着"只许州官放火，不许百姓点灯"。而该行业的暴利性与不平等性促使人们更多地扭曲自己的心态，抹黑自己的良心，也导致某些特殊产业的畸形发展——租房业的房租畸形攀升。"程洁清向我言说，他有朋友魏子和托他找房子制造白面。我当时允占用我房，每天房租六十元，先付三十元定钱，除花用十元外，我分五元。再由制造日起，每日六十元内，我分二十元，房人张姓分十五元。"①在当时，日伪同恶相济，亲密合作，企图垄断毒品市场的暴利。部分民众也抱着"人为财死，鸟为食亡"的心理，以便从日伪口中分得一杯残羹冷炙。正是这种侥幸心理才导致了北平房租价的畸形攀升。

第四，毒品吸食者社会阶层的变化导致了社会秩序的空前恶化。吸食者从上流社会向一般民众急剧扩散，有明显的社会化、大众化趋势。沦陷前夕，北平吸户5000多户，1942年扩展到25万人，约为总人口的1/7。②那么，这25万人属于什么样的社会阶层呢？为了解决这一难题，笔者引用当时轰动一时的盛英案予以说明。1942年5月5日，外五区伪警局鉴于吸毒人数过多，严重影响市容的现状，一度望予以劝阻，一天内抓获盛英等204名吸毒者。那么，这一群体又有什么特征呢？平均年龄35.56岁，从吸毒的直接原因来看，主要是为了缓和病情：腹痛的13人，咳嗽的4人，痢疾的4人……花柳病3人，腿疾3人。该案充分表明：毒品已渗透到每一个行业，每一个社会阶层，特别是下层社会已被其深深地困扰。吸毒者呈年轻化、社会化、群体化的趋向。毒品问题已使北平这个文化名城陷入万劫不复的境地。③

第五，社会治安遭到强有力的冲击，加速了其他地方的黑化与毒化。日伪的纵毒导致与毒品有关的犯罪急剧增多。一是鸦片犯、烈性毒品犯一直处于高发状况。应该说吸毒等的"合法化"本质来说就是一种犯罪行为。但问题是一般民众并不愿向日伪缴纳相关的一些费用。这样就导致毒品"犯罪"依然处于高发状态。1940年7月，毒犯为164人，该月犯罪指纹

①《任仲侠等制造白面未遂案的呈》，档号：J181-23-7810，1942年，北京市档案馆藏。
②曹子西：《北京通史》（第九卷），中国书店出版社，1994年版，第105页。
③王显成：《日伪统治时期伪北京市政权的毒品统制政策》，《史学月刊》2010第8期，第131—135页。

数为1403人。毒犯占11.6%。[①]1944年2月，罪犯指纹数为1244人，其中毒犯占10%以上。[②]二是诱发了各种为获得毒资的各类财产犯罪的增加。

同时，日伪在北平纵毒的方式直接促使了其他地区的效法，加速了其他地区的毒化与黑化。唐山特种警察局局长钟壹学——伪逆余晋和的师兄，曾向余请教如何毒化北平的反动经验。余接信后，急不可耐地向其传递毒化民众、牟取钱财的罪恶经验。教唆说：北京警察局自1938年4月份开始推行吸户登记征捐办法后，"着手取缔各土膏店私行开灯售卖，因旅行社往来烟民，未能自带烟具，感困。故为权宜之计……对于售熟烟膏，土膏店准许设灯二三盏，以便已登记之烟民吸食鸦片之用……如各有私自设灯或已登记烟民利用自己鸦片烟具……一经查处，即予重罚。此敝局取缔私售鸦片之情形也"。[③]此后，他又给天津市伪警局介绍如何处理以往毒犯之法。疏通军人监狱人犯办法"系高等法院依据当时维持会颁布之《临时赦免令》办理，到事变前，判决在监执行毒犯系准烈性毒品人犯审判处函，准呈市府，援案保释，经转请自行办理"。[④]对于这些毒化北平的反动经验，余晋和介绍得头头是道，毫无廉耻！正是在余晋和之流的影响下，唐山等地的毒品问题极为严峻。1939年唐山各地吸毒人员月均107842人，平均每日3577人，平均每日每店2502人，每日每人吸食鸦片量0.087两，平均每日花销0.749元，销土总量7180.05两。市区每月均吸毒人员22071人，平均每日824人，每日每店4227人，每人每日吸食0.078两，耗资每人每日0.72元，销土总量1590.36两。[⑤]

---

① 《第三科关于民国二十九年七月捺印罪犯指纹统计表》，档号：J181-22-8303，北京市档案馆藏。

② 《警法科关于报送民国33年2月罪犯指纹表的呈》，档号：J181-22-18353，1944年2月，北京市档案馆藏。

③ 《唐山市公安局与北京警察局来往公函》，档号：J181-22-4159，1938年4月，北京市档案馆藏。

④ 《天津市警察局关于询问维持会时代市公安局判决鸦片犯特别手续的函》，档号：J181-22-4632，1938年12月，北京市档案馆藏。

⑤ 《近代史资料》编辑部：《华北蒙疆的鸦片》，房建昌，农伟雄，译，《近代史资料》总114号，2006年版，第159—178页。

第三章　沦陷时期北平的赌博问题

第一节　沦陷前夕北平的赌博及北平市政府的对策

一、沦陷前夕北平的赌博概况及其特点

（一）沦陷前夕北平市的赌博概况

赌博是以开花会、打牌等方式，以一定的财物做赌注，比输赢的行为。沦陷前夕，北平长期以来是中国的政治、文化、商业中心。再加上各方杂处，各阶层自然而然就存在以打牌、打扑克等方式赢取钱财的问题。清末黄严喻太史在京师"厌酬酢之繁，有谢宴会私议一启"。[①]在他看来，宴会之多，自然催生了赌博等一系列娱乐性、营利性的活动。到1936年，北平无业人口达98万。[②]寓居这里的下野政客众多，且为商的更多。为此，赌博参与者众，也是自然的事。

（二）沦陷前夕赌博的特点

1. 赌博的方式多样，赌博地点有明显的随意性

要使赌博能很好地开展，其方式自然是多种多样。从清末，甚至更早的时期，参与、组织、领导赌博的人都有自己的一些基本方法。如当时的花会本是流传在东南沿海的一种赌博方式。预赌者从三十四名古人名中猜一个，中者可赢三十倍于赌注的钱。清代俞樾《右台仙馆笔记》卷十二："黄岩县中盛行花会，花会者书三十四人名，任取一名，纳之筒中……于三十四人名中自认一名，各注钱数投入柜中，谓之纳花会。所认之名，适

---

①徐珂：《清稗类钞》（第2册），中华书局，1986年版，第6272页。
②《北平市民职业表》（1936年6月调查），选自《北平市统计览要》，第12页。

合筒中之名，则筒官如其所注钱加三十倍以酬之。"可见，花会是众多人参与的赌博活动，有明确的分工：开花会者，押花会者等。这种赌博方式后传入华北，在当时的北平也有表现。如1931年王子斌等参与花会赌博案中，叶永卿、秦紫瑞等为押花会者，贾林单为开花会者，王子斌等为揽押赌花会人。①

此外，赌博的方式还有很多。如打麻雀牌赌博、摆旗式赌博等。"牌"自打赵构颁行天下以后，形制没有任何变化。变化的是玩儿法。上至王公，下至贫民皆有以此为乐者。《红楼梦》四十回：史太君两宴大观园，金鸳鸯三宣牙牌令中的牌指的就是这种牌，叫牙牌，因质地为象牙，较奢华；《金瓶梅词话》第十六回写李瓶儿与西门庆"拿一副三十二扇象牙牌儿"，"两个灯下抹牌饮酒"中的"牌"就是这种；鲁迅《阿Q正传》"未庄的乡下人不过打三十二张的竹牌，只有假鬼子能够叉'麻将'"中的"竹牌"也是这种牌。②

还有一种赌博形式叫推牌九：有用两张的，叫小推牌九；有用四张的，叫大推牌九。小推牌九玩儿法中比较大小，简单说来叫有对比对儿，没对儿比点儿。北京话中有"一翻一瞪眼"，表干净利落或惊诧一句，就打这儿来的。因比较大小时，只记两牌点数相加个位数字，也就是不管十位是十还是二十都不算，所以当两牌点数相加为整数十或二十，个位为零最小，被称之为毙十，引申到老北京话中变成了啥事也做不好、管不了或者倒霉到家的戏谑说法。③

这副骨牌在老北京人中还流行一种玩儿法，类似于接龙游戏。四人玩儿——砌好三十二张牌后，四人抓牌人手八张，掷骰子决定抓到自己手里牌的归属以及谁最先出牌。出牌后，下家儿的人以前一人的牌尾点数为准续接，两侧（龙头龙尾）皆可，如手中没有花色可接上，则扣一张表示惩罚，扣牌者下家再接，如此终结，最后以所扣牌点数最少者为胜。由于

①《巡官尚鸿钧关于王子斌等参与花会赌博给北平市公安局的呈》，档号：J181-22-57532，1932年，北京市档案馆藏。

②戈春源：《中国近代赌博史》，福建人民出版社，2005年版，第206页。

③戈春源：《中国近代赌博史》，福建人民出版社，2005年版，第256页。

骨牌大多为牛骨所制，北京话称牌为"牛儿牌"，这种玩儿法首尾相接，在北京话里暗含着下家"顶"上家的意思，所以这种游戏被称之为"顶牛儿"，北京话"顶牛儿"表头部相顶撞或互相冲突、僵持的意思就不难理解了。[①]

2. 组织、参与者绝大部分是下层民众

从1935年北平市公安局的统计来看，该年抓获的赌博犯为653人，其中无正当职业者占60%以上，其次则为做一般生意的，占10%。[②]这是与当时北平萧条的经济状况，失业率高分不开的。也与一般民众缺乏正当的爱好，缺少较多的文教设施有关。

3. 赌博已成为严重影响社会治安的一个重要因素

1932年，在全国预审刑事案中，鸦片犯最多，占29.79%，窃盗案犯占15.07%，赌博犯14.16%，杀伤犯14.11%。刑事犯年龄以31—40岁为最多，约占32%。赌博案实际上与其他犯罪有着莫大的关系，如当年北京发生了鸦片案14771件，强盗案383件，窃盗案1665件。这么多的鸦片案、窃盗案、强盗案从某种程度上可以说是赌博业催生的。同时，"因公死伤之员警，以赌博拒捕为最多，占25.33%"。[③]

对于赌博的罪恶，结合1934年北平市公安局的论述予以说明。"照得赌博一事，旷时废业，海盗藏奸，自古垂为厉禁……俗谓盗贼多出于赌博，所言不为无见"。[④]总之，赌博不仅荒废了正业，而且引发一系列危害社会的行为。因此，历来是民国政府高度关注的社会问题。

---

①戈春源：《中国近代赌博史》，福建人民出版社，2005年版，第263页。
②《外二区警察署关于妓女赵红娟等赌博请讯办的呈》，档号：J181-21-28441，1934年6月，北京市档案馆藏。
③《民国21年各省市公安局破获案件统计表》，《申报》六十周年纪念刊物，1935年，上海申报年鉴社发行。
④《北平市公安局关于各区严禁赌博的训令》，档号：J181-20-13019，1934年1月，北京市档案馆藏。

二、沦陷前夕北平市政府的治赌政策

1. 首先是明确了赌博的概念

为了治赌，北平市地方法院检察处的首席检察官汪祖辉曾对赌博予以明确的界定。他称："赌博罪各条，法定甚为明显。"惟"聚众赌博者，应否单独构成刑事罪名，及聚众二字，必是若干人，始为聚众，事关文义解释，尤于各区署查禁赌案，不能不明瞭。"他还特别谈到赌博一语，似乎"有意图营利之目的，始能构成犯罪。聚众有多众集合，有随时可以增加之状。若仅结合特定之人，不得谓之聚众"①等语。上述对赌博罪的官方解释客观上为治赌提供了司法依据。

2. 区别对待的政策

由于赌博分为不同的种类：按是否娱乐，可分为娱乐性的赌博、营利性赌博；按是否抽头，有抽头性的赌博与非抽头性的赌博。抽头性的赌博是指由开设赌场的人从赌徒所得利润中获取一定财物的活动。对娱乐性赌博，往往采取不太严厉的打击政策。而对于抽头性、营利性赌博则常取严厉打击的政策。对公职人员的赌博取严惩的政策。公职人员关系政令的效力与吏治的好坏，自然对其赌博行为严加取缔。如市政府严令公职人员不能参与赌博。"更不得有包庇隐匿情事"。②在打击赌博犯的同时，对禁赌取得重大贡献的公务员予以奖励。

3. 综合治理的对策

针对赌犯改造的艰难性与易引发其他犯罪的特点，北平市政府对该群体采取综合治理的对策。除了采取拘留等行政处罚的方式外，还采取游街、保释、具结等方法来加以惩罚、遏制该类群体的再犯。对于类似赌博的行为，也采取严厉取缔的政策。

如郭世文与刘松涛并不承认自己摆棋骗取钱财的行为构成赌博罪。

---

① 《北平地方法院关于如何检举赌博一事的复函》，档号：J181-20-25609，1935年3月，北京市档案馆藏。
② 《北平市公安局关于各区严禁赌博的训令》，档号：J181-20-13019，1934年1月，北京市档案馆藏。

事后，他们依然被处罚金三十元，如不完纳，以一元折服劳役一日。该犯出狱后，仍"不知悔改，仍以设赌为业，骗取行人钱财"。[①]那么，对于这种惯犯、累犯，北平市公安局的态度又是如何呢？采取了游街示众等法。"示众文化"说到底是所有对人的惩罚方式中最为残酷和最为暴虐的一种，是以把人的尊严彻底摧毁的方式，完全打倒一个人赖以生存的精神支柱，这比任何肉体的惩罚和伤害都更为严厉。残酷地羞辱人犯的人格，让其在大众的瞩目中尊严丧尽，这是最为折磨人的一种惩罚方式。在"示众文化"的社会学语境里，人作为个体的尊严荡然无存，权利尽失。游街示众尽管有其不妥性，但从一个侧面反映了当时北平市政府对赌犯采取了极为严厉的，甚至有点非理性的惩罚手段。教唆是在他人没有犯意的前提下，使他人产生犯意，或强化其犯意的行为。赌博的教唆犯是赌博犯得以快速发展、传播的重要原因之一，为此，它是北平市政府严厉打击的对象。如天桥西城南商场附近，有杨氏成立了幻术研究社专门教授各种赌博做法，欺诈手术，定价五毛……"至当场试作欺诈手术，无不灵验。围观者咸为诱动，纷纷出资"，[②]前往该人寓所学习。对于这种诱发各种犯罪的行为，警局给予了严厉的取缔。"本署为禁绝起见，仍饬该管路段，随时注意查禁"。后嫌犯王永斌等不听，仍在该处做此违令营业，终被抓。总之，北平警察对诱导赌博的非法行为采取了积极的打击政策。

在北平市政府的严厉打击下，应该说社会风气有所好转，从事赌博的人大为减少。由此产生的其他一些社会问题得到了一定程度的缓和与控制，社会呈良性发展的趋势。如1935年10月，北京市捺印罪犯指纹数为626，赌博犯仅占总犯人数的5.4%。财产犯人数（强盗犯、诈欺犯、窃盗犯、赃物犯、侵占犯）39.6%。[③]

①《外二区署署长关于郭世文摆象棋式赌博给北平市公安局的呈》，档号：J181-21-31483，1935年，北京市档案馆藏。

②《北平警察局关于严厉打击赌博犯的教唆行为的函》，档号：J181-21-51543，1934年，北京市档案馆藏。

③《司法科关于报罪犯指纹统计表的呈》，档号：J181-24-617，1935年10月，北京市档案馆藏。

第二节　沦陷时期北平市赌博的合法化及其成因分析

一、沦陷时期赌博的合法化及其表现

1. 赌博的合法化及其表现

赌博的合法化就是日伪将沦陷前夕法律不认可的以营利为目的的以一定财物为对象依靠运气等方式决定输赢的行为"合法"化的活动。当时，日伪经济上面临窘迫的局面，政治上殖民统治不稳定，因此，对赌博问题不是很重视。相反，将"治赌"作为谋取私利的手段。为此，该时期，赌博业一度发展到非常猖獗的程度。几乎达到全民皆赌，伪府默许、支持的地步。

2. 赌博"合法化"的成因分析

首先，社会生态环境的严重恶化是客观的诱因之一。社会生态环境的严重恶化是指由于日本侵略等导致了原本极为脆弱的社会生态环境更为脆弱。一是大批的民族工商业破产，二是传统的农业、手工业也难以维系。于是，无业游民空前增加。"游民是指不从事劳动，而是依靠乞食、偷窃、欺诈、赌博、卖淫等不正常手段谋生的分子"。①1930年的北平"已有失业者四十万人之多，占全市人口之三分之一以上。这实在是北平市最大的社会问题"。②沦陷后，这一现象进一步加强，先是大批日侨、韩侨乘势来到北平，就业压力极为严峻，北平民众的活路越来越少了。"每一个机关招考数名职员，投考者达数百人，甚至上千人之多……1944年10月，警察局统计，全市无业人数1638684人，失业人数1190407人，占全市人总数之半数"。③到1945年10月，北平无业人数为852282，占总人口数的51.3%。④

其次，国家观念的薄弱、娱乐设施的缺乏使不少人将赌博作为麻醉自

---

① 《上海市游民改造情况介绍》，档号：B168-1-532，上海市档案馆藏。
② 吴铁城：《繁荣北平之我见》，《华北日报》1930年1月30日，第4版。
③ 华北政务委员会总务厅情报局印制：《文化年刊》第97页，档号：ZQ12-3-135，北京市档案馆藏。
④ 《北平市统计总报告》，档号：ZQ12-2-295，1945年，北京市档案馆藏。

己、寻求丁点儿生活情趣的一种方式。对赌博价值的误读实质上也是该时期赌博业兴旺的一个重要原因。"朋友之间没有真正的感情，除非是交于嫖赌场中。比方两三友人相语，谈论时局，只有几句话就可收场……只有谈牌经、谈嫖经，那才是真正的有味！从这里练出来的感情才如胶似漆"。[1]正是民众，特别是下层民众对赌博价值的误解才导致了赌博之风的兴盛。

再次，日伪罪恶的纵赌政策是赌博之风兴盛的根源。"平津一带，禁赌工作，曾经一度努力。可见赌博这种东西，不但危害社会，抑且有害于人群……这与吸大烟，下象棋，恋女人，同样误事"。[2]明知赌博的危害，那么，日伪政权建立后，其对赌博业的态度又怎么样呢？一句话，就是纵容赌博。

第一，对赌博行为采取不严厉打击的政策，只要交了罚金，任赌徒赌得天昏地暗。翻开该时期的日伪档案，就会发现日伪对赌徒是多么的宽容！当时的赌博分为两种：赌博和类似赌博。类似赌博就是尽管从形式上看不是一般的赌博方式，但它本质上与赌博无异。如前面介绍的摆棋式赌博。对于上述各种形式的赌博，日伪往往采取赌资没收、判处罚金的方式处理。如旺德林案，赌资为伪满洲中央票拾元，准备银行钞洋三元等全部没收。王道明容留赵焕章等赌博案，王道明等12人各处罚金5元。[3]

第二，将许多公共场所变为赌场。允许一般民众公开赌博。当时，不少旅社、俱乐部成为"合法化"的赌场。沦陷前夕，北平的赌场有宝局、蟋蟀局、红白棚、打花会、马路赌场。宝局是最早出现在北京的赌场。同治年间出现于北京城南地区。它是毂宝一类的赌博场所。公子、王孙们常到宝局耍钱。有些地痞流氓也在宝局鬼混，他们输得精光，红了眼睛时就跳到赌案上捣乱。[4]蟋蟀局又称蛐蛐局。北京人喜欢斗蟋蟀。蟋蟀除了自己喂养的，还有从市场上购买的。蟋蟀赌场分为两等：下等的是书画文

---

①运春：《嫖赌的价值》，选自《生活星期刊》第一卷第17号，第208页。

②一帆：《赌博骗人》，《冀东日报》1937年3月30日，第4版。

③《北京内二区警察分局关于盗窃、赌博、失物纠纷等案件的报告》，档号：J181-22-18727，1944年2月，北京市档案馆藏。

④戈春源：《中国近代赌博史》，福建人民出版社，2005年版，第116页。

人，在自己的家里约定会战的时间开斗，赌注不大。上等的是有专门的人主持，下设司称、记账、监局等。他们常选择空房多、院落大的人家开局，或找专门的赌场开局。①红白棚是一种乘婚丧喜事举办的临时的赌场。北京习俗，凡家里举办喜事或丧事时都要在院内搭大棚，喜事为红，丧事为白，故称"红白棚"。有人因经济拮据或在守灵时无聊，便召人前来赌博。②那么，日伪时期，北平的赌博场所又有什么变化呢？主要是各种各样俱乐部的产生。这些号称俱乐部的赌场往往为政府要员与权贵开设，有警察保护。参赌人员必买好筹码——起码得百八十元……赌项主要为牌九与扑克，不管是谁，赢了要缴5%的头钱。且常供应大烟、海洛因，各色点心等——中西合璧，具有赌馆、毒店、妓院兼容的特点。③那么，当时有哪些有名的赌场呢？有大旅社、德义楼、开明戏院楼顶赌场、兴国公社等。④兴国公社是由春华饭店改组而成的大赌场。

第三，对伪职公务员表面上采取严厉的禁赌政策，而暗里却是纵容的。大汉奸潘毓桂在任伪警局长时，曾颁布了禁赌的命令。明确指出："至打牌等一切赌博行为，费时误事，弊害多端，尤为本局长生平之所痛恨，以上各事，在我警界，从此悬为禁令。"⑤春华饭店改为赌场后，也曾"严禁公务员等"等前往参与赌博。⑥但实质上很多伪职人员参与这一活动，却很少被制裁。

那么，为什么日本人要在沦陷区纵赌呢？

沦陷区社会的急剧分化是纵赌政策得以迅速扩展的社会原因。自日本帝国主义在华北，甚至更为广阔的地方推行侵略政策以来，在其占领区形成了一部分依靠其侵略政策暴富的社会阶层。这一阶层往往是参与赌

①戈春源：《中国近代赌博史》，福建人民出版社，2005年版，第278页。
②戈春源：《中国近代赌博史》，福建人民出版社，2005年版，第117—119页。
③戈春源：《中国近代赌博史》，福建人民出版社，2005年版，第118页。
④戈春源：《中国近代赌博史》，福建人民出版社，2005年版，第294页。
⑤《北平警察局关于本局人员谢绝宴请、禁止赌博的训令》，档号：J181-20-29988，1937年8月24日，北京市档案馆藏。
⑥《关于整饬警员行为规范等项的训令》，档号：J181-22-18297，1944年11月，北京市档案馆藏。

博，或致力于赌业的主力。如20世纪20—40年代天津一直是日本在华北的毒品生产基地。为此，依靠毒业暴富的人众多。1938年12月，全市拥有汽车2073辆，1939年1月增加到3568辆，其中自用汽车2070辆，营业汽车241辆，货物车928辆，摩托脚踏车229辆。①社会的急剧分化，再加上部分新贵的产生，娼妓业的畸形发展，为其纵赌政策的出台提供了极好的温床。

日伪认为赌博业的发展并不是其要极力打击的对象。沦陷后，日伪采用区别对待的刑事政策：对特种犯罪取严厉的打击政策——主要是对抢劫、杀人等14种犯罪处死刑，"情节可悯者酌量减轻处罚"。一审判决后不得上诉。"仅许呈递声诉状"。对违法"吸毒"、赌博等罪采罚金制。②在日伪看来，赌博并不是严重危害到其统治的犯罪。至于其危害家庭与社会，它们就不管了。

最为重要的是日伪企图通过赌博业的兴盛来掠夺财富，进而维持其摇摇欲坠的殖民统治。随着战争的长期化，日本面临的经济压力越来越严峻。由于战费的不断增加，导致了"财政陷入窘境，泥足无法自拔"。③为了继续开动战争机器，日帝被迫增大预算。"战前预算为二十三万万日元，1940年增至一百零三万万日元；共同国债：亦从战前的九十八万五千万日元，增至二千零八万六千万日元。与此同时，日本货币的发行量也空前增加"。④货币的滥发导致了日元价值远不如前。为此，日本加强了掠夺。如1944年唐山26家商号被掠，损失土线、土布921件，共111235斤，棉布320件，计6391.5匹，棉纱164包，口袋10件，共1500条。总计271533800元。⑤在日本面临巨大的经济困难之际，其军事目的却迟迟难以达到。1941年后，日军逐步丧失了以往的优势，被迫提出以华制华战略。同时，其对伪政权的政策上表现得更为无力。更强调它要自力更生。而当时的伪北平市政权的经济基础可谓薄弱。从它成立以来，其经济状况一直处于一

---

① 《津市汽车激增：市面日趋繁荣》，《冀东日报》1939年1月22日，第2版。
② 王显成：《论沦陷期北京市的刑事政策及其特点》，《理论学刊》2010年第2期，第98—101页。
③ 《日本侵华战费，日耗一千六百万元》，《申报》1940年7月20日，第6版。
④ 《日本侵华战费，日耗一千六百万元》，《申报》1940年7月20日，第6版。
⑤ 南开大学历史系，唐山市档案馆：《冀东日伪政权》，档案出版社，1992年版，第522页。

种捉襟见肘的境地。如1937年9至11月，其经常费一直处于朝不保夕的困境。直到次年1月刚持平。因此，伪逆江宗朝哀叹：本会成立之时，"正值多事之秋，救济供应费用浩繁……补屋支绌异常"。^①由于经费极为紧张，伪政权甚至一度不预算警察的费用——默许其将"治赌"作为谋取钱财的手段之一。可见，赌博业存在的"合法化"确实是日伪的需要。

最后，赌博是一种娱乐性、牟利性、消遣性的民众行为。即使日伪统治时期，它依然被很大部分民众所传承。伪新民会公开承认："赌博盛行时期为阴历正月间，赌博种类多，有开宝、骨牌、骰子、麻雀牌等，因乡村无正当娱乐，赌博者较多，故赌博于乡村影响甚大。"^②

第三节　沦陷时期北平赌博业合法化的后果

赌博合法化必然的后果是多方面的。其对社会的危害体现在哪些方面？这确实是急需解决的问题。

一、赌博参与群体的变化

沦陷前夕，北平参与赌博的主要为社会下层。那么，经历赌博的合法化之后，必然的结果就是各阶层以自己的不同方式领导、组织、参与赌博。为此，赌博群体呈大众化、全民化趋向。

首先，社会下层的赌博。如1944年2月内二区共查获48人参与赌博，其中汽车行4人，伙计5人，法院录事3人，大学生4人，厨行4人，农民6人，拉车的7人，工人8人。平均年龄为35岁。不少警察也涉足赌窟。对此，伪方也供认不讳。^③因此，为警惕员警确认纲纪之观念，伪警局特举行了"第二次整肃纲纪，旬间经派员考察结果成绩尚属优良，惟仅以少数

---

①北京地方维持会编印：《北京地方维持会报告书》，1937年版，第49页。
②中华民国新民会中央指导部编印：《河北徐水县事情调查》，1938年版，第20页。
③《北京内二区警察分局侦缉队关于窃盗、赌博、失物纠纷等案件报告》，档号：J181-22-18727，1944年2月，北京市档案馆藏。

员警仍肆意放荡无拘……出入娱乐场所，所属尤多，实属故违功令"。①
该训令反映了当时赌博业对日伪政权渗透之厉害！

其次，社会上层的赌博。北平"故都社会的三害：赌窟以公寓为大
本营，大烟馆好像是交通网，暗娼红唇点缀着暮色"。黄、毒、赌俱全。
那么，作为罪恶之城的北平，参加赌博的除了社会下层外，其上层又来自
哪些方面呢？参与赌博的人员不外乎下野官吏、新贵、文人学子，及其他
上流社会。"在普遍发展着侥幸发财的那投机思想的中国国度里，这赌博
一事，更是如雨后春笋般繁殖着，尤其是在这堕落颓废悠久历史的故都，
更是比其他地方更为兴盛"。原因如下：（一）北平是一个下野官吏聚荟
之所。"破大家"多得很。他们因循亡清那种逍遥应酬的方法，没事来几
圈；（二）虽然国都南迁了，可是北平还是华北的政治中心，要人们不时
要集会在这个地方，免不了的到一场应酬。所置"大局"也是常见的。
（三）北平是中国的文化中心，大中小学林立在城之内外，各省学子集于
此……自然是来上几圈消遣。（四）友方对于赌博者拘留只限于劳动阶
级，至于较高一点，如被警察发现了，也没什么关系。②很明显，这里的
下野官吏、新贵等是参与赌博的社会上层。

二、赌犯日趋众多，世风日下

除了个别月份较少外，总体上较多。赌案总体上占刑事案10%左右。
1938年1月，已获赌案7件，占该月案件总数的0.06%。③1940年6月，已获
赌博犯171人，占该月犯人总数的10.7%。7月份赌博人数93人，占该月犯
人总数的9.6%。④1944年2月，捺印罪犯数1294名，赌博犯136人，占10%

---

① 《北京特别市警察局训令督戍字第4545号》，档号：J181-22-18279，1944年11月，北京
市档案馆藏。
② 《北平市公安局关于取缔赌博、娼妓、烟毒三害的训令》，档号：J181-20-12814，1934
年7月，北京市档案馆藏。
③ 《北京市关于各项案件统计表》，档号：J181-22-1443，1938年1月，北京市档案馆藏。
④ 《第三科关于民国二十九年七月份捺印罪犯指纹统计表》，档号：J181-22-1445，1940年
7月，北京市档案馆藏。

以上。①

　　由于赌博是出于剥削主义、不劳而获的心理产生的行为，且是在社会环境急剧恶化的条件下进行的，因而赌徒之间的矛盾不时升级。为此，一系列的冲突难以避免。右安门内的朱俊峰在沈沉香家与李殿荣打牌的过程中，因连次败北，输款甚多，"心中甚为焦灼"。②后竟发现李有腥活手术。为此，两人大打出手，酿成血案。后朱被警抓获。该案仅是众多的赌案引起暴力冲突、致人死亡的缩影。杜文斌以种花园为生，其妻李氏，与他感情不错。后因杜与他人赌博，李氏深表不满，故时向其劝诫，然杜不知悔改，依然我行我素，后竟发生了殴打妻子，致妻流血过多死亡、胎儿夭折的惨剧。③总之，日伪的纵赌政策导致了家破人亡。

三、赌博的常态化导致家庭关系的复杂化、人际关系的冷漠化，使社会治安的急剧恶化

　　烟赌犯向来"视人家为败家子弟，为其衣食靠山"，为此，一般人常将赌博的常态化、社会化作为"离间他人之骨肉，破坏乡邻家庭"之行为。④而赌博的常态化客观上严重危害到社会的稳定。这从当时社会治安的急剧恶化可得到证明。该时期财产犯罪急剧增多。而财产犯罪的增多无疑与赌博的合法化有着密切的关系。赌博的合法化、扩大化也使日伪上层中间产生了深刻的矛盾，加速了日伪统治者内部的分化。如伪逆王克敏就因不满日本的纵赌政策，前后两次去职。

---

　　①《警法科关于报送民国33年月罪犯指纹表的呈》，档号：J181-22-18393，1944年，北京市档案馆藏。

　　②《赌博冲突：互殴成伤涉讼》，《新民报晚刊》1938年10月，第2版。

　　③《可怜的薄命婴儿，以娘子腹部做棺材》，《新民报晚刊》1940年1月23日，第6版。

　　④《北平市内六区关于调查金孙氏吸食鸦片等事的报告》，档号：J181-31-533，1930年8月，北京市档案馆藏。

第四章　沦陷时期北平娼妓业过度发展

由于北平既是一个千年帝都，又是华北地区政治、商业、文化的中心，因此，长期以来娼妓业在该地都有较大的规模。日伪时期，娼妓业达到过度发展的境地。过度发展是指妓院规模、妓女群体规模等有着与正常时候不一样的，甚至是完全相反的状况——过大、过多。对于一个城市所许可的妓女人数，按当时西方先进国家的先例及警察学对策，妓女数额可占当地流动人口的十分之一。如1947年北平市流动人口约每日1万人左右。那么，许可的娼妓数为1000人。①而沦陷时期，北平妓女人数远超这一比例。

对于该选题，目前学者尽管已有一些研究成果。如拙论的《沦陷期北京市伪政权的淫化政策》（《淮北师范大学学报》2012年第1期）系统地分析了淫化政策的成因及其影响。不过，对沦陷后该地娼妓业的发展状况，妓女社会地位的变化等问题，目前学界研究的很少。娼妓在每一个时代都属于社会的最下层，那么在社会政治生态环境大为恶化的条件下，它又面临哪些冲击？为了解决这些问题，笔者将采用比较法等来展开研究。

第一节　沦陷前夕北平娼妓业发展概况及北平市的救娼政策

一、沦陷前夕北平娼妓业发展概况

1. 发展概况：该地的娼妓业发展有一定的基础

北平娼妓业在咸丰年间就兴盛起来。"咸丰初年，有至仙、竹仙、葱仙，一时名噪都下，朝绅争联镳诣之。""一时妓风大炽，胭脂、石头

---

① 《关于限制北平市妓女名额的公函》，档号：J181-46-1412，1947年，北京市档案馆藏。

等胡同，家悬纱灯，门揭红帖，每过年，香车络绎，游人如云。"①慈禧
于同治年间修订、颁布了《大清律例》：一方面禁止卖良为娼，和禁止文
武官员宿娼或娶娼；另一方面，实际上默认了娼妓的合法化。当时的妓
院一般是在城外的，进入20世纪20年代后，由于都城南迁，妓女人数似
有减少，但要求上捐的人数却并未减少。且妓院规模也发生了变化——
高档妓院收缩，中下档扩展。②1919年北京妓女人数：头等642人，二等
743人，三等1665人，四等280人。③1929年头等328人，二等528人，三
等1895人，四等301人。④该时期，对娼业的管理常规化，北平市社会局
下设了救娼部、妇女救济院，卫生局下设妓女检验所，对妓女进行定期检
验。1929年6—11月，接受检验的妓女有29050人，患病的妓女占总妓女人
数的84.3%。据统计，1930年妓院的规模为329家：头等45家，二等60家，
三等190家，四等34家。⑤

2. 妓女的生活状况及社会地位调查

妓女的社会地位是指妓女在社会关系中所处的位置。一个人或者一个
群体的社会地位是由很多因素决定的，受政治环境、经济待遇等因素的影
响。《北平娼妓调查》称："按妓院的规则，妓女营业所得是妓女与班主
平分，但有领家或班主的，则每五日算账时，所有入息多少，妓女应得之
分，都由领家或班主直接拿走。曾有一妓女为妓十年，绝不知道自己每月
所入多少，可见他们剥削妓女的厉害。这种妓女极不自由。""因被压迫
而做妓女的，所受的刑罚非常人所能想到。在妓院妓女受领家或班主不堪
入耳的咒骂……已不算一回事了；打则更是花样百出。在平日当晚客人走
后，妓女如有招待不周的地方，或待客人太好，或那天买卖不好，就难免

①徐珂编撰：《清稗类钞》（第11册），中华书局，1986年版，第5155页。
②北平娼妓业最盛时代为民国六七年（1917—1918）。民国七年（1918年），妓院有406
家，妓女有3880人。民国以来妓女以本年为最多。民国六年（1917年），北京妓院有391家，妓
女有3500人。又据西人甘博《北京社会调查》估计，在民国六年北平私娼不下7000人。选自王书
奴：《中国娼妓史》，生活·读书·新知三联书店，2012年版，第402页。
③邵雍：《中国近代妓女史》，上海人民出版社，2005年版，第297页。
④王书奴：《中国娼妓史》，生活·读书·新知三联书店，2012年版，第402页。
⑤王书奴：《中国娼妓史》，生活·读书·新知三联书店，2012年版，第298页。

不受责打。打时用棍用铁条都不一定，最残忍的是用火烧红的通条来打。把猫放入妓女裤裆中，然后打，可以说是惨无人道。其余如不许吃饭，罚跪，关在黑房，捆起手脚来审问，都是她们常受的刑罚。"①

二、沦陷前夕北平娼妓业发展的原因分析

华北是一个资源相对紧缺之地，而20世纪20—30年代，灾害的频繁化、社会环境的急剧恶化等无疑是诱发娼妓业发展的要因。

1. 人地矛盾的尖锐化及剥削的严重化

人地矛盾的尖锐化是指耕地等的相对缺乏与人口急剧增加的矛盾超过了华北社会所能承受的限度，导致部分农民不操农事或在乡间流荡做乞丐，或只能用别种方法维持生活。据1936年国民政府对全国十六省的土地调查，除察哈尔、绥远、广东没报告外，其余十三省共计无地农户达147145户，占总调查户数的8.43%，占无地农户之总户数的32.67%，人口达538696人。如河北有7123户无地，共25746人，占总人口的4.06%。河南10807户，共39911人，占总人口的6.92%。山西1278户，共3935人，占总人口的1.79%。②据1937年1月国民政府土地委员会关于全国土地分配状况的调查得知："各省平均每户经营面积，本已太少，而所有面积更少……所有地不足五亩之业主，超过总户数三分之一……千亩以上者仅占总户数五千分之一。可见我国业主大多皆有地甚少。"③如安徽每户平均15.818亩、河北21.033亩、广东1.395亩、福建8.020亩、河南16.887亩、河北21.033亩。这样，无地或少地的农民只能给他人当雇工了。那么，雇农的分布状况又如何？山东雇农23823户，占总人口的17.36%；山西19144户，占总人口的64.82%；河南15650户，占总人口的13.05%；陕西1502户，占

---

①邵雍：《中国近代妓女史》，上海人民出版社，2005年版，第299—300页。

②《普查十六省无地农民调查户统计表》，选自《土地分配问题调查大纲》，档号：J244-1-50，1936年9月，北京市档案馆藏。

③第二历史档案馆：《中华民国史档案资料汇编》，第五辑第一编财政经济（一），江苏古籍出版社，1994年版，第2页。

总人口的3.4%；绥远275户，占总人口的6.74%①……当时农村中的长工、月工、零工等主要是由这些雇农充当。他们没有或只有极少量的土地和生产工具，主要靠出卖劳动力……他们是农村中最穷、最受压迫剥削的阶层。他们受地主或富农的苛重剥削，劳动时间长、工资少、职业不固定……与雇农相对的应该是经济状况较好的地主富农了。那么，华北地区地主占有土地之状况又是如何？地主占的土地面积非常多。"地主平均每户占有土地面积比农民多29.056亩，每人多5.447亩。地主与农民之间土地的分配相差有三倍之多。"②由于雇农处于无地、少地的困境，而国民政府又极力维护土地私有制，这样导致了地租等的急剧增加。关于20世纪20—30年代中国地租率的论述，向来有一种说法：田之所生，田主占半。实质上因为好地常为富人所把持，因此一般佃户所种的土地常是中下等地，"上等地是50%，中等地是55%，下等地是60%"。对于租额的多少，不同的学者论述不尽一致。1937年国民政府土地委员会调查报告认为："平均租额达收获总值43%有奇。实付额亦达38%以上，较之土地法所定不得超过正产物375‰者，高出不少。又平均租额占地价10%以上，较之近年国内一般地政学者所主张之不得超过地价8%者，亦高出不少。"③因此导致下层农民被剥削的程度日益加重。除地租外，还要负担壮丁费、寒衣捐等。为此，农村借贷之风盛行。而借贷利率月息高达5%左右。为此，农村负债率极高，河南、河北、山东、山西分别是39.16%、43.59%、27.88%、49.11%。④以上这些足以迫使农民卖田鬻宅、卖妻鬻女了。

2. 自然灾害频繁是北平等地妓女产生的又一重要原因

近代以来，华北等地灾难频仍，有风灾、地震、雪灾、水灾、旱灾

---

①中国第二历史档案馆：《中华民国史档案资料汇编》，第五辑第一编财政经济（一），江苏古籍出版社，1994年版，第2页。

②《普查十六省无地农民调查户统计表》，选自《土地分配问题调查大纲》，档号：J244-1-50，1936年9月，北京市档案馆藏。

③中国第二历史档案馆：《中华民国史档案资料汇编》，第五辑第一编财政经济（七），江苏古籍出版社，1994年版，第24页。

④中国第二历史档案馆：《中华民国史档案资料汇编》，第五辑第一编财政经济（七），江苏古籍出版社，1994年版，第38页。

等。1930年集宁的风霜灾导致农民"颗粒无收。虽有粥厂二处，每因赈米无多，大有人满为患之虞。加之近日天降大雪，天气极寒，饥民冻绥以死者，为数甚伙……全县共冻饿死二千一百零三人。卖出四千二百五十人。"[1]1931年江淮地区发生水灾，后演变为全国范围的自然灾害。为此，水灾与疫灾等一并暴发。其影响之大，破坏之强，实为史上所罕见。"由于1928年至1930年的酷旱，1931年的大水，饿殍盈途，引起了一场全国性的以霍乱症为主的大瘟疫，这是本年灾情的重要特点……即概累计算，今夏全国死于瘟疫之人民，已将以数十万计……苏北害虫丛生；霍乱更形猖獗，全境被疫之县镇居全国首位，灾民多达210余万人。"[2]而日本侵略引发的一些人为之灾更是罄竹难书。灾害之连续性、残酷的破坏性及救济的乏力等必然迫使民众逃离家园，远走他乡。

3. 北平在20世纪20—30年代处于一种极为尴尬的境地

一方面，它是一个拥有悠久历史的古都，近代的政治、文化、商业的中心；另一方面，国都南迁意味着其政治影响力空前下降，国家关注度明显降低。政府的投资减少了，民众的生活受到了明显的影响，贫富分化极为明显。20世纪30年代初，北平市人口约150万，穷民共30000户，共计15万。[3]失学儿童约15万，成人中文盲51余万人。[4]且从社会化的角度来看，当时的女性一直处于劣势地位。如学生30084人，女生5981人，占约20%。工业总人数78452人，女性占5.4%。女性占农业总人数2.4%，商业的1.9%。在政府部门内，女性仅占0.7%。统计各业中，女性仅占5%。其他行业总人数141905人，女性仅占9.4%。[5]到20世纪20—30年代，女性的受教育程度尽管有所提高，但其正常就业的门径依然极为有限。如1936年女性正常就业人数为45209人，仅占总就业人数的8.2%。[6]当然，河南等地

---

① 《集宁各界联合请赈：灾情奇重》，《华北日报》1930年1月21日。
② 《本年之灾》，《申报》1932年10月20日，第6版。
③ 《1935年北平市长袁良对市政府及各局处干部的新年讲话》，《北京档案史料》2007年第3期。
④ 《北平市社会病态及救济》，《市政评论》第一卷，第43—44页。
⑤ 《北平市市民职业分类统计表》，《北平市政公报》113期，1919年4月。
⑥ 《北平市市民职业表》（1936年6月调查），选自《北平市统计览要》，第12页。

妇女的状况就更糟了。

4. 男女性别比不平衡也是娼妓业发展的一个诱因

性别比（或称性比例）是人口学上关于社会或国家男女人口数量的一种比率，基本上以每100位女性所对应的男性数目为计算标准。性别比不均衡。生男生女并非纯然1比1的概率，由于X及Y精虫移动速度、重量不同，所以Y精虫较易胜出、让卵子受孕，所以人口学家认为新生儿正常的人口比约为105，在人口统计学上，一般正常范围则在102—107。高于或低于这个数字，背后则可能隐藏了环境、社会、医疗等问题。沦陷前夕，北平人口性别比是男性远多于女性。如1932年北平内城男女之比为1.73，1933年为1.77，[①]到1935年、1936年则更为严峻。造成这一结果的原因是北平周边地区的民众因生活所迫远离自己的家乡，前往市区工作。而自己的妻儿往往还在自己的老家。性别比的不平衡，特别是成年人性别比的不平衡造成了这样一种现象：很多成年男子很难有正常的夫妻生活，他们往往处于高度的性压抑状态。对此，当时的报人也给予了相应的报道。说：绸缎业的学徒性欲苦闷。他认为当学徒苦楚，"吃饭情形，兼充代役，讲究外表，养成废物""嫁庄稼汉不嫁买卖担"。这是乡间俗语，大概为商人住家日子过少之缘故。不论该行学徒结婚与否，均须三年后，始有回家资格，以至掌柜，均系一年回家一次，每次普通三十天……"于是老人当然感到团聚之不足，而在渴望自己寂寞的太太常常会感到离多聚少的苦闷矣"。[②]很明显，这种离多聚少的日子客观上为娼业的发展提供了一个契机。

5. 从社会风俗的角度来看

近代以来，华北流行很多不利于女性生存、发展的恶习。如直隶有娃娃亲。"燕、赵之间，居民家道小康者，生子三五龄辄谓娶及笄之女，家贫子多者辄利其聘资，从俗遣嫁也。女至男家，先以父母礼见翁姑，以弟呼其婿，一切井臼、烹调、缝纫之事悉肩任之……子长成，乃合卺。其翁

①魏树东：《北平市财政局实习报告》，成文出版社，1977年版，第89920—89921页。
②《摩登影响绸缎业》，《北平新报》1933年7月6日，第3版。

姑意谓雇人必工赀，又不能终年无归家之日，惟聘得贫家之女，则所费不多，而指挥工作可以如意。故但计撙节，而子女相当与否，均置之不问。此盖江浙等省养童养媳相类。"①甚至在很多地方还盛行虐杀女婴的现象。"溺女恶习，所在有之，盖以女子方及笄许嫁时，父母必为置办妆奁……迨出嫁，则三朝也，满月也，令节新年也，家属生日也，总之，有一可指之名目，即有一不能少之馈赠，纷至沓来，永无已时。"②经济上的窘迫使穷困人家的女子遭受更多的罪孽。且当时的女性很少能社会化。未出嫁的满洲女子一度在其家庭中处于相对自由的状况。"未字之小姑，其尊亚于姑，宴居会食，翁姑上座，小姑侧坐，媳妇则伺于旁，进盘匜、奉巾栉惟谨，如仆媪也"。③然而她们过门后，就大相径庭了。到了清末，统治者为了维持旧有的风俗，严禁女子，包括旗人尚未出嫁的女儿走向社会。很明显，上述习俗对女性的发展是不利的。

总之，沦陷前夕部分女性在社会生活中常处于边缘化的困境，为了生存，她们被迫走上卖淫之路。

三、北平市政府的救娼政策

1. 打击押账制度，维护妓女的合法权益

就与老板的关系而言，妓女分为三类：第一类是身子属于自己的妓女。事先与妓院订立合约，期限一般是一年，届时可续约亦可解约。该类妓女在妓院中有上等房间，不管收入多少，每月按时付给老板固定的"寓金"，嫖客额外的赠予也属于她们自己所有。每天营业的收入妓女得三成，妓院得七成；也有四六分的，来去自由。第二类是质押身子的妓女，一般来自贫苦的农家。质押合同写明质押的时间与典当押金的数额，其食宿、茶水由老板供应，服饰自理。她们被质押妓院之后，就不能与亲人往来，不得外逃。接客时嫖客送的银钱、服饰、首饰、衣服，全部归妓院所

①徐珂编撰：《清稗类钞》（第5册），中华书局，1984年版，第1993—1994页。
②徐珂编撰：《清稗类钞》（第5册），中华书局，1984年版，第2194页。
③徐珂编撰：《清稗类钞》（第5册），中华书局，1984年版，第2212页。

有。质押期满后，妓院即归还质押字据，由家属领回，或另走出路，或做身子属于自己的妓女。在妓院老板看来，这些妓女只是借贷的抵押品。第三类是捆绑身子的妓女，她们是妓院老板通过各种渠道买来的——没有丝毫人身自由。买进时往往是十几岁的小女孩，卖身契上写明与家庭断绝关系，永不赎回。她们称老板、鸨母为爹妈，生活、服饰由后者置备料理。等到发育成熟后，开始皮肉生涯，所有收入均归妓院。[①]还有一种叫"门里姑娘"——老板、鸨的亲生女儿。待遇好，行动自由。

很明显，妓院老板要获得丰厚的利润，最好的办法就是拥有较多的、稳定的能带来丰厚利益的第二类娼妓——她们只需支付少量的费用，便可终身地剥削她们，因为她们没有离开本妓院的权利，只能终身为妓院创造利润。那么，如何达到这一目的呢？当时的妓院老板就想到了押账制。它就是由无钱，或急需钱的娼妓为了从老板手中借到高息之款，以自己人身自由为质押的制度。它使本已处于弱势地位的妓女因押账而处于一种更被动的局面——利息高昂、成本大决定了妓女可能终身难以获得人身自由。为此，民国初年，部分有识之士提出要废除这一不人道的制度。"前警察厅即做出规定：限制小班不得过一百元，茶室不过五十，下处不过十五元，并声明妓女不得为债务主体，其有愿意从良者，押账之款只可向妓女亲属或介绍人索讨，以杜指佃之弊。"[②]

娼妓制是财产私有化的必然产物，而在财富分配极为不公的民国时代，废除它是不可能的。永福下处等就是借口娼妓制的"合法化"及由此而形成的押账制对妓女进行种种盘剥。"至有赵刘氏等明知故犯，致昧滥放押账之款超过官厅规定至三四十倍之多。而利息大至五分，尤为骇人。""每月五分行利，按每次账头扣还，如不付利，即将作本，重行起息……种种压迫，备受虐待，实属难以忍受。""诚恐该妓等虽终身卖笑，亦不能销其债券，饱其贪婪……当此青天白日旗帜之下，救娼运动各

---

①邵雍：《中国近代妓女史》，上海人民出版社，2005年版，第20页。
②《关于永福下处滥放押账，重利盘剥妓女，并种种虐待等情的报告》，档号：J181-21-8337，1930年2月，北京市档案馆藏。

地盛行，妓女为生计所迫，小民族一分子，亟应加以援助以示矜德"。①
民国初年，人权意识日趋普及，平等、法治观念在北平等相对发达的地区
得到了弘扬，再加上社会各界的支持、同情，自然有利于妓女生存环境之
改善。正是基于此，当时的北平市公安局出于保障妓女合法权利，改善其
生存状况的目的，将赵刘氏等依法拘留，并勒令永福下处等停业。

2. 哀其不幸，救拔沉沦

鉴于很多妓女沦落为娼是一种无奈之举，而时之北平市政府能解其
痛苦，施以援手，救拔沉沦。1930年7月，53岁的韩安氏，给时任公安局
局长鲍毓麟写信，痛心地说："为年迈家贫，依女为命，冤遭牵累，孤苦
堪怜，泣求矜怜救济，准许领回择配，赡养终身，以保余年事。窃氏生命
不晨，早赋离鸾之惨，门祚衰薄，徒兴伯道之悲，膝下无儿，惟抚弱女，
苟度残年，而家境贫寒，难资生活，环境压迫，无力图存，困守愁城。"
因"不识世务，受人蒙蔽……致将清白女儿误坠火坑"。从此，被迫为妓
之女儿过上了暗无天日的生活。作为女儿的母亲十分心痛而又无可奈何。
"氏女非养女，实乃亲生女，因生活问题无奈操营贱业，与其他恃为生财
之道，非可一概而论"。她本以为靠逼女为妓，可稍改善自己的困境，最
后又能使女儿及早脱离苦海。"无奈事与愿违，迁延未遂，氏女因愁成
病，赔累难言。所受痛苦，非但为氏所不忍言，并为氏所不得言者"。这
位年迈、绝望的母亲恳求局长大人救拔沉沦。"伏思贱女因受家庭困苦之
压迫，不得已沉于下贱，赡养孤苦伶仃老而寡之母亲，情遇甚惨，泊乎坠
落之后，安分守己，茹苦含辛……冀希重睹天日，此志可质神明！"对于
韩安氏的不幸遭遇，鲍局长哀其不幸，深表同情。"若仅将其押账注销而
不予相当安置，势必仍操旧业。殊非妥善办法。除将该妓非法债务一律注
销外"，②并要求社会局妥为安置。

从上述内容来看，当时的北平市政府对社会弱势群体，特别是妓女群

①《关于永福下处滥放押账，重利盘剥妓女，并种种虐待等情的报告》，档号：
J181-21-8337，1930年2月，北京市档案馆藏。
②《外一区警署关于妓女韩秀英等控掌班人不准挪移一案的呈》，档号：J181-21-8410，
1930年7月，北京市档案馆藏。

体，还是给予了一定程度的同情、关照的。

3. 鼓励妓女从良

鉴于当时不少妓女是因生活所迫为娼的，为此，对于她们试图从良的行为应予以支持。

张湘妃，21岁，四喜小班妓女，江苏上海人。于民国18年上捐，已有两年之久。后考虑到年逾二十，不愿为娼，就与掌班人吴姓商量，"愿出此火坑，从为良善"。且她并未使用押账，亦无领家。但遭到吴姓拒绝。为此，她请人写信给公安局控告吴姓，"历陈苦衷，叩求钧局施恩"。后在审讯该案的过程中，张湘妃称她原名张巧英，江苏吴县人，6岁时，父母故去，随祖父生活，1929年其祖父将她带平，在鑫风院小班为娼，后又在四喜小班为娼，先未挪用押账。该年其祖父故去，她便向四喜小班借洋200元，又向其祖之友借洋70元发丧。至今未还。现在她要销捐从良，或改跳舞，不再为娼。对于押账之数，吴姓与湘妃有争议：吴认为她欠他400元，湘妃只认200元——她辩称她不识字，被写成了400元。后警方认定为200元。考虑到当时江淮水灾奇重，需要救济，最后警方提出：吴姓可从宽处罚，条件是捐款400元；可为湘妃销捐，条件是她捐200元。后其友捐了150元，其余的50元就不了了之。从此，湘妃实现了从良。[1]

4. 设济良所

济良所是旧时的一种慈善机构，收容、救济被拐骗、受虐待而无处可投奔、依靠的妇女。李大钊在《北京市民应该要求的新生活》一文中说："扩充济良所，有愿入所的娼妓，不问她受虐待与否，一概收容。"许地山在《狐仙》中说："我此后还要劝人，若曾失恋还想娶妻的都要到济良所挑去。"1907年，民政部批准成立京师济良所，制定了《重定济良所章程》，规定可入济良所的几种人：一是诱拐来历不明的妓女；二是被领家索重价从良受阻的妓女；三是被领家凌虐的妓女；四是不愿为娼的妓女；五是无家可归、无亲可给的妇女。早期济良所具有基督教色彩——

---

① 《北平市公安局侦缉队关于妓女湘妃从良，该班长不准的呈》，档号：J181-21-11451，1931年9月，北京市档案馆藏。

主要工作人员是基督徒，且是从基督教教义"平等"之说演化而来，目的是救娼。民国后转变为政府控制下的一个机构，对当时的娼妓起到了一定的救济作用——对改善娼妓的生活状况及净化社会空气起到了积极的作用。[①]1935年北平市各教养机关统并为社会局救济院，它以"维护人权，提倡女工，扶持残老，救济贫穷，泽及孤寡，德被儿童，禁止娼妓，矫正世风，感化教养"为目的。下设救娼、儿童、工作、临时收容五部。其中救娼部的目的为"一洗青楼风气，养成良家风范"。设有家政科，设班传习技艺。它制定了收容妇女规则、院女接见家属等规范。民国时的救娼工作与清末相比有一些值得肯定的地方：一是救娼部以提倡人权，维护人道为宗旨，已超越了清末单纯的"代为择配"；二是救娼部面对的是整个北京市的娼妓全体。呼吁并鼓励这个特殊的弱势群体接受教育，以求自身的解放；三是全面实施大规模的教养措施，如谋生之技能，社会科技知识，良好的道德观念的培养等；四是救娼部附设于妇女救济院，但规定在合适的时候可设临时收容所。这种灵活的组织方式有利于开展救济工作；五是有专业工作人员从事这项工作，反映了救娼工作的职业化特色。[②]

5. 对以卖淫为生的妓女，其所患疾病没有达到不可容忍的地步，给予她们出卖肉体的权利

从某种程度来说，娼妓业古已有之。罗素说："古代娼妓制度绝不如今日之为人鄙视，其原始固极高贵。最初娼妓为一男神或女神之女巫，承迎过客为拜神之表示……然基督教父诉詈诉毁，连篇累牍，目为异端习俗……兹后娼妓遂由庙宇驱入市场，沦为商业。"可见，古代西方娼业起源于宗教。[③]那么，中国最早的娼妓是什么时候产生的呢？王书奴先生认为：殷商朝时的"巫娼"是中国妓女或妓院的滥觞。因为在殷商时代，很多事往往带有明显的宗教色彩，能驱使鬼神之人往往被拥戴为酋长，尊若国王。由于商

---

①宋庆欣：《民国时期北京娼妓的救济问题》，《首都师范大学学报》2011年增刊，第9—13页。

②宋庆欣：《民国时期北京娼妓的救济问题》，《首都师范大学学报》2011年增刊，第9—13页。

③王书奴：《中国娼妓史》，生活·读书·新知三联书店，2012年版，第20页。

代离原始社会不远，为此，巫风极盛。至于当时的女巫，凡近代娼妓所谓的
"才""情""色""艺"，几无一不备。[①]到了西周，大批的女奴隶沦为
娼妓。而齐桓公时管仲正式设立公娼制度，这样使卖淫合法化成为现实。春
秋时期，女乐发达，一度成为"制服强国，亡其宗社"之利器。那么，到了
近代的北平，娼妓业存在的根源是多方面的。其中自然灾害之频仍、社会治
安之恶化、农村的贫困化无疑是最根本的原因。娼业的畸形发展引发了一系
列的社会问题，不少学者予以分析，希望通过废娼运动来遏制、解决这一重
大的社会问题的产生。平心而论，在民初，要想彻底废除它是不可能的。为
此，当时的北平市政府采取了较现实的政策，在承认妓女卖淫的"合法性"
同时，给予一些力所能及的救助与监督。如较严厉地推行了性病检查制，一
旦发现患有较严重的性疾病，就勒令所检妓女不得营业。为此，部分妓女实感
"痛苦"，恳请检验所对于"轻症"字样准予转函警局，"详加解释，以资
救济"。为此，妓女检验所明确规定：除经本所于其检验证内盖有"轻质留
客""重症"等字样戳记者，一律不准迁移、倒捐外，其盖有"正常""妊
娠""轻症"等字样戳记者……仍请贵局酌予核准迁移、倒捐以资救济。[②]

可见，沦陷前夕的北平市政府在对待娼妓这一弱势群体的态度上，尽
管不可能，也不会从根本上解决娼妓群体所面临的根本性问题，但能设身
处地地采取一些措施，解决她们及其家庭所面临的急迫性问题，反映了民
初北平社会的进步。

第二节 沦陷时期北平娼妓业发展的特色及其成因

一、沦陷时期北平娼妓业发展的特色

1937年7月29日，日军侵入北平。8月4日，北平市地方伪维持会成
立。由此，北平进入长达八年的沦陷期。那么，在这一阶段，北平娼妓业

---

①王书奴：《中国娼妓史》，生活·读书·新知三联书店，2012年版，第26页。
②《北平市妓女检验所为救济妓女给警察局的呈》，档号：J181-22-3621，1931年，北京市
档案馆藏。

发展的特色又是什么样的呢？

1. 妓院规模日趋庞大，妓女人数骤增

妓院规模越来越大，包含两方面的含义：一是"合法"的妓院数急剧增加。当时"合法"的妓院从1929年的329家，上升到1944年5月的460家。①二是指具体每一个妓院的人数，特别是妓女人数急剧增加。日伪政权名义上对每一个妓院拥有的"合法"妓女人数是有限制的。但客观环境的恶化，再加上暗娼的"合法化"导致了一个必然的结果：从事卖淫的妓女人数急剧增加。那么，沦陷时期北平娼妓的规模又是如何变化呢？日伪时期，燕京大学外籍教授培克调查，在日占时期北平每250人中就有一名妇女沦为娼妓。这一比例仅次于当时世界各大城市中妓女最多的上海。②那么，即使按这一比例来推算，1941年北平的娼妓又有多少呢？当时北平市约180万人口，按培克的估算，妓女约7200人。笔者认为培克的估计应是保守的。在当时起码超过1万人以上。③

2. 卖淫场所的泛化

卖淫场所的泛化是娼妓群体扩大化的必然产物，也是日本侵略导致民众生存危机产生的必然性结果。在沦陷时期，其主要表现为：第一，管理娼妓业的法律无效化。很多暗娼往往在"合法"妓院内从事卖淫活动——博兴胡同门牌6号金林下处，有妓女赵兰舫、王雅茹、王桂红等7人……又查该巷门牌24号庆海园有妓女王砚铃等40人……共计210口，均无娼妓执照，有违定章。"查该处下处乐户，竟敢雇佣无照之妓女擅行营业，殊属胆大妄为，亟应依法严惩，以示惩儆。讯据刘玉发、可学增、王文元均供认接有无捐妓女属实等语"。④无照妓女的广泛存在，以及她们与有照妓女一同营业的客观事实反映了在经济环境的严重恶化下，下层妇女为了生存几乎没有基本的人格可言，而各乐户为了利益的扩大化公然漠视了日伪管

---

①北京市档案馆：《民国时期北平市工商税收》，中国档案出版社，1998年版，第1219页。

②邵雍：《中国近代妓女史》，上海人民出版社，2005年版，第329页。

③王晶成：《论沦陷期伪北京市政权的淫化政策》，《淮北师范大学学报》（哲学社会科学版）2012年2期，第82—85页。

④《外二区送关于金林院下处等数家违章雇佣无照妓女营业一案的呈》，档号：J181-23-12124，1941年5月，北京市档案馆藏。

理娼妓业的法律的威严。那么，对于这种公然挑衅日伪娼妓业管理体制的行为，日伪的态度又是如何呢？一句话，只要缴了钱，就可安然无恙。伙计们"各处罚金15元"，至于无照妓女各缴罚金10元了事。第二，除了正规的妓院外，土药店、舞厅、公园等无不成为卖淫女活动之场所。"本市熟膏店时有临时招徕女子与烟客烧烟及青年学生吸食鸦片情事"。近在各"娱乐场所，游人日增，唯查有一般游娼，混迹期间，奇装异服，引诱青年，此种情形，既有伤风化，戕害青年之意志，尤为厉害，亟应取缔"。①

3. 妓女呈低龄化趋势

低龄化趋势是指不少为娼的女子最初从事这一贱业之时，年龄都很小，甚至多为未成年人的状况。

为了说明这一问题，笔者将引用表4-1、表4-2加以说明。

表4-1　北平女招待销证后住址表（1947年1月）②

姓名	年龄	籍贯	原在商号或乐户地址	住址
吴叔明	19	北平	粮食店11号典升馆	外二韩家潭47号
张雪芳	19	北平	鲜鱼口30号同义楼	外二石头胡同
郭瑞琴	18	北平	典升馆	内五区扁担厂
……	……	……		
李淑英	22	北平	粮食店75号万年居	外二后河沿52号
刘淑珍	25	南宫	粮食店新普春	外二朱家胡同

表4-2　北平妓女销证后住址表（1947年1月）③

姓名	年龄	籍贯	乐户地址	住址
桂金兰	20	大同	燕家胡同全合下处	即日回太原
张晓风	23	大同	同上	同上
……	……			
李惠如	20	宝坻	石头胡同四海班	外三大保吉巷
朱秀英	18	天津	福喜下处	
郭小九	20	新乡	李纱帽胡同清香院	

①《取缔游娼》，《新民报晚刊》1939年5月31日，第4版。
②《北平市女招待销证后住址表》，档号：J183-2-12742，北京市档案馆藏。
③《北平妓女销证后住址表》，档号：J183-2-12742，北京市档案馆藏。

从上面史料来看，这已销捐的120位女性不再从事这一贱业时，平均年龄为23岁。最低年龄为14岁，最大的为28岁，绝大部分为22岁左右的女孩。要知道她们中的很多人已是卖淫多达7年以上的。这充分说明在日伪殖民统治下，在淫化政策的威逼下，下层中国女性除了卖淫外，几乎毫无其他出路的悲惨境遇。

4. 身心状况的恶化

在当时来说，绝大部分卖淫者是因生活所迫而操此贱业的。由于医疗卫生知识的缺乏及其他原因作祟，她们往往是各种传染病，特别是性病的牺牲品。为此，其身心状况常处于一种极为可悲的状况中。

伪报供认："本市妓女患传染性之性病者，以淋病为最多，半年来第一次检查12072人，竟有3968人患淋病；第二次6523人，复有2282人患者之多。约占全数三分之一，数目之巨，实堪惊人。至患者等级之分，则百分比例数以第一等居首，二等次之，三等四等又次之。其次，除其他疾病，经期，及无显著性传染病状者不计外，患梅毒者较多，比例数则以三等妓女占第一位，四等占第二位，一二等次之。"①本市实有妓女人数，一等246人，二等176人，三等906人，四等174人，共1502人。来所检验妓女，一等128人，二等43人，三等317人，四等87人，共575人。此周内呈请缓检之妓女因经期或妊娠者三人，因病或因事者924人。兹将检验结果及处置办法公布如下："患梅毒者78人，占13.57%，患淋病者137人，占23.83%，患梅毒淋病者19人，占33%。其他疾病者238人，占41.39%。患无显著传染性性病者103人，占7.91%。"处置办法是停止留客111人，门诊治疗418人，停止营业者无，住所治疗者无。②

妓女检治工作开始还较为正规，自1940年后，妓女检治已流于形式，代之而起的是检治人员，包括部分警察、医务人员将"检治"作为牟利的手段，以至于酿成了集体敲诈妓女的风波。为此，妓女这个本是社会中最低层的群体更多地成了整个社会的弃儿。因此，妓女本身的身心状况就更

① 《妓女检治事务所积极努力工作》，《新民报晚刊》1938年10月18日，第4版。
② 《上月一周间检治妓女情况》，《新民报晚刊》1939年3月10日，第3版。

令人担忧了。

二、沦陷时期北平娼妓业发展特色的成因

日伪的淫化政策是娼妓业过度发展的根源。淫化政策是一种力图使卖淫合法化、规模扩大化、产业化，导致娼妓业恶性发展，民众道德观念，特别是民族意识淡化，甚至消亡的，进而榨取钱财的、灭亡中国的恶毒政策。[①]为了将其付诸实施，日伪采取了不少措施：

扩大商业性性交易的卖方市场。扩大商业性性交易的卖方市场就是想方设法地扩大娼妓的数量，使卖淫合法化，卖淫群体规模化。为了将该群体扩大，日伪可谓费尽心机。

首先，在卖淫合法化的同时，对娼妓业的发展予以种种优惠政策。一是摈弃了沦陷前夕北平市政府的寓禁于征的政策，对盲目扩大娼妓群体规模的乐户不取多征捐税之策。如《北平市乐户捐征收章程》在规定各等乐户每月捐后，规定："前项捐额以每户搭住娼妓十二名为限，逾十二名者加缴捐款一倍，逾二十四名者，加缴捐款二倍。"[②]该规定突出了多娼多捐之意，有一定的遏制娼业发展的意味。沦陷后，伪市政府颁布的《北京特别市政府财政局和参事室关于警察局管理乐户规则修正意见》等文件中却无相应的规定。这表明日伪在拉动娼妓业的发展。二是对乐户的捐额变化的规定与当时整个物价水平变化不相一致。如1935年一等乐户一个月捐32元，1944年3月为100元，当时物价翻了几十倍，而乐户捐只增加了三倍，反映了日伪要拉动娼妓业发展之意。三是对灾荒的救济不力。当时华北日占区灾害频繁，1940年更是发生了严重的水灾。灾害的严重化导致"河北中北濒于绝境的难民计有六百余万，此辈皆以树皮、草根充饥……政府前拨1500000之赈济费，仅杯水车薪"。而"河北东境内行将就毙之民，至少有四百万之多……故今年之收成，竟无希望……许多区域之农民

---

①王显成：《沦陷期北京市伪政权的淫化政策》，《淮北师范大学学报》2012年第1期，第82—85页。

②北京市档案馆：《民国时期北平市工商税收》，中国档案出版社，1998年版，第1209页。

以树皮为食，并非过言……此外，中国农民以水草、以木屑为食者，遍处皆是。因乏食而全家自杀者，日见增加"。灾情不仅危及人类的生命，同样也影响到动物的生存。鸟类本是依靠捕食昆虫而活的，然大规模的灾难也迫使鸟类面临失去生存的危险。为此，它们"对于农民所种下之种子，往往自泥土中掘起而食之。故今年之收成，完全绝望……目前水深达16英尺之区域，计有四千英里，河北各城市中，尚有部分面粉，但其价之昂贵，非赤贫之民可购买"。①在自然灾害的严重冲击下，本已丧失家园的逃往北平之民众也同样面临着粮食的紧缺问题与高昂的物价问题。"本市一般注意力已从政治事件转移到经济局势，虽行将在南京举行之中央政治会议，有决定北平将来之政治地位之可能者，亦未引起人注意……但民食现状，有酿成大惨剧之种种征象。华人在此状况下，而能生存，诚异事也"。②在民众遭到自然灾害的严重冲击的条件下，日伪的态度又是如何呢？它确实也采取了一些救济措施。但救济的力度是极不够的，且带有明显的阻碍救济、促进娼妓业发展的趋势。如1941年伪北京市政府预算总收入18861046.58元，其中救济费194286.19元，乞丐收容所经费59387.20元，两者总共253673.19元，占总预算的1.25%。③这充分反映了它对救济的极不重视。正是这种极不重视的态度导致了潜在的娼妓人数急剧增加。

四是对私娼取放任的政策。私娼是没有取得捐照，在妓院或妓院以外的地方从事卖淫的人。该时期因生活所迫，私娼剧增。对于私娼，日伪往往采取罚金的方式处理。五是以毒化促进淫化。该时期日伪的毒品统制政策导致了吸毒群体规模扩大。其中有不少是年轻的女性。她们因毒瘾成性被迫对毒品产生严重的人身依赖与心理依赖，为此，为了购买毒品，被迫走上卖淫之路。如当时的绥远因为广种鸦片，吸毒者众。"只就绥远的烟亩罚款来说，年度收入约73万元"。种毒、吸毒的泛化及毒品价格的垄断化，导致购买毒资的代价日益增加。那么，无力购买鸦片的女子，甚至是偏远

①《河北灾情严重》，《申报》1940年3月28日，第4版。
②《北平市民之生活恐慌》，《申报》1940年3月9日，第2版。
③华北政务委员会总务厅情报局印制：《文化年刊》第三册，1942年，档号：ZQ12-3-135，北京市档案馆藏，第81—82页。

山区的女子为了获取毒品被迫走上卖淫的道路。"平绥沿线的旅行已经过二十五天，在各地所见的最为刺激之事，即是妇女卖淫的普遍。只要是有人烟的地方，不管那是大镇、小村，更无分商埠或贫民窟，都可以找到这种妇女。……这种淫恶堕落的社会制度永远把妇女锁在一个性的牺牲之下。卖淫制度也是这个社会现象的一个主要特征之一，绝非狭隘的都市的罪恶而已"。①可见，正是日伪的纵毒政策等催生了大量的卖淫群体，也促进了整个社会的堕落。

其次，挖掘、扩展商业性性交易的买方市场。该时期，北平市中西杂处，各种资源多为日韩人士所霸占。随着日伪政权的粉墨登场，形成了一批依靠日本侵略势力为非作歹的新贵。这些外来的殖民者，以及依靠日本势力的新贵就成为潜在的人肉市场的买方市场。对此市场，日伪采取极力扩充的政策。

（一）对私娼采用罚金制，对嫖娼的"友邦"人士则极为宽容

该时期，大量日韩人涌入，他们以占领者自居。再加上独特的性文化观念，因而对娼妓业的发展起到了明显的推动作用。对这些人肉市场的买家，伪方的态度又是如何呢？一句话，对这些"友邦"人士则极为宽容。李素娟，天津人，二十七八岁，身世极为可怜。其夫前在大陆银行供职，于1938年春去世，遗二子一女，均未成年。1938年冬，由天津带小孩前往北京笔管胡同艰难生活。后经韩佩玉的介绍，成为游娼，后被抓获。送救济院被释。后因其小孩纷纷病倒，且度日艰难，为此，再一次走上了卖淫之路，继而被捕。后经其夫的朋友取保，她决定不再为娼，只有哭泣而已。"每次接客收二三元不等，她只得一元，或八九角不等"。那么，对于那些嫖客，怎么办？考虑到他们是"友邦"人士，就不了了之。后考虑到李因贫卖淫，无力认罚，如予轻科，必致再犯。故令其至社会局女子工艺厂学习工艺，以整风化，后中介韩氏送感化所感化一个月。②

---

① 《妇女卖淫遍及村镇》，《生活日报周刊》，第一卷第9号，第101页。
② 《内一区署关于韩佩玉介绍妓女李素娟向友邦人卖淫一案的呈》，档号：J181-23-6244，1939年12月，北京市档案馆藏。

（二）通过媒体色情化促进买方市场的扩大

媒体的色情化主要是通过媒体宣传色情行业来实现的。具体就是通过颠倒黑白，违反传统的伦理道德与家庭观念，宣传卖淫主体或妓院的"合法性""优势"地位。"冬夜，八大胡同，这温柔旖旎的地带。哦，家家彩画一新的小门上，都挂着精巧的艳帜，每一个姑娘的名字是那样的迷人，什么妃呀，什么珠，还有什么翠，什么红，一大串桃色的字样。真使人嚼到嘴里，也是香的，电灯照耀到街面上，映出几道寒光，越觉得冷气侵骨，不可逼视。"①妓院本是藏污纳垢之所，而在日伪看来，它却是那么迷人，能给人带来"温暖"的地方，这必然对传统的家庭观念及由此产生的善良风俗产生极大的破坏作用。同时，拉动人肉市场中的买方市场的增长。

（三）日伪对烟赌的纵容政策

北平既是中国的"帝王之都"，又是"罪恶之都"。因此，黄、毒、赌俱全。到沦陷时期，由于日伪对毒业、赌业取纵容之策，又使这个"罪恶"之城走得更远。明知赌博"是贪欲的种子，不义的先导"②，依然取纵容之策。对于毒品，则采取公开的专卖制，允许公开吸毒。条件是只要缴纳足够的费用。这样，在当时的北平等地形成了一大批依靠毒、赌业发迹的暴富阶层。他们往往是人肉市场中的买方市场的主要力量。"在沦陷期，白面客是妓院里最受欢迎的上客。代替了民国初年的政界要人、银行买办。他们每请一次客，作上二三千元，毫无吝惜，比汉奸们的手笔还大。"③

1. 中国传统性观念与日伪对妓院、妓女的态度

中国古代的夫妻关系往往是建立在一夫多妻制的基础之上的。"在这种制度中，中等阶级的男性家长有三四个妻妾……而贵族成员、大将军和

---

①《胡同里的姑娘，冬天不喜欢穿棉袄》，《冀东日报》1937年12月2日，第3版。
②《北平市公安局关于取缔赌博、娼妓、烟毒三害的训令》，档号：J181-20-12814，1934年7月19日，北京市档案馆藏。
③李宜深整理：《黑色记忆之青楼血泪》，中国文史出版社，2004年版，第395—398页。

王公则有三十多个妻室。"①晚清民初以后，这种家庭制依然不同程度地存在。除了婚内性行为外，对婚外性行为的态度总体上较宽容，根本没有禁止官员嫖妓的规定。"至于民国十年，新国会议员，民国十二年贿选议员，都是相习成风，一丘之貉，吏更不必说了……选举时托人投票，选举后运动接洽，亦几无不以酒食征逐狎妓邀游为应酬无上良品。所以，民国后期，娼妓之盛，与议员先生们确有关系……整个民国时期，官员逛妓院是非常流行的事。"②日伪时期更是如此。不少伪政府上层成员与妓院、妓女有着千丝万缕的联系。如伪逆王克敏，早年担任中国银行总裁；人称"北洋三杰"之一的王士珍被黎元洪任命为国务总理，王克敏首次出任财政总长，同时兼任中国银行总裁及盐务署的督办。作为金融界的大亨及北洋政权的头面人物，他对妓女表现出特别复杂的情感。《绮情楼杂记》曾记录这样一个段子：1916年，曾以眷恋蔡松坡而成名的妓女小阿凤，时已嫁金融大佬王克敏为妾，王克敏在曹锟任总统后，颇思活动经营，常邀李彦青至其家，而以小阿凤为饵，想利用她登上权力的顶峰。至于伪逆苏体仁，则更是为妓女赎身，不惜花费大量银圆，然后抱得美人归。总之，大汉奸群体有一个通病——"醉生梦死，过一天便享受一天"。③那么，伪职中的中下层又是如何呢？大同小异罢了。为了说明这一点，不妨引下段文字说明。伪警局于1944年11月开展了整肃纲纪运动，考察结果是："成绩尚属良好，唯仅有少数员警仍肆意放荡无拘，以制服不整，出入娱乐场所者尤多。实属有违功令……其中卫善策等多人在妓院冶游，传局训诫……小队长柳文元因身着不整制服在妓院冶游，不服监察，棍责二十。"④可见，伪职人员婚外性行为还是不少的。更不用说上层的纵情声色了。

2. 社会环境的恶化及女性社会地位的下降等是另一诱因

首先，社会生态环境的急剧恶化，催生了更为庞大的娼妓群体。该时期自然灾害频繁，社会矛盾空前尖锐，不仅有中日之间的民族矛盾，

---

①高罗佩：《中国古代房内考》，李零，等，译，商务印书馆，2016年版，第152页。
②王书奴：《中国娼妓史》，生活·读书·新知三联书店，1988年版，第151页。
③文斐：《周佛海秘档》，中国文史出版社，2012年版，第123页。
④《北京特别市政府警察局训令督成字第4543号》，档号：J181-22-18297，北京市档案馆藏。

而且还有沦陷区民众、伪政权人为造成的一些失范、动乱等。正是这些因素导致拐卖妇女事件如雨后春笋般产生。"三晋连年兵燹，人民已叫苦连天，更加去夏旱魃为虐。入秋雨涝为患，中产之家，已属缺衣乏食。下户之家，早已奄奄待毙。"①"平定灾况重大，曩昔少有。亢旱未已，冰雹相继，粮价飞腾，百物昂贵，人民生计无法维持，……被灾人民四万二千三百余，除逃荒者三百二十人，饿毙一百三十八人，卖出一百二十六不计外，余均望赈急切。"集宁风灾"饿死者2103人，出卖者4250人"。②翻开伪报，可看到一系列相关事实的密集报道，如"本县自去年雪雨为灾，山洪暴发……低洼之处，尽成泽国……是以农民所收获之粮食，仅够去年农民自己一冬之用，本无粮食可售，少数农民，因紧急需款，告贷无门者，方肯赴集粜粮……因之，供不应求，粮价飞涨，以是贫困之家，无法维持生活矣"③"本年入春以来，天气亢旱……秋禾枯萎，近虽迭降甘霖，然区域仍不普遍，……乃近据虞城、鹿邑、商丘、内黄等县，呈报因旱成灾，而以虞城县灾情较重"。④

在汪伪统治区，灾情同样严重。据河南省太康县灾民张养心等电称："慨自黄河溃决，豫东、皖北惨遭水患，业经五载，尤以太康全境，沦为泽国，更加惨重……游匪如林，明抢暗夺，竭泽而渔，十室十空，以致青苗绝根，树皆无皮，卖妻鬻子，形若人市，牲畜倒毙，遑论难犬，较之陕西旱灾，殆尤过之，少壮有力，急奔外逃，老弱妇女，相继饿死，县西、县南死亡枕藉，骸骨暴露，无人掩埋，尤惨重者，婴孩抛弃，到处皆是……现时春荒所迫，食粮禁运，遍野哀鸿……饥民塞途，待哺嗷嗷，俨成乞丐之群，灾区广袤，实亘古所未有，为人道计，为国本计，为国际观听计，万祈钧座火速施予大批急赈，刻日发放"等情。同样，商丘县也面临急需赈济的问题。"现豫东被灾各县之数千万灾民，皆扶老携幼，背离乡井，相率麇集商丘附近……其最惨者，常见孤儿被弃，因饿毙命，日

①《山西各县灾情续报》，《华北日报》1930年2月4日，第2版。
②《灾难奇重，集宁各界联合请赈》，《华北日报》1930年1月21日，第3版。
③《密云粮价飞涨，灾后人民生活困难》，《冀东日报》1939年1月19日，第4版。
④《豫省天旱禾枯，虞城灾形较重》，《新民报晚刊》1940年7月30日，第1版。

必数十起。"①为此，当地士绅暨各慈善机构等发起组织急赈委员会，自发救济灾民。"但距二麦成熟时期尚远，灾民数量复杂又多，车薪杯水，实觉无济于事，为此，吁恳俯念灾情惨重，速拨巨款，以救此奄奄待毙之数十万灾黎，感戴鸿恩。实无既极。"那么，当时的汪伪热心于救灾吗？答案是否定的。如1941年针对河南商丘之灾，仅"拨款五万元购买粮食，会同地方团体施放急赈"。②在严重的灾难面前，区区五万元，简直就是杯水车薪，毫无用处。除了自然灾害频发外，人为之灾更多。首先是日本的侵略导致了家园早已残破之民的生活更为艰难。1940年10—12月，日机轰炸郑县等地533次，"偏僻乡村，亦难避免"，投弹11525枚，死亡4929人，受伤5380人，毁房51280间。③与此同时，地主对佃农的剥削更为严重。佃农的生活更为悲惨。"二十六至二十八年，本地十之八九是主佃平分，有多少分多少，或即使老板大方一点，还要留一二石不分，作为佃农辛劳之酬……三十三年有的佃农甚至颗粒无收，完全交给了地主。"④民间高利贷盛行。"一般土豪劣绅，只图一己之利，不顾大义，对于人民大放阎王账，重利剥夺……利息竟达五分六分不等。"⑤在城市，女性的就业率极为低下。当时，北平等地实质上已成了日本人的天下。日、韩籍人士大为增加。为此，北平人就业已很难了，更不用说目不识丁的妇女了。如1945年在各业就业人口中，妇女仅占17%。⑥为此，犯罪率急剧提高。北平刑事案件"平均每日在十起以上至二三十起之多，多系证据确凿，必须移送法院讯办者。"⑦

①中国第二历史档案馆：《汪伪政府行政院会议记录》第19卷，档案出版社，1992年版，第15415页。

②中国第二历史档案馆：《汪伪政府行政院会议记录》第19卷，档案出版社，1992年版，第15416页。

③《日机轰炸豫省惨况》，《申报》1941年1月10日，第7版。

④陈伯达：《近代中国地租概说》，新华书店发行，1949年版，第70页。

⑤《彰德县奉令布告严禁高利贷：取利逾三分者定究办》，《新民报晚刊》1940年7月30日，第1版。

⑥《北平市统计总报告》，档号：ZQ12-2-295，第33页，1945年版，北京市档案馆藏。

⑦《北京特别市警察局警法科关于报送案处罚的呈》，档号：J181-22-14164，1938年1月，北京市档案馆藏。

正是上述各种因素的综合作用导致了该时期娼妓数量的急剧增加。由于娼妓数目过于庞大，严重影响了北平的精神风貌，为此，抗战结束后，北平市政府就企图采取限制、减少妓女的政策。鉴于妓女"为数甚伙，性别传染与日俱增"的事实，为防止其传播起见，望将其控制在1200人左右，"最高额为两千人"。①

其次，女性社会地位的空前恶化是导致妓女人数急增的重要原因。因经济不独立，女性从古代至近代一直没有取得应有的政治地位。在家从父、出家从夫、夫死从子的观念影响深远。到沦陷时期，沦陷区的女性，特别是年轻的女性一方面成为日伪极力压榨的对象，另一方面，又成为其他恶势力摧残的对象。

王凤霞，天津人，年21岁，本系名门闺秀，国色天香。15岁那年，家道中落，后因日军强占天津，她失去了双亲的音讯，从此孤身一人，生活在北平。因无生活来源，被友人居为奇货。又不知社会诡异，竟与任妪同居，17岁那年，被任婆以重金卖于富户张绍良为妾，张某年逾天命，老态龙钟……"而凤霞之命运从此亦步入荆棘之途。致有失足成恨之慨，盖红颜薄命，非偶然也。""婚后一年，张翁竟去世了，凤霞此时文君新寡，当亦不胜悲痛。诚系叹自己之青春，瞻及前途，不寒而栗，极行怨尤。"丧夫不久，她竟被张绍良之侄张广善卖于妓院。她受尽了种种折磨、摧残、蹂躏，"随思脱离人间地狱，但无机可脱"，后"乃得将卖笑金积存，将身赎出"。后张氏见生活断路，来到东河，见其外出买菜，又要押她去娼寮"重操旧业"，凤霞不从。为此，两人对簿公堂。②凤霞的遭遇实质上是各种因素的产物。第一，日伪政权是催生这种暴利产业的关键性原因——拐卖妇女当时仅作为一种妨害他人自由的犯罪，甚至很大程度上不支持女性的维权行为。第二，传统价值观的迷失、是非观的颠倒是促使它发生的根源。张广善之流之所以能频频得手作案，除了自身的原因外——人性的退化外——拜金主义作祟。第三，也是一个重要的原因就是

---

① 《关于限制北平市妓女名额的公函》，档号：J181-15-777，1947年，北京市档案馆藏。

② 《津市女子王凤霞，失足复被摧残：嫁老翁甫逾年即寡，侄无良竟两度鬻婶》，《新民报晚刊》1938年5月19日，第2版。

在传统文化中，特别是在传统的性文化中，女性往往是男性的玩物及牺牲品。而伪政权的建立更进一步地强化了这种局面。

最后，日伪经济的全面崩溃及华北经济的严重恶化是滋生娼妓群体的经济原因。该时期华北的经济基本上为日伪所控制，随着战争的长期化的到来，日伪经济的致命弱点日趋凸显。那就是日伪经济不仅不能给日本法西斯政权带来巩固的可能，而且随着其非人道性的日趋凸显，日伪经济必然面临崩溃的边缘。

总之，从伪报内容来看，尽管其对妓女人数后来没有一个具体的报道。不过从淫化政策的效果来看，娼妓规模是极为可观的。"几代帝都的北京，人烟辐辏，五方杂处，商旅麇集，营业性质的娼妓，当然是都市生活中应运产生的。看惯了就习以为常。""走马章台的人们，要仔细想想，娼门里充满了花柳病，想起花柳病的伤身耗神、戕命绝嗣，胜于毒蛇猛兽的害处，真是让人不寒而栗。"①"京市在去岁因市面逐渐繁华，及天津水灾影响，以致人数突增。在十一二月间，曾一度增至二千余名，现在全市妓女人数，共计一千七百九十人。较前稍减。"②但从妓院的规模来看，已有460家。即使按一家妓院20人计算，起码超过1万人以上——当时，很多合法性妓院均有不少未上捐的妓女。更不用说形形色色的暗娼了。

第三节　沦陷时期娼妓业泛滥的后果

一、娼妓们的生存状况更为恶化

在清代，妓女的地位本来十分低下。《大清会典》规定："奴仆及倡优隶卒为贱。"贱民与良民发生法律纠纷，加等处罚，其子孙不能参加科举考试，不准入官，不准花钱捐官。妓女在受到暴力、性侵害的时候不能获得一般妇女所应享有的法律保护。民国时期，北平市政府尽管曾对妓女

①《京市娼妓月有增加》，《新民报晚刊》1938年5月31日，第1版。
②《出卖人肉者共千余人》，《新民报晚刊》1940年3月25日，第4版。

采取了一定程度的保护。但总的来说，妓女的社会地位仍十分低下。

一个人的社会地位往往是指一个人在一定的法律关系中通过一定的法律可获得的一定的权利或必承担的一定的义务。那么，沦陷时期，平津地区的妓女从法律层面来讲，她们又有哪些权利与义务呢？

她们所拥有的，或可拥有的"权利"包括：（一）不愿为妓，或从良的权利。（二）保管自置之衣物或游客赠予之钱财、衣物的权利——万一被亲属或乐户逼索或设计夺取，可向警局申请办理。（三）不被乐户等奸淫及其他一切胁迫之虐待等八项所谓的"权利"。不过，必须说明的是：这些所谓的"权利"能否真正地实质地为妓女本人所有，这才是值得怀疑的问题。因为任何法律上所认可的权利，要真正地实现，它往往要受到很多因素的制约，如权利主体的素养、争取权利的能力、客观公正的社会环境。那么，结合当时的社会实际，这些法律中的"权利"明显大打折扣。其义务有哪些呢？一是不满16岁时，不得接客。其已满16岁，身体发育不全者，不得留客住宿。二是不得设局诓骗游客，索取不当之费。三是不准设计引诱行人及在门外街市等，故为妖冶之态等12项。①

当时妓女们面临哪些变化呢？

第一，押账制度依然存在，且在环境的逼迫下更为强化。对此，伪警察供认："妓女使用娼寮押账，前警察厅定有限制数目。嗣因生活程度日高，前项限制数目已多不适应"，为了保障妓权，特"将押账改为普遍借款，废除押账名称"。但妓院要保障更多的暴利，"各乐户所借债务仍用押账名称，其数目仍逾前项规定甚伙"。②押账制度的广泛存在，导致欠款无法还清的妓女的人身自由根本得不到保护，更不用说其他了。押账妓女与妓院的人身依附关系更为强化！是什么造成这一结果呢？一是伪政权是日寇扶植的傀儡政权，其对民众，特别是最下层的妓女的生死本就不那么关注。二是妓院与伪政权是一种互为利用的关系。妓院希望通过伪政权来获得必要的经营权、治安的维护权。而伪政权则希望通过妓院的营业

①《管理妓女规则》，《新民报晚刊》1938年4月20日，第3版。
②《警局规定妓女押账改为普通借款》，《新民报晚刊》1938年10月6日，第2版。

来营造经济繁荣的假象，并获得各种利益。从1945年北平市政府《增加岁入明细表》中可见一斑：当时日伪即将灭亡，但即便如此，其对娼业依然采取照顾的政策：如游兴捐原计划八百万元，新预算增加了3.75倍，而同期的烟酒牌照税等增加了9倍。[1]这反映了娼业的发展与日伪政权的依存关系。由于日伪允许、强化押账制，导致了一个不争的事实：在沦陷时期，妓女想摆脱为妓的困境，过正常的生活已不可能。为了说明这一点，不妨引用伪报中的一个例子来说明。陈容璧，年22岁，江苏无锡人，姿容不恶，性亦温柔，因受环境之压迫落水为娼，"并非衷心所愿"。后结识了一位年轻的后生许振祺。两人"情极相投，陈便将终身许之。振祺亦表示赞成。惟当时因感经济之拮据，故难如愿。致陈妓因为大憾，婉求许设法，终因无法脱籍"。最后二人殉情吞毒而死。[2]"在天愿为比翼鸟，在地愿为连理枝"，反映了古时候人们为了爱情，不惜牺牲自己生命的豪情。而沦陷时期，有情人亦难成眷属。不合理的日伪殖民统治使民众生活跌入了人性的低谷。这就是日本侵华给民众带来的罪恶的缩影。

第二，娼妓面临各种恶势力的欺压，成为整个社会真正的弃儿。一是她们是妓院盘剥、敲诈的对象。因为妓院与妓女本质上是一个矛盾的对立体。妓院是基于发财的欲望而建立起来的。在妓院老板看来，妓女，特别是卖身抵押的妓女更应成为其敲诈的对象。"开设妓院的老板往往是社会上的地痞流氓，他们心狠手辣，与管界地面上的军警、特务有特殊关系。他们交结人口贩子，买卖良家妇女。"[3]这一点，在沦陷时期更为明显。二是妓女成为伪政权保护不利的对象。妓女是社会的弱势群体，本应成为保护的对象。但女性不是权利主体，只是义务主体。看看伪天津市政府颁布的《管理妓女规则》，我们就知道妓女的所谓权利是极为微弱且极不切实的。正是因为如此，拐骗、拐卖妇女的行为，甚至直接将女性卖入娼寮的行为时有发生，对于上述行为，日伪往往按侵害妇女自由罪处理。如李玉珍，河南人，被其同乡贾马氏诱骗来京，后贾将其卖到下处为娼。定期

---

[1]北京市档案馆：《民国时期北平市工商税收》，中国档案出版社，1998年版，第1286页。
[2]《游客妓女相结情深，携手同归于尽》，《新民报晚刊》1939年5月17日，第3版。
[3]阿南：《旧北京八大胡同》，选自《民国青楼秘史》，中国文史出版社，2012年版，第6页。

五年，得洋250元，立有字据，已有四月，但并未上捐——也就是说没有"合法化"。后李向警察报案，涉案妓女玉琳闻风逃避。最后，他们只是以妨害自由罪追究。①从该案来看，贾马氏等实质侵害的不仅是李氏的人身自由，更重要还有女性的性自由权。当然，还涉及其人格的尊严。可见，其侵害的是以性自由权为核心的多种权利，是一种极为严重的犯罪。而伪政权仅以妨害自由罪来处罚侵害者，很明显是一种对被害妇女不利的渎职行为。至于强住、霸占妓女之事实在太多。笔者不一一细说。

第三，伪职人员对妓女的摧残与掠夺。笔者在此重点介绍当时轰动一时的庞织文等舞弊案。由于当时物价飞涨，日伪监控不严等，妓女们常成为伪职人员敲诈勒索的对象。如重要的节日，妓院乃至妓女本人都要向伪警察等朝贡。按《修正北京特别市妓女检治事务所检治规则》规定：任何妓女每周要缴费检验一次，且检验分：一、全身检验；二、局部检验；三、细菌检验等。凡妓女患有性病者，该所强制其治疗，住所规则另定之。前项患有传染性疾病之妓女经本所治疗后认为无住房之必要者，得令其停止留客②等。很明显，妓女检治是一个非常复杂，涉及各方面关系，费时、费力，且直接影响到妓女本身的经济利益，甚至影响到个人前程的一个重要行为。那么，要时刻保证其营业的连续性、"效用"性，唯一的办法是使妓女的检治工作形式化，而非"实质化"。因为实质化是一种真正意义上的确保人肉市场的"健康"的行为。但问题是无论从妓女本身来看，还是从伪职人员自身的利益来看，真正地"实质化"对两者都是不利的。因为它意味着部分妓女将失去"工作"的机会，甚至失去更多的金钱。而对一个疾病缠身、经济十分困窘又得时刻准备着任由他人来摧残、蹂躏自己的懦弱卑微的妓女来说，那无疑是极为可怕的。从伪职人员来看，真正地"实质化"意味着投入的增加、灰色收入的减少，这一点在百物昂贵的当时，也是很难持久的。那么，唯一的办法就是检治工作的"形式化"——既可暂时

---

① 《外二区警署关于妓女李玉珍被刘殿臣等诱骗，不愿为娼一案的呈》，档号：J181-23-4806，1939年，北京市档案馆藏。

② 《京警察局关于修正妓女检治事务所规则的训令》，档号：J181-22-4923，1939年10月，北京市档案馆藏。

保留妓女的饭碗，又可实现权力的商品化。为此，张文元等供称："各妓女惧检验及扣留住院，以出运动费交伊等转交佟学元……即可办到免检、免扣，或早为出院……并各妓院多数每到年节均有馈赠。"①总之，该案是由伪警察、伪卫生行政部门积极组织，由众警务、医疗人员参与的勒索、敲诈妓女的严重的刑事犯罪案件。总计赃款3万多元，大部分归检治所所长石某占有，其分奖庞织文等人数千元，或数百元不等，"名为津贴，实系酬劳"。后石某畏罪自杀，庞织文等被伪检察署以受贿罪、违背职务行为罪、诈欺罪起诉。该案充分反映了在日伪的统治下，本已是最下层的妓女，其政治地位更是陷入了极为悲惨的窘境。

对于该案的发生，庞织文曾为自己辩护说："我们奉上帝的使命来救济苍生，保护贫苦，在自己可能范围内解除人家的痛苦……我们在人间是受事实及肉体的裁判。将来我们还要去见上帝，受最后的裁判，到了那时，方是良心的裁判。现在方明白法律是公正的……当此虐政之下，除此之外，别无两全之法。"②总之，在庞某等看来，在日伪的殖民统治下，他们为了自己活命，不得不牺牲那些无权无势的弱类。

二、娼妓业的泛滥使部分民众养成了卑劣的价值观

价值观是人们在长期生活实践中逐步形成的对经济、政治、道德、金钱等所持有的态度。价值观是人们在一定的历史发展过程中逐步形成的，反过来，又直接影响人民的生活方式与人生态度。长久以来，北平一直是中国的政治中心，再加上清朝统治者推行严酷的民族压迫政策，明令满族旗民不得从事生产劳动。这样导致了一个必然的结果——部分民众养成了好逸恶劳的习气，他们不愿靠自己勤劳的双手去创造美好的明天。反而希望过一种衣来伸手、饭来张口的寄生生活。这种心理不仅在部分女性身上

---

① 《关于妓女检治所庞织文等舞弊案一案的指令》，档号：J181-23-21639（七），北京市档案馆藏。

② 《关于妓女检治所庞织文等舞弊案一案的指令》，档号：J181-23-21639（七），北京市档案馆藏。

有所反映，即便在部分男性中也存在着。当时，尽管已是战乱年代，但不少家庭，特别是中上流家庭，仍不希望自己的儿女们谋取正常的生活。有的甚至以为为娼的收入远高于其他行业，因此，宁愿自己的女儿，甚至妻子从事这种肮脏的职业。"从事卖淫业，日子过得风光舒适，对邻近乡村中窘迫度日的劳动妇女着实很有吸引力"。①而从李淑英等120名妓女年龄统计中得知：这些妓女平均年龄为21.5岁，最大年龄为28岁，最小年龄为14岁。2/3已为妓五年以上。②很明显，部分女性是基于不劳而获的寄生心理而从事该行业的。

三、娼妓业的泛滥使北平面临性病猖獗的困境

可以说，娼妓业的核心内容是以违反传统家庭伦理道德、违背善良风俗为前提的不正常的男女性行为为表现的。在医学条件极为简陋，甚至极为落后的沦陷时期，其必然的结果就是性病的急剧传播。尽管早期，日伪也采取了一些措施来防止它的传播，但娼妓业泛滥的必然结果则促进了它的滋长与传播。再加上妓女检治流于形式，性病进一步地疯狂传播，危害到大众的健康生活。为此，有识之士呼吁要认识到妓女检治的重要性。"妓女检治是社会上一件极为重要的事情，直接是及于妓女本身，间接地却是不知及于多少的其他的人，这种工作，不但关系妓女本身的健康问题，而且密切联系大众的身体健康和间接影响着民族种子遗传的健康及一切事业。"③总之，妓女检治刻不容缓。但当时的日伪政权会不会真正地关心妓女的健康，进而关心民族的前途呢？很明显，这是不可能的。在社会环境急剧恶化的沦陷时期，有权有势的伪政权上层哪有心思去管这些？日寇的目的是要使华北，乃至整个中国殖民化，它哪有闲心去管那些最下层的妓女，更不用说中华民族的未来了！

---

①贺萧：《危险的愉悦：20世纪上海的娼妓问题与现代性》，韩敏中，盛宁，译，江苏人民出版社，2003年版，第208页。

②《北平妓女销证后住址表》，档号：J183-2-12742，1946年，北京市档案馆藏。

③《妓女检治：关联民族与种子等健康》，《新民报晚刊》1938年10月12日，第3版。

四、传统的家庭关系面临严重的挑战

娼妓业的发展从某种程度来看是一种历史的传承，但在沦陷时期又有其特殊的原因——那就是社会生态环境的急剧恶化。娼妓的产生与私有制的兴起，特别是男子地位的极大提高是分不开的。它的本质是女性边缘化的产物。娼妓群体的增加，其结果必然是对家庭婚姻关系的稳定产生极大冲击。如邱辅卿的侄女已24岁，自幼在邱家寄养。成年后，邱将其许配给赵金荣为妻，过门后，夫妻感情颇洽，后因赵赋闲无事，便由邱某代谋得花市管账一职，所得尚堪维持生活。"乃赵某因经手有钱，竟私行动支，在外面结识暗娼，致家于不顾"，为此，夫妻常争吵不休。后邱氏"果将赵某抓获。时邱氏将屋内桌子、什物等一并捣毁，且将暗娼于氏殴伤，赵与妻厮打一处，结果各负有伤"。最后，经人报警，将他们扭送分局讯办。[①]

像这种因夫奸上私娼、最后闹得满城风雨的事情在当时来说是很多的，以至于伪报供认：近来社会风气恶劣，"奸度之风甚烈"[②]，家庭关系恶化，社会日趋分裂。

---

①《邱某爱上了暗娼，发妻兴师问罪》，《新民报晚刊》1940年2月15日，第4版。
②《社会风气日劣》，《新民报晚刊》1941年2月5日，第4版。

第五章　沦陷时期北平社会的自杀问题

第一节　沦陷时期北平社会自杀问题的成因分析

对于北平沦陷时期市民的自杀问题，目前学术界几乎没有进行过深入细致的研究。自杀是对一般民众通过自己的行为结束自己生命的活动的总称。它并不是犯罪，而是一种有负于亲人的自私行为，但若有充分的理由，人们也会对其赞美和褒奖。因为儒家文化强调道德的重要性，因此，古代有杀身成仁、舍生取义之说。问题是人的生命只有一次，正因为这样，一般的民众不会轻易地结束自己宝贵的生命。可是，日伪统治时期，特别是下层民众似乎对自己生命的爱惜度令人唏嘘——自杀的行为时有发生。

翻开日伪的报纸，关于自杀的报道俯拾皆是。有不能正常做生意自杀的，有因生活所迫自杀的，有交不起房租自杀的。甚至还有迫妻卖淫而妻不从，最后妻杀夫后自杀的。总之，自杀的原因、动机、目的千奇百怪，但大部分都与生活有关。德外"住户刘永芬，宛平人，夙作小生理，近因天寒不能生理……坐吃山空，遂用小刀自杀抹颈"。[1]胡殿元，清河人，"月入二十余元，家中仅有其妻张氏，生活尚可维持"。年末胡被辞退，经济便感困难。胡便视妻之年貌为张树艳帜，望妻"操神女生涯"。张闻之极为愤怒，与胡某争吵，最后两人大打出手。结果胡某恼羞成怒，竟将张氏痛殴。后张氏企图回娘家被阻，为此，两口子争吵不休。后张氏用菜刀将胡某头部砍伤，血流如注。后张氏将自己咽喉抹伤，胡某死亡。[2]

---

[1]《老叟患贫，悬梁自尽》，《实报》1939年5月6日，第3版。
[2]《不甘操营贱业，杀夫自戕》，《新民报晚刊》1940年2月20日，第2版。

那么，该时期自杀问题产生的原因又是什么呢？心理学家认为，他们自杀的真正原因是心理扭力。"扭力，即不协调的压力，至少包括两种压力源或两种相对立的社会体验"。自杀个体经受特殊的心理压力。这种心理压力是由矛盾和相互竞争的压力形成。这种不协调的压力源：一是相对冲突的价值观；二是愿望与现实的不一致；三是相对剥夺；四是危机和应对危机技能的缺失。该理论可解释众多的自杀现象。[1]同样，它对分析北平当时的自杀问题成因有着重要的指导意义。

一、现实与愿望的矛盾

沦陷前夕，华北民众大多经济贫困，渴望过上好日子。而日军在侵华的过程中，曾扬言只针对抗日的国共两党，对一般民众是"保护"的，宣称所到之处皆成"王道乐土"。似乎日军的到来能给当地民众的生活带来好运——实际情况是日军的攻城略地导致家园毁于一旦，人民颠沛流离，苦不堪言。这样，现实与愿望之间产生极大的矛盾。

第一，脆弱的生存环境与严酷的现实之间的矛盾。人是生产者，又是消费者。作为生产者，他需要一定的生产资料、生产对象；作为消费者，则需要一定的消费资料作为消费的对象。近代以来，华北是一个资源相对紧缺，生态环境较为脆弱的地区。当时华北各地的土地又有多少？河北27县，熟地1936年为22574847.98市亩，荒地416850.78亩。河南69县6575934.72亩，熟地占86.25%，每县平均面积952970亩，山东49县熟地面积61506155.19亩，占80.02%，每县平均1255227.6亩。荒地面积每县3133913.40亩。[2]按当时低下的生产率，养活一个农民如果纯靠种地的话，至少需人均4—5亩地。很明显，土地量是绝对不够的。

而北平人口不断增加。其人口，1912年为725035人，到1927年增加到878811人。到1935年跃居150万人。[3]人口的剧增导致人均资源更少。如四

---

①张杰：《解读自杀》，中国人民大学出版社，2016年版，第22页。
②《土地分配问题报告大纲》，J224-1-50，1936年，北京市档案馆藏。
③《北京志·综合卷·人口志》，北京出版社，2004年版，第23页。

郊农户人口数485885，耕地面积283184亩，人均耕地仅0.62亩。[①]据1934年的调查，远郊的地稍多，如昌平，人均地2.7亩，人均粮才140公斤。[②]很明显，依靠种植很少的耕地是很难维持基本生活的。因此，当时农民纷纷离开农村。西郊挂甲屯从1920年至1943年，农村离村率高达47%。而大兴前高米店村离村率高达53.8%。很大部分直接流入北平市区。这种离村现象在日伪时期得到了一定的强化。随着华北的沦陷，日伪需要大量的劳力，这样，大批强制劳工被迫踏上离乡背井之途。如日本昭和10—13年，从华北入伪满的人数达1130505人。[③]

第二，休养生息的渴望与日伪严重盘剥的矛盾。那些还待在农村的农民面临着日伪极为沉重的剥削与压榨。如徐水县自耕农约30600户，耕地面积为156060亩。户均50.98亩，半自耕农3600户，耕地总面积51840亩。户均14.4亩。佃户1800户，耕地总面积8100亩，户均4.5亩。[④]该县农民生产工具简陋，而负担极重。"该县财政，计分省县之别，大部全恃田赋，及各项牙税之收入"，杂税计有牲畜税、屠宰税等二十余种。"唯各行牙税，向系无定，系每年包商投标包办，按月呈缴县署解省库，解省之款，为田赋、差徭杂税之收入。地方款之收入，名称既异，种类亦繁"。[⑤]由于苛杂多如牛毛，且极其沉重，民生极为艰难。这一点从伪新民会所做的调查中可见一斑。即使是地主阶级也处于经济崩溃的边缘。据统计，不足50亩的地主，年收支两抵，赢21元；50亩以上的地主亏193元；百亩以上的地主，年亏60元。不足50亩的自耕农，年亏20元……50亩以上的，年亏90元；百亩以上的年亏370元。[⑥]由于民穷财尽，导致下层农民几乎没有活路。

---

①《社会局关于北平四郊农村实况的调查表及对四郊合作社农业贷款的函件》，档号：J2-5-14，1946—1948年，北京市档案馆藏。

②王之彦：《昌平县粮食志》，北京出版社，1992年版，第105页。

③居之芬：《日本掠夺华北强制劳工档案史料集》，社会科学文献出版社，2003年版，第102页。

④中华民国新民会中央指导部：《河北徐水县事情调查》，1938年11月，第24页。

⑤中华民国新民会中央指导部：《河北徐水县事情调查》，1938年11月，第60页。

⑥中华民国新民会中央指导部：《河北徐水县事情调查》，1938年11月，第45—47页。

　　第三，日伪的救灾政策之乏力。该时期，自然灾害频繁，有蝗灾、冻灾等名目。可以说，无年不灾，无处不灾，无日不灾。灾难的频繁化、严重化致使民众求生之难，难于上青天。那么，面对严重的自然灾害，口口声声称可以让沦陷区的民众步入"王道乐土"的日伪政权，又是如何对待灾民的呢？

　　1939年8月，河北省全境和豫北、鲁西的水灾，是20世纪前半期华北最大的一次自然灾害，也是1801年以来最大的一次洪水……当时水灾、旱灾和蝗灾等轮番出现，甚至数灾肆虐。每次灾荒，破坏性都极大，均造成田禾被毁，庐舍为空，民间财富荡然无存，哀鸿遍野，饿殍枕藉的局面。而1939年的灾害被称为"百年仅有的水灾"。这次灾害之所以发生，是因为太行山地区下了十多天暴雨，山洪暴发，河水猛涨，河北全境处于各河下游，必然遭灾。河北、豫北各地自7月起一连三四十天，阴雨不断，灾情扩大。冀中的35个县"共计淹田153852顷，被灾村庄6752村，被冲房屋168904间，损失16000余万元，现无衣无食之民众已有1912800名，且逐日增多"。（《大公报》，1939年9月14日）冀南50多县，被灾范围更广，如"隆平被淹十分之九，清河被淹五分之四……水势浩大，后落无期，灾民之目前生活，濒于极端危急"。（《新华日报》华北版，1939年8月27日）……水灾并不限于河北，豫北的安阳等县……各河决口，秋禾尽淹。"山东夏潦秋旱，风雹虫蝗，相继成灾……总之，灾区之广，灾情之重，前所未有。据以上各县灾区统计，灾民共有130余万"。（《新华日报》，1940年4月30日）洪水殃及华北最大的城市——北平。"北平与保定之间，完全成一大湖，淹没县城达14县"。（《申报》，1939年9月2日）以至于《申报》曾以醒目标题报道了水患的广泛和严重性："冀鲁豫等地，几成一片泽国，80年来仅见之灾情，无家可归者数百万人。"（《申报》，1939年9月2日）

　　灾难导致物价飞涨。8月中旬，大米每包已达38元，面粉每袋8.5元。8月底大米售到40余元，面粉达10元以上……芝麻油每斤1.6元，豆酱酱油每斤0.3元，韭菜每斤0.3元，煤球每元35斤；蜡烛每包1元，零售更贵。由于灾荒连年，物价飞涨，导致浙江公墓土埝上的难民三四百者，多以树皮为生。天津一地淹死人数1万以上。8月24日，灾民人数达53万人，含天津周边避难者达58万人之多。（《盛京时报》，1939年8月26日）24日以后，灾民总数达到65万。中国人民的生命财产损失是巨大的。华北日方的态度又是如何呢？一是名为救灾，实为掠夺劳工。日伪于8月成立了职业介绍所，以微小的安家费骗取困苦的灾民到伪满洲劳工协会等处去做工，以增加日本征服中国的军事力量。伪蒙疆政府也计划前来招10万苦力。日军在河北许多县份设立了招募处。在隆平凡招募1人，发伪钞18元。二是建立皇协新军，于10月在华北各地招募青壮年，其中在北平及附近各县招募3300名，天津及附近各县招募1650名……规定上等兵18元、一等兵16.5元、二等兵15元。（《津市警察三日刊》，第192页，1939年10月）[1]但事实证明：日军名为赈济，实别有用心。一心要灭亡中国的侵略者，是不可能真有慈善心肠的。三是日伪在灾民的救济上投入极少。如1941年北京市政府预算总收入18861046.58元，其中救济费194286.19元，乞丐收容所经费59387.20元，两者总共253673.19元，占总预算的1.25%。北京贫民救济会是一个由日伪参与的公益性的慈善团体。该团体实质上在事变前就已存在。那么，1941年该团体拥有的经费是多少呢？1940年余款298元，该年新收14434.520元，支出13506.520元，结存1226.21元。月米款：上年结存929.8元，本年新收8934.200元，本年支出9864.00元；股票3992元，基金7000元，月米：城郊各区3519户人得357.56石米。[2]这些数据表明：日伪对救灾工作不重视。四是对救灾工作横加干涉。基于治安第一主义的思想，日伪对参与救灾的民众及组织，采取不友好的态度，极力干涉、阻挠其救灾工作。募捐必先得到日伪许可，"对收支情形及所筹款项数目、用途分别开列呈报社会局、警察局核查"。[3]且须在伪社会局登记已满一年以上，如已募捐了，就不能再募。否则，将受严惩。这充分反映了日伪对救

---

①上两段文字出自魏宏运的《1939年华北大水灾述评》，《史学月刊》1998年第5期，第94—100页。笔者为了简化内容，适当地予以修改。

②《北京贫民救济会征信录》，档号：J14–23–464，1941年6月，北京市档案馆藏。

③《市警察局关于慈善团体等限制办法、新土地租用填照办法、修正营业税征收章程等的训令》，档号：J184–2–820，1942年5月，北京市档案馆藏。

灾的不重视、不放心的心理。总之，在那个特殊时代，救灾尽管是社会的急需，却不是一种易开展的工作。

上述种种原因使沦陷区民众对日伪产生了普遍的失望情绪。这种愿望与现实之间的矛盾客观上也是民众自杀率增加的原因之一。"国族对于天灾，负有赈救之义务，中国自昔多天灾也。故救灾之组织及效率，以实际需要而累积经验而成绩斐然也……独此次河北灾区灾黎，未能受惠，岂国民政府弃其子民，坐视祸患，其他省同胞漠冷坐视，不予援手？非也。形格势禁也"。为什么呢？首先，灾区"原非富厚，何况迭经蹂躏，乱离流之，百业停废，生机枯竭，将何以赈灾？傀儡之流，丧心病狂，志在剥削，鱼肉乡里之不暇，岂顾饥溺？日本作战两年，国力垂竭，对于军事占领区域，方期竭泽而渔，奢望以战养战，亟彼所亟，讵有所恤"，[①]总之，幻想依靠日伪去救灾，那是与虎谋皮，唯一的办法就是从日寇手中收复河山，进而依靠自己的力量解决问题。

二、应对危机的能力弱：就业难，待遇极低而生活成本日高

20世纪30—40年代的华北，无论农村还是城市都面临就业难的问题。再加上额外的负担加重，导致大批农民破产。据金陵大学农业经济系的调查，1934—1935年度河南省的负债率占66%。其中自耕农、半自耕农、佃农的负债率分别占62%、66%、71%。[②]破产的农民纷纷离开农村。1934年天津《益世报》报道：河北正定"数年之前，农民终岁耕作，除纳租税外，生活绰有余裕"。由于税捐沉重导致了农民破产。"降至今日，少壮男丁，在乡间无法生活者，多散至四方，以谋糊口"。[③]北平是一个工业并不发达的消费性城市，国都南迁后，更是如此。其工商业不能与上海等地相比。到1931年，人口近150万，工厂数及

---

①《河北之灾》（社评），《申报》1939年9月16日，第4版。
②朱汉国，王印焕：《华北农村的社会问题》（1928—1937），北京师范大学出版社，2005年版，第21页。
③天津《益世报》1934年5月20日，第4版。

工业生产水平未能按比例增加。1931年，在各业供职者仅483745人，其中女性27525人，占5.8%。①据吴铁城的介绍，"1930年北平失业者40万人之多"。②失业者是指有能力且有意愿为报酬找工作却找不到工作的人。当时，即使是受了高等教育，也不一定能找到工作。日伪时期，就更不用说了。如1940—1943年伪教育总署所辖各校毕业生共1811人，其中从政的226人，从事学术的524人，从商的77人，务工的132人，从医的135人，务农的43人，继续学习的6人，其他的134人，赋闲的200人，不详的334人。③也就是说，即使是接受了高等教育，也很难找到工作。原因是当时很多民族工商业破产，且同时日籍人士不断增多，霸占了很多重要岗位。1936年在北平的日侨891人，其从业情况如下：从事矿业者4人，工业者26人，商业122人，交通运输业23人，公务28人，自由职业70人，人事服务业22人，其他385人，无业212人。④事变后，来平日人骤增。1937年7月，约4000人。占领华北后，日本广田内阁通过了《二十年百万户移住计划案》，并将其作为日本七大国策之一。这样，导致来华北的日人骤增。1940年1月增至46000人，7月增至67400人，占平市人口的22%。⑤沦陷后，他们利用军方的保护政策，"强占场地、资源开设工厂"。从1938年10月至1939年1月，共有90家商店登记营业。至1940年6月底，日籍商店发展到2206家，从业日人2.5万个以上。1941年，日籍商店增加到4024家。与此同时，日侨职业分布甚广，扩展到各个行业。⑥由于异族统治占主导地位，本土经济萎靡不振，因此，土生土长的北平人就业更难了。失业人数不断增加，1937年2月6784人，3月6887人……8

①魏树东：《北平市财政局实习报告》，成文出版社，1977年版，第89925页。
②吴铁城：《繁荣北平之我见》，《华北日报》1930年1月30日，第4版。
③《教育总署直辖各院校最近三年毕业生就业状况比较表》，《教育时报》1943年第14期，第5页。
④北平市政府公安局：《北平市日侨职业统计表》，选自北平市政府秘书处第一科统计股编：《北平市统计览要》，1936年。
⑤谭炳训：《日伪统治时期华北都市建设概况》，《北京档案史料》1999年第4期，新华出版社，1999年版，第12页。
⑥米卫娜：《日伪时期北平市日侨职业问题探析》，《北京社会科学》2010年第5期，第94—99页。

月27257人，9月28454人，10月29356人。[①]到1944年10月，该群体扩大到1190407人，占全市总人口的半数以上。[②]失业或无业率的居高不下，结果必然是生活没有来源的人众多。一般民众，特别是失业的民众往往处于一种极端恐慌、无奈、无助的压抑状况，根本不可能应对各种危机。

三、相对剥夺：经济掠夺使民众的生活雪上加霜

相对剥夺是当个人将自己的处境与其参照群体中的人相比较并发现自己处于劣势时，就会觉得自己受到了剥夺。这种剥夺因人们不是与某一绝对的或永恒的标准相比，而是与某一变量相比，因此这种剥夺是相对的。那么，在本书中，就是华北民众相对于日本侨民等，感觉到他们自己被掠夺的状况。这种状况往往造成多种后果，其中包括压抑、自卑，引起集体的暴力行动，甚至革命。日伪为了以战养战，在华北沦陷区疯狂地推行经济掠夺政策。其方式有金融的掠夺、资源的掠夺等。近代中国是一个农业国，农民与土地有着极为密切的关系。为此，土地的占有与利用对于他们有着特殊的意义。再加上以往的抗战史研究多侧重于物资等的掠夺上，而对土地的掠夺论述不多，且北京是当时华北的中心。当时北平近郊附近的农民往往成为日伪土地掠夺政策的牺牲品。1940年11月，伪政权勾结日华北驻屯军岗村部强买北平附近民众的土地为日居留民建新城区，致使胡树德等103户农民失去衣食来源，房屋被毁、家破人亡。事后5年，受害人集体向当时的北平市长熊斌请愿，请求政府给予他们必要的补偿，而北平市政府却不予以解决。为此，他们怨气冲天。

抗战结束后，宛平县农民胡树德等，以"田产、房屋被敌伪强行施行征用，恳请恩准发还，并饬豁免租税，以维民命"。在他们看来，鉴于抗战已结束的事实，请求政府将未建筑之地，仍准原业主承租耕种。村民

除了种地，别无长技，所领地价几乎消耗殆尽。更兼租税负担奇重，原本他们以为既然日本已投降了，且"政府明令豁免田赋，及发还日伪强占产业"，好日子马上就要来了。"不料田产还未发还，租税亦未全免，并迭奉工务局催告，限期缴纳"。为此，他们只好联名恳请北平市政府，解决历史遗留问题，保其生路。[1]

四、价值观的冲突

价值观，是指一个民族在长期的历史发展过程中逐步形成的对客观事物的意义、重要性的惯性的评价标准和看法。我国的传统价值观，主要有：一是自强不息的奋斗精神；二是知行合一观；三是重视人的精神生活；四是爱国主义精神；五是追求真理，勇于奉献的精神等。那么，为了搞垮沦陷区民众传统的价值观，"敌伪宣传无孔不入"。[2]日伪通过各种方式宣传其奴化思想：第一，丑化中华民族。为了凸显大和民族的"优越"性，极力"展示"中华民族的"卑劣"性。[3]胡说，中国人爱财如命，没有创造性，是卑劣之民族。只注重个人利益，不注重国家利益，毫无牺牲自我的意识。自古以来，中华民族都是敢于开拓进取，富有创造、奉献精神，能做到知行合一的，他们才是中华民族的脊梁。日方之所以对其视而不见，极力要夸大它的弱点，其险恶的动机是迫使沦陷区的民众甘心任其摆布。第二，兜售媚日观。媚日观就是向民众兜售其对日的奉承巴结思想。美化日本的侵华战争。胡说，它不是侵略之战，而是使中国"发展"之战。[4]第三，诡辩日与英美之战是为了解放东亚。鉴于当时的远东处于一种以英美为主导的格局，日本叫嚷要"挽回被牺牲的地位"，建

①《北平市工务局关于西郊新市区农民代表请发还日寇强占土地，豁免租粮及有关事项的签呈、批文以及密令等》，档号：J017-001-03179，1946年，北京市档案馆藏。

②忻知选辑：《沦陷区国民教育实施问题讨论会记录》（1940.3.18），选自《民国档案》2007年第3期，第47—50页。

③北京市档案馆：《北京档案史料》，新华出版社，2005年版，第20—21页。

④水岛治男：《华北政治思想运动之新阶段》，《新民报晚刊》1941年2月5日，第2版。

立以日本为中心的秩序。[1]第四，夸耀日军战斗力的"威武"、伪造"和谐"的军民关系。它不厌其烦地宣扬日军战斗力的强大，以瓦解中国民众之抗战精神。由于日伪的宣传"无微不至""无孔不入"，而一般民众又处于一种相对封闭、倍受压抑的状况。为此，部分民众价值观出现了严重的偏差：感到抗战前途渺茫，对国家、个人的前途失去了信心，而又不愿与日伪同流合污，且又有受到迫害之可能。而其生活水平又大不如前，因而其内心处于一种极端恐慌、痛苦、压抑、无助、迷茫之境。按精神病学的解释，人的愿望扭力产生后，人往往易于形成精神障碍。而精神障碍就可能产生抑郁症及自杀行为。

第二节　沦陷时期北平自杀现象的特点分析

一、经济原因是最重要的原因

沦陷时期，北平民众的自杀现象呈鲜明的时代特点。其表现在哪些方面呢？笔者认为，要很好地解决这一问题，不能不与沦陷前夕进行适当的对比研究。从自杀原因来看，沦陷前夕，家庭关系的不和是最重要的原因，经济原因、感情不顺、失业、失学等也是引起自杀的重要原因。"北平民众的自杀率高，第一位的原因是家庭纠纷。生计困难次之，疾病又次之。自杀年龄以20—29岁为最多。30—39岁又次之，自杀者之职业，以无业者为最多，农业次之，人事服务与工业又次之，各都市之自杀，又以北平为最多。青岛次之，广州又次之"。[2]也就说，沦陷前夕，北平的自杀率在全国主要大城市中处于最高的位置。高居第一位的原因是家庭纠纷，其次才是经济原因。

沦陷后，经济原因成为第一位。该时期，一般民众的生存环境发生了极大的变化：失业者众、就业的艰难、生活程度的日高……使一般民众不

---

①林文龙：《旧秩序之真相与其欺骗手段》，《教育时报》1941年第3卷，第3页。
②《民国二十一年各省市警政概况》，《申报》1935年60周年纪念刊，第103页。

堪重压，走向自杀。"贵莲班妓女麦秖青，年十九岁，貌颇清秀，近结识一客欲从良，甚为其父之不满……秖青气愤，竟萌不生之念"。[1]沈保全本无业。其女桂云，年十八岁，曾许给李殿庚为妻，于过门后未及两个月便因故离异，该氏仍行归宁，本望"自行择配，唯因无相当之人家，且因家中生计颇为窘迫，致经乃父之规劝，遂落水为娼……忧贫相迫，竟萌不生之念"。[2]在当时，因经济的窘迫、社会的黑暗而自杀的比比皆是。据统计，1944年1月，自杀人数916人，死亡644人，其中因生计困难自杀的475人，家庭纠纷103人；失业14人，营业失败9人，疾病49人，其他原因85人；服毒自杀222人，自缢260人，投水34人，自戕35人，其他方法58人。[3]

二、自杀的人数越来越多，遍及各行各业

1935年北平自杀人数547人，平均每月近50人，死亡率高，达45%。[4]1937年7—12月，自杀人数为244人，平均每月40人，[5]后由于物价不断攀升，而收入又极有限。"委任官（120元月薪）需每月入6000元，雇员（50元月薪）需每月入2500元，方能维持最基本的生活"。"以增长2—4倍的收入，过着物价增加50倍以上的生活，该是如何的苦？"[6]由于入不敷出，很多公务员只能靠不断地节约以求维持最基本的生存，更多的人甚至押当衣服、物品等，以求解一时之困。而一般民众就更难了。为此，自杀的人也就愈来愈多了。1942年3月12日，伪《实报》报道："日来本市发现自杀者甚多，而死者为大多数因生计困难，安定门外东城根地方，向为偏僻之所，时有自杀者发现。"1943年入冬后，北平因冻饿而死

---

① 《妓女昨日饮药》，《实报》1937年12月23日，第2版。
② 《神女贫病交迫，投环遇救》，《新民报晚刊》1939年3月12日，第2版。
③ 《北京特别市自杀月报表》，档号：J181-22-18406，1944年1月，北京市档案馆藏。
④ 《北平市自杀统计表》，1935年度，选自《北平市统计览要》，第68页。
⑤ 《北京特别市公署警察局施政统计表》，档号：ZQ12-2-279，1937年下半年，北京市档案馆藏。
⑥ 《小公务员的生活》，《华北新报》1944年7月9日，第3版。

的市民平均每天在300人以上。华北伪政权的"都城"成为饥饿的世界，一些伪报也忍不住发出呼吁"救救濒死的人们"。[①]

表5-1　1942年自杀人数职业统计表

月份＼业别	农业	工业	商业	公务	自由职业	人事服务	失业	无业	未详	合计
1										
2	5	12	6	2	3	3	21	17	2	
3										
4										
5	2	2	1	1	2	2	17	18	7	
6	2	3	2	1		3	11	27	13	
7	3	2	1	1	2	3	21	21	8	
8	2	5	1	2	2	3	20	26	10	
9	9	2	2	2	3		20	12	13	
10										
11	1	1	2	4	1	1	7	30	13	
12										
合计										

　　资料来源：《北京特别市公署警察局关于民国三十一年十一月自杀统计调查表》，档号：J181-22-14482，1942年11月；《北京特别市公署警察局关于报送民国三十一年二月份自杀统计调查表的呈》，档号：J181-22-14477，1942年2月；《北京特别市公署警察局关于民国三十一年八月份自杀统计调查表的呈》，档号：J181-22-14476，1942年8月；北京市档案馆藏。

三、自杀者呈现年龄偏小的趋势

　　由于生活环境的严重恶化，自杀者年轻化的趋势日趋明显——30岁以下自杀的人数量急剧增加。如1941年2月，自杀者共45人，其中30岁以下的占30%。1942年8月，自杀人数62人，其中30岁以下的占43.5%，60岁以

　　①郭贵儒，等：《华北伪政权史稿》，社会科学文献出版社，2007年版，第365页。

上的占11.2%。同年9月，自杀人数为65人，30岁以下的占40%，60岁以上的占16%。大量年轻人自杀反映了当时民众，特别是一般下层社会的年轻人面临着沉重的心理压力、精神压力及经济压力，作为弱势群体的他们认为，自杀是脱离现实苦难的唯一，甚至是最好的办法。

四、自杀方式多种多样，呈现出鲜明的时代特点

当时，人们选择的自杀方式有自缢、投河、自刭等多种方式。但更为普遍的是吸毒自杀。吸毒自杀是那个特殊时代毒品犯罪"合法化"的必然产物。而在沦陷时期更是郁闷、悲观的民众在面对疾病、面对各种窘境的一种超脱现实苦难的极快的方式，1939年3月，该市死亡人数2305人，其中"仍以未经治疗者为多，此项未经治疗者，又以服成药者占最多数，市民患病，往往妄服成药，以致殒命"。[1]这里所说的"成药"主要是指以鸦片为主的毒品。由于在那个时代，鸦片等毒品常被当作一种"药品"来使用的，一般民众并没有深刻地认识到其危害性，且又不能支付高昂的医药费，因此很多民众长期服毒，以缓解病情。

第三节　日伪对自杀问题的放纵态度

日伪对自杀问题的态度主要是指日伪政权在目击民众自杀越来越多的情况下采取了什么样的方式来防范、遏制该行为的发生。本质上自杀者愈来愈多是生存环境日益恶化的必然产物，甚至可以说是日伪殖民统治的必然结果。那么，面对自杀者越来越多的现实，日伪又有什么对策呢？

首先，除了承认环境的急剧恶化外，华北日伪也象征性给予了赈济。如1940年冬赈"施放棉衣：（甲）赈衣数量，上年存数1700套，本年新制6000套，合计7700套。（乙）发放7474套，结存226套。费用：赈衣费

---

[1]《卫生局三月份统计：本市死亡人数以妄服成药者居多》，《新民报晚刊》1939年5月19日，第2版。

18780元，……合计19157.8元……发赈款9708元，人均6元"。①其次，在民众的疾呼下，汪伪也给予了象征性的救济。当时，河北旅京同乡会理事刘松琴曾给汪伪社会福利部写信，称：近来平津两特别市居民，"倒毙街头者日有多起"。虽经设法筹办粥厂，施放粥食，但厂数有限，饥民众多，自未能遍沾恩惠，且各该粥厂经费系由劝募而来，亦恐难以持久。因而望伪福利部能"俯赐急赈，拯斯黎民，则被泽者，当衔环结草图报生死骨肉之德，而旅京河北乡人亦必镂心刻骨，永感天高地厚之恩也"。后汪伪在民众的苦求下拨联银券五万元，"充平津及河北一带急赈款，交由地方团体妥慎施放"。②再次，动员所在单位补助。张维是汽车票服务处的一名实习生，因生活所迫，跳北海自尽——其父失业，家无收入。后经警士捞起，施人工呼吸，勉强保住了性命。考虑到"其行虽愚，其情可怜……现在就医治疗，神志不清……在在需款，而家境贫寒，难以为继……敬请钧局附念下情，赐予补助"。③后所在单位补助药费50元，以缓解其经济的困难。

总之，日伪的救助是极为有限的。它表明：依靠这样一个卖身求荣的伪政权来解决民生问题是不可能的。民众的生死对他们来说是无足轻重的，更不用说其他了。据伪《庸报》报道："就现在农民之负担而言，据鄙人所得之确实资料，较事变前已增加至二三十倍，每亩至少亦有三四十元，又因种种贼匪与官匪亦在内之横行，农民虽劳动亦难有收获。"④总之，民众没有活路，只能一死了之。

①《二十九年冬赈结束》，《新民报晚刊》1941年2月26日，第2版。
②中国第二历史档案馆：《汪伪政府行政院会议记录》第19卷，档案出版社，1992年版，第133页。
③《北京特别市公用管理局公共汽车处关于救济工人生活困难及人事提升调动的签呈、通知》，档号：J008-001-00096，1943年11月1日，北京市档案馆藏。
④陈静：《沦陷期北平的农村经济》，《北京党史》2002年第4期，第15—19页。

第六章　沦陷时期北平的社会治安问题

第一节　沦陷前夕北平社会治安概况

一、社会治安问题的概念

社会治安是指社会在一定的法律、法规及制度等约束下呈现的安定、有序的状况或状态。社会治安问题是影响社会安定的各种矛盾、因素。在沦陷时期，旧有的社会秩序已被彻底破坏，以日伪为中心的社会秩序尽管建立起来了，但还没有处于稳固的地位，且各种矛盾极为尖锐，社会不稳定因素急剧增加，因此，社会的安定、有序状况被破坏了。

二、研究沦陷时期北平社会治安问题的意义

1. 更为真实地反映那个特殊的时代

对于日伪的"合法"性问题，其建立之初，就有一种为其歌功颂德的呼声。如日军还没有占领北平等地之时，其御用文人就在报纸上为日军的占领行为摇旗呐喊，说他们的侵略将使沦陷区民众摆脱"党国"的"黑暗"统治，使华北等地进入"王道乐土"的"新"时代。那么，在日伪政权建立后，华北等地是不是真正的"乐土"呢？答案是否定的。分析、研究该时期的日伪政权所遗留下的各项案件统计表等发现，该时期北平等地在日伪政权建立之后才真正地陷入了混乱、黑暗、停滞的时代。

2. 改变目前对抗战史研究中的一些误解与偏见

目前，国内抗战史研究尽管已取得了不少的成绩，但对其研究依然有不少误解与偏见，主要停留在对日伪政权本身的研究上，很少研究日伪政

权统治下的社会生活样态，而社会治安问题本质上是社会生活样态在现实中的反映。

3. 切合近代史研究向社会史研究转变的态势

历史研究，特别是中国近代史研究，从对上层建筑、主导意识形态等的研究，向对一般民众生活的研究的过渡是目前抗战史研究走向深刻化的必然要求。而加强对北平沦陷区治安问题的研究实质上符合了这一态势。

因此，研究沦陷时期北平的治安实为必要。

三、沦陷前夕北平社会治安之分析

1. 经济上总体处于较贫困的阶段

北平在近代以来尽管是中国的政治中心，但商品经济发展水平，特别是民族工商业发展水平一直处于劣势地位。经济发展水平不高导致民众总体收入不高。20世纪20—30年代，社会学家曾对北平胡同社会进行了调查。如甘博以居住在北平的283户人家（汉人256户，满人23户，4户回族）为对象，通过对他们在1927—1928年这一年间所做的家计簿进行调查发现：月入50元以下的居民占全体居民的67%，不满25元的居民有41%。因为当时，维持最低生活水平要月入25元。也就是说，绝对贫困阶层超过了40%。而且这一低收入阶层多为北京出生的居民，相反，高收入阶层多为外地居民。[1]45%的居民家庭收入的50%以上用于食物支出。甚至有80%以上的家庭所得用于食物消费。家庭的基本单位不是大家族，而是一般由4—5人组成的核心家庭。富有家庭可拥有一座独立的四合院，且绝大多数月收入40元以下的贫困家庭，比如一个大的六口之家则只能住在四合院的一隅，一间房子供2—4人生活，也是极平常的事。[2]

2. 犯罪增长比人口增长更快

1920—1926年，北平第二监狱的犯罪人数从1112人上升到2478人（上

---

[1]黄兴涛，陈鹏：《民国北京研究精粹》，北京师范大学出版社，2016年版，第323页。
[2]黄兴涛，陈鹏：《民国北京研究精粹》，北京师范大学出版社，2016年版，第3234页。

述数字仅是司法机关判决的，不包括宣告缓刑及易科罚金的，以及违反《陆海军刑事条例》，由陆海军军政执法处判决的囚犯）。在7年中北平人口增加了20%，犯罪增长比人口增长更快，达6倍。①到1932年北平一地所发生的案件达8230件，其中鸦片案1477件，强盗案38件，盗窃案1665件，杀人伤害案198件，拐卖39件，其他3346件。②

1935年各类犯人总数6302人，其中伤害犯2678人，盗窃犯2275人，抢夺强盗及海盗罪61人。③以上数据表明，沧陷前夕，北平自然是一个社会矛盾众多，社会生态环境比较脆弱的地方。

3. 经济犯罪占极大的比例

按社会学家严景耀的估计，1926年北平每403人中，有一人犯罪。在所有的犯罪中，经济犯罪又占极大比例。如窃盗增加得最厉害，诈欺与侵占也占有很大的比例。伤害及奸淫并没增加。到1936年，这一现象依然没有从根本上得到改变。

4. 男性犯罪比例远高于女性

男性犯罪增加数要在136%以上，而女性在1921—1927年中时增时减，并没有一直增加的趋势。且在总犯罪人数中，男性占92%，女性仅占8%。原因：一是女性的生活绝大多数是男子供给，男子直接与社会发生关系，这样容易犯罪。二是生理关系的原因。女性不犯强奸等罪。因女子体质弱，不犯强盗罪。三是法律上占便宜。犯四等以下有期徒刑或拘役之宣告，有相当之条件可缓刑。④到南京国民政府时代，这一现象有没有变化呢？也没有很大的变化。如1935年整个的假预审人犯6302人，其中女性555人，占8.8%。这表明尽管过去了10年，但女性犯罪率依然远低于男性。⑤

---

①严景耀：《北京犯罪之社会分析》，选自李文海：《底边社会卷》，福建教育出版社，2005年版，第212—213页。

②《民国21年各省市公安局破获案件统计表》，《申报》六十周年纪念特刊，1935年上海《申报》年鉴发行社，第179页。

③《公安局假预审刑事犯统计表》1935年度，选自《北平市统计览要》。

④严景耀：《北京犯罪之社会分析》，选自李文海：《底边社会卷》，福建教育出版社，2005年版，第214页。

⑤《公安局假预审刑事犯统计表》1935年度，选自《北平市统计览要》。

第二节　沦陷时期北平社会治安的概况与特点

一、概况

这里将从研究者的角度出发，对沦陷时期北平社会治安状况进行一个高度的总结。那么，研读该时期各类资料会得到一个怎么样的结论呢？北平尽管是日伪的所谓核心地带，从本质上来看，社会极不稳定，犯罪等违法行为有着愈演愈烈的趋势。该时期，女性犯罪的数量较沦陷前夕有着明显的增加。沦陷区日伪统治的日益不稳定，必然加速日伪的最终覆亡。

二、沦陷期北平社会治安特点的分析

影响社会治安的因素众多，而使治安好转的关键因素在于真正的"德政"的实施，而它却又是日伪所缺乏的。当时的北平，乃至整个华北等地正是各种矛盾交织，特别是中日矛盾更为激烈之所在。除了有主张抗日的国共阵营外，还有游离于抗战主流之外的投降派势力，更有在他们中间不断徘徊、游离、变化的各种力量也在不断地消长中。此外，还有一般民众为了生存相互之间不得不进行的种种斗争与挣扎……这些社会势力内部也是有着种种矛盾的。如国民党内部在要不要抗日、要不要反共、要不要民主等关键问题上分歧很大。但是，当时北平社会的主要矛盾是民族矛盾。首先，北平等地的伪政权之所以能够建立起来，说白了就是日本侵略政策的产物，更是中日民族矛盾成为中国社会主要矛盾的标志之一。其次，华北日伪政权的建立导致了一个异族的政权处于独裁地位。正是这种独裁地位，才使华北民众的生活状况发生了很大的变化："优惠"日本人的就业政策导致了华北民众，特别是北平民众的就业渠道受到了致命的堵塞、断绝；而毒品统制等掠夺政策不仅使土生土长的华北民众失去了健康的体魄，失去了自己难得的财富，也使得他们失去了往日在清末以来难得的尊严与体面。伴随着日本移民政策的推行，大批远道而来的日本人（包括朝鲜人）等，成为冲击他们生

活秩序的凶锋与健将，他们及其帮凶成为摧残、掠夺、奴役、蹂躏这些土生土长的一般华北民众的最大的敌人。再次，即使是"优势"群体内依然存在的各种矛盾。如从日本迁移过来的侨民（包括朝鲜人）内部也存在矛盾。按日本特务机关的决定，日本人、朝鲜人等可在中国享有治外法权，但即使是日本人、朝鲜人，在就业等方面也不是平等的。"凡含鸦片之物品，非经主管官署之许可，不得制造、买卖、接受、所有、持有"。可见，尽管日伪明确说，售毒是"合法"的，但并非任何人都可染指该种职业。为此，日侨之间，有矛盾也是自然的。那么，该时期社会治安的特点是什么呢？

1. 案量众多，尤其是刑事案量特大

为了帮助读者了解这一时期北平社会的治安状况，下面将用图表的方式予以说明。

表6-1　沦陷时期北平部分年月案量分布状况表

年月	总案量	刑事案		违警案		其他案	
		案量	百分比（%）	案量	百分比（%）	案量	百分比（%）
1937.8	1175	667	56.7	143	12.1	365	31
1938.12	2418	851	35.2	1059	43.8	508	21
1939.7	1809	1030	56.9	584	32.2	195	10.7
1939.9	2162	834	38.5	897	41.5	431	19.9
1939.10	2262	891	39.4	853	37.7	518	22.9
1941.1	1671	553	33.	515	30.8	603	36.2
1941.4	1585	674	42.5	622	39.2	289	18.2

资料来源：《本市发生各项案件统计表》，档号：J181-22-79，1937年8月；《本市发生各项案件统计表》，档号：J181-22-5033，1939年7月；《本市发生各项案件统计表》，档号：J181-22-4977，1939年9月；《本市发生各项案件统计表》，档号：J181-22-4976，1939年10月；《本市发生各项案件统计表》，档号：J181-22-4978，1940年1月；《本市发生各项案件统计表》，档号：J181-22-12842；北京市档案馆藏。

由表6-1可知：该时期，北平除了个别年月案量较少外，总体来讲均较多，且刑事案量占1/3以上，部分月份甚至占50%以上。犯罪在本质上来说是对现有统治秩序的一种否定，刑事案的高发表明日伪的统治很不稳定。且违警案占30%以上（个别年月不是这样），是有可能向刑事违法转变的行为。这也说明日伪统治并不得人心。

2. 财产犯罪比重增加，暴力型财产犯罪日趋增多

财产犯罪主要是指为了获得财产的所有权而进行的违反刑法的，需要承担刑事责任的行为。它包括抢劫强盗、诈欺及恐吓、窃盗、侵占等四种犯罪，那么，日伪时期，财产犯罪的案量又是如何变化的呢？

表6-2 沦陷时期北平财产犯罪在刑事犯中比重变化表

年月	刑事案		财产犯罪		备注
	案量	占总案量百分比（%）	案量	占刑事案量百分比（%）	
1937.8	667	56.7	388	58.1	抢案破案率低
1938.12	851	35.2	474	59.9	强盗案难破
1939.7	1030	56.9	456	44.2	同上
1939.9	834	38.5	546	65.3	破案有进
1939.10	891	39.4	579	64.9	
1941.1	553	33.4	461	83.4	食物成为拉动犯罪的决定性因素
1941.4	674	42.5	389	57.7	

资料来源：《本市发生各项案件统计表》，档号：J181-22-79，1937年8月；《本市发生各项案件统计表》，档号：J181-22-5033，1939年7月；《本市发生各项案件统计表》，档号：J181-22-4977，1939年9月；《本市发生各项案件统计表》，档号：J181-22-4976，1939年10月；《本市发生各项案件统计表》，档号：J181-22-4978，1940年1月；《本市发生各项案件统计表》，档号：J181-22-12842；北京市档案馆藏。

可见，正是因社会环境的急剧恶化，生活条件的极端艰难化才使得财产犯罪急剧增加。且该类犯罪与季节的变化又有着明显的关系。

3. 犯罪率与再犯率逐步提高

犯罪率是一个国家与地区在一定时期内犯罪人数与总人数之比率。再犯率是一个国家与地区在一定时期两次或多次犯罪的人数与总人数之比率。两者都用万分比计算。它们的高低在一定程度上反映了该地治安状况及罪犯改造之效果。一般来说，发案率越高，表明治安状况越恶化。那么，日伪时期，它们又是如何变化的呢？笔者仔细地比较了1938年12月至

1939年12月的犯罪指纹统计表与1942年12月至1943年12月的犯罪指纹统计表，并结合当时北京的人口数，得到一个较客观的结论。

表6-3 1938年12月至1939年12月犯罪率与再犯率情况表

年月	犯罪率	再犯率	年月	犯罪率	再犯率
1938.12	$9.19/10^4$	$1.98/10^4$	1939.7	$8.25/10^4$	$1.62/10^4$
1939.1	$9.58/10^4$	$2.02/10^4$	1939.8	$8.24/10^4$	$1.76/10^4$
1939.2	$7.23/10^4$	$2.30/10^4$	1939.9	$9.98/10^4$	$2.38/104$
1939.3	$9.29/10^4$	$1.95/10^4$	1939.10	$9.98/10^4$	$2.06/10^4$
1939.4	$8.59/10^4$	$2.19/10^4$	1939.11	$8.32/10^4$	$1.87/10^4$
1939.5	$8.87/10^4$	$1.85/10^4$	1939.12	$8.75/10^4$	$1.69/10^4$
1939.6	$8.12/10^4$	$2.15/10^4$			

资料来源：《北京市民国28年捺印罪犯指纹统计表》，档号：J181-25-8518，北京市档案馆藏。

据表6-3，1939年的月均犯罪率为8.8/10^4，月均再犯率为1.98/10^4，这表明当时的社会治安已开始恶化，犯罪率升高，犯人改造的效果不佳。到1943年，情况又是如何呢？请看表6-4。

表6-4 1942年12月至1943年12月犯罪率、再犯率比较表

年月	犯罪率	再犯率	年月	犯罪率	再犯率
1942.12	$10.2/10^4$	$2.77/10^4$	1943.7	$11.56/10^4$	$2.65/10^4$
1943.1	$11.3/10^4$	$2.33/10^4$	1943.8	$11.87/10^4$	$1.65/10^4$
1943.2	$10.36/10^4$	$2.45/10^4$	1943.9	$7.52/10^4$	$0.87/10^4$
1943.3	$12.36/10^4$	$2.98/10^4$	1943.10	$11.32/10^4/10^4$	$1.94/10^4$
1943.4	$13.69/10^4$	$3.12/10^4$	1943.11	$12.86/10^4/10^4$	$2.36/10^4$
1943.5	$10.56/10^4$	$2.75/10^4$	1943.12	$11.28/10^4$	$2.56/10^4/10^4$
1943.6	$11.66/10^4$	$2.39/10^4$			

资料来源：《北京警察局警法科关于民国32年1月份罪犯指纹统计表》，档号：J181-22-16847；《北京警察局警法科关于民国32年2月份罪犯指纹统计表》，档号：J181-22-16457；《北京警察局警法科关于民国32年8月份罪犯指纹统计表》，档号：J181-22-16853；《北京警察局警法科关于民国32年9月份罪犯指纹统计表》，档号：J181-22-16856；《北京警察局警法科关于民国32年10月份罪犯指纹统计表》，档号：J181-22-16855；《北京警察局警法科关于民国32年11月份罪犯指纹统计表》，档号：J181-2216857；《北京警察局警法科关于民国32年12月罪犯指纹统计表》，档号：J181-22-16848；北京市档案馆藏。

很明显，1943年除了9月份犯罪率与再犯率较低外，其他月份远远高于1939年。该年的月均犯罪率、再犯率分别是11.33/10⁴、2.42/10⁴。这正好表明社会治安在急剧恶化。

5. "犯罪"呈明显的国际化趋势

从犯罪者国籍来看，不仅有土生土长的中国人，而且有大批的日、韩等国人士。这些外籍人士往往以领事裁判权为护符，或中外结合，狼狈为奸，共同犯罪。这样就导致当时的犯罪有明显的国际化趋势。且"犯罪"很大程度上是以财产犯罪为主，呈暴力化、集团化的趋势。而财产犯罪的对象很大程度上是该市的富商及有特权的部分家族成员，而这些人多为敌伪人物，因此，这些"犯罪"行为，一定程度具有釜底抽薪的作用，破坏了日伪统治秩序，因为"犯罪是反对现有统治关系的斗争"。①

第三节　沦陷时期北平社会治安特点形成的原因分析

对于北平沦陷时期社会治安特点的成因，笔者认为必须从犯罪学的角度予以分析。在犯罪学发展史上，对于犯罪的成因至少有几种观点：其一，刑事古典学派认为犯罪是人的自由意志的行为。按照这一观点，影响北平沦陷时期治安的一般民众应承担治安恶化的责任。其二，刑事人类学派则认为犯罪是由于犯人的人体构造特征等决定。如龙勃罗梭首先从人类学的角度对犯罪者进行研究，提出天生犯罪人学说，在他看来，头盖骨异常者可能犯罪，而精神发育迟滞、缺乏道德感情的人也易犯罪。后来，该派的学者也意识到社会对犯罪的引导作用。其三，刑事社会学派主张对那些不能矫正的"危险状态的承担者"采用不定期刑。他们认为犯罪是犯人的个性与自然，尤其是社会环境等因素综合作用的产物。他们虽然承认经济的影响，但拒绝从社会制度角度去探究犯罪原因。

马克思主义犯罪学认为，犯罪是基于犯罪者本身之罪过，再加上社会

①中共中央马克思恩格斯列宁斯大林著作编译局：《马克思恩格斯全集》第3卷，人民出版社，1960年版，第379页。

的一些责任因素而造成的危害社会，应受刑事处分的行为。根据该理论，沦陷时期，北平社会治安特点形成之原因又是什么呢？

一、日寇的侵略使北平等地民众雪上加霜

近代以来，北平工商业并不发达。"只知消费，不事生产"。再加上中国政治中心的南移，北平的财政状况实有朝不保夕之虞。为了帮助读者了解这一情况，请看表6-5。

表6-5　北平市1930—1932年岁入岁出比较表　　　　单位：元

年度	岁入	岁出
1930	4720834	4832913
1931	3751702	5169356
1932	4570042	4570042

资料来源：萧铮：《北平市财政局实习报告》，成文出版社有限公司，1997年，第90464页。

分配不公导致贫民达23万之多。而"贫民之多，实社会病态之总源"。李斯特曾言："最好的社会政策就是最好的刑事政策。"那么，日伪推行的是什么样的社会政策呢？答案是他们推行的是种种摧残、压迫、掠夺的政策，使本已矛盾重重的北平等地陷入了万劫不复的深渊。首先，推行毒品统制政策，导致大批售毒机构的产生和吸毒群体的形成。1942年，"全市烟民15万，白面、吗啡、海洛因吸食者10万，共达25万，占全市人口的七分之一"。[1]毒品的销售越发猖獗，仅"1942年至1943年3月，全市销售鸦片1200万两"。但毒品价格的不断攀升，是一般的民众用勤劳所得的收入根本买不起的。于是，那些早已是日伪牺牲品的瘾君子走上各种各样的"犯罪"道路。其次，掠夺物资。日本在掠夺华北物资的过程中，对北京地区的物资也不予放过。现以1942年3月对顺义县掠夺的部分情况予以说明。此次掠夺本涉及100多种物资，但考虑

---

①曹子西：《北京通史》第9卷，中国书店出版社，1995年版，第135页。

到文章的篇幅，不能将全部的品目展示给读者，但从表6-6可知：日本对该地的掠夺是极为残酷的、空前的，充分体现了其贪婪的嘴脸。再次，掠夺强制劳工。如北京所在的燕京道从1940年至1942年10月共有20729人被迫入蒙疆做强制劳工。1944年又从密云等地征集强制劳工3193328人，其中计划去日本的1009991人，去蒙疆的260240人。"治安地区之供出，以自由募集为原则，准治安地区、未治安地区之供出，以自由募集与强制征集并行之"。①对劳动力的大肆掠夺导致生产力大规模地被破坏，以及人民生活的极度艰难。最后，废除法币，滥发伪币。废除了国民政府的法币，大肆地掠夺了人民财产。滥发伪币，1940年发行57000万元，至1943年12月达400亿元，1945年7月达1200亿元。为此，"物价腾贵，人民痛苦，不堪言状"。②所有这一切导致人民生活的极度艰难以及社会治安的急剧恶化。

表6-6　日本对顺义县物资的掠夺情况表（1942年3月）

品目	单位	掠夺量	占收量之比	价格（元）	品目	单位	掠夺量	占收量之比	价格（元）
烟草	箱（1万本）	1920	29.36%	320	玉蜀黍	石（100斤）	50686	28.3%	30.00
大麦	石（100斤）	179	14.2%	25.00	牛	头	98	68.95%	280.00
……									
高粱	石（100斤）	6320	15.23%	24.00	猪	头	1323	30%	70.00

资料来源：王乐平：《北京档案史料》，新华出版社，第19—21页。

二、不科学、不公平的刑事政策

刑事政策本是预防、减少、遏制犯罪的，它是一个国家、一个政权重要的社会政策。那么，日伪在北平推行的刑事政策有什么样的特点呢？除

①居之芬，庄建平：《日本掠夺华北强制劳工档案史料集》，社会科学文献出版社，2003年版，第251页。

②北京市档案馆：《绝对真相：日本侵华档案史料选》，新华出版社，2005年版，第903页。

了明显的殖民性外，更多的是不科学性和不公平性。

不科学性主要表现在：

第一，纵毒、纵赌政策与预防犯罪的本质要求相矛盾。刑事政策的本来目的是减少、遏制、阻止犯罪。但问题是日伪为了掠夺财富、消灭中华民族，它采取了纵毒、纵赌的政策。毒品吸食、贩卖、生产、销售等的合法化，赌场的公开化必然导致大量的吸毒人员及赌徒的产生。而毒品价格的急剧飙升、巨额利润的诱惑等将迫使部分吸毒人员走上公开地与日伪毒品体制对抗的道路，为此，大批沦陷区的民众因为吸毒最后走上了暴力犯罪的道路。同样，赌博的合法化助长了人们不劳而获的心理，也助长了他们希望通过这种方式获取更多钱财的意识。但问题是当时社会的主要财富却为日本政府、日本军队，或投靠它们的一部分权贵所把持，为此，赌场的合法化的本来动机是希望通过这一行动来牟取钱财，分化炎黄子孙，但客观效果却培养了一批无视日伪秩序，企图暴富之民。而这一点，在沦陷时期的后期，表现得更是明显。

第二，对轻微犯罪大肆地采用短期自由刑。除了严重危害其统治的犯罪外，绝大多数犯罪都采用短期自由刑。对于短期自由刑，学界历来颇有微词。"短期徒刑既难收教导之功效，复不能习一种艺术，于实际上亦属无益……出狱后，人皆目为刑余之人，甚至不予交接，自后非再犯罪则无以为生，岂非短期之徒刑而反促其再犯乎？"

第三，对"违法"赌博等采罚金制。罚金本是一种较轻的刑种，它的缺点：一是缺乏威慑力；二是有不平等性。"对于腰缠万贯的富人而言，判处罚金如九牛一毛，无关痛痒；而对一贫如洗的穷人而言，罚金意味着使其倾家荡产，足成终身之累"。[①]当时罚金制的目的是增加收入，强化伪政权的运转。至于治安之好坏，民生之痛苦，日伪是不在意的。因此，这种不科学的刑事政策，必将使社会治安急剧恶化。

不公平性主要表现在：领事裁判权的行使使司法机关对中外人民采取了两种截然不同的政策。严厉打击中国民众的"非法"行为，而对拥有

---

①孙力：《罚金刑研究》，中国人民公安大学出版社，1995年版，第88页。

特权的西方侨民，特别是日本人则采取了放任的态度。事变以前，北平人口150余万，1938年9月增至260万。该时期来平的日侨特多，其次则为朝鲜人。这些强行闯入的外籍浪人常在北京为非作歹。如抄手胡同六号，房主本为段荫轩，该房被庞玉芬租用，后庞将其租给了朝鲜人白用植，白又倒租给朝鲜人金正国。尽管段多次找警察希望解决房租问题，"然迄今并无结果，未收房租"。①像这种狐假虎威，欺压中国百姓的占房事件在当时非常多。而对上述行为，个别警察则希望通过日方来解决，然日方不予理会。最终不了了之。没有国，哪有家？！失去国家庇护之亡国之民，自然成为日、韩浪人宰割的对象。中国卑微的国际地位，日本侵略者的纵容政策，伪政权卖国求荣的心理，使一般警察往往处于一种非常尴尬的境地。而这一切导致普通民众对日伪统治者，包括其国民从心理与思想上产生了一种深深的仇视。而这种仇视往往表现为一系列的反日情绪。

三、伪政权制造了许多新的社会矛盾

"最好的社会政策就是最好的刑事政策"。②而伪政权却为了一己之私制造了不少新的社会矛盾。其一，经济统制是日伪控制华北经济命脉之手段，是加剧社会矛盾之根源。"昌平平西府玉器行由陈志强垄断……屠宰场由玉清吉垄断"。③这种只许个别人发财，却不许其他人活命的政策，加剧了社会的混乱与动乱，这一点，连伪报也宣称：要减少纠纷，须改为"自由营业"。其二，苛捐杂税多如牛毛，人民苦不堪言。伪北京市捐税之重是民国以来最为明显的。当时有田赋、吸户捐等20多种。以1945年4月的《增加收入细目表》来说明，其中包括吸户捐等11种。1945年年初预算为10205万元，而最终预算为41685万元，增加了3倍以上。当时的

①《北京警察局关于事变以前朝鲜人占住中国居民民房事件给各区署的训令》，档号：J181-22-65，北京市档案馆藏。

②弗兰茨·冯·李斯特：《德国刑法教科书》，法律出版社，2000年版，第15页。

③《昌平府各税已包》，《冀东日报》1938年8月1日，第3版。

房捐比30年代初增加了10倍以上。[①]房捐的急剧增加，导致租房者生活极为艰难，因此，1939年后，因交不起房租而自杀的人很多。其三，严厉地惩罚轻微的"违法"行为。伪政权对于轻微的违法行为，甚至根本没有什么社会危害性的行为，往往采取动辄罚款、拘留的政策。如1939年8月，被内一区警署处罚的共41家，其中罗列商品者6家，倾倒秽土、秽水者10人，甚至市民光着背、赤着脚走路都有被处罚的可能。[②]伪政权是不是要建立一个很文明的城市呢？其实不然。其目的是希望通过政治权力榨取经济利益。因为伪报供认：1938年"仅余112091.45元，比较应准备预备费50万元，短少甚多！准于人民缴到罚款后，月终汇案报销"。[③]由此可见，这个罪恶的吃里扒外的政权就是这样靠榨取民众的血汗来维持其运转的，它的上述政策客观上无疑使社会治安恶化。

四、物资匮乏、物价飞涨，人民苦不堪言

社会生产环境的急剧恶化导致了华北等地物资奇缺，物价飞涨。物价飞涨的原因除了自然灾害等之外，日伪的囤积也是一个要因。日本侵略者及其侨民直接实施了这一罪恶的行为。如渡边雄记囤积了"香油1600斤……生菜油16000斤"。[④]这类行为使得当时不法奸商纷纷效仿，以致整个华北形成了囤积居奇之风。对此，伪报宣称：显"系有人操纵……非只影响人民生计，显与地方治安尤为重大关系"。[⑤]由于当时经济极为紧张，甚至出现了"恶婆逼媳为娼"，最后媳妇自杀的惨剧。至于悬梁自尽、吞毒自杀者则更多。如1944年1月，自杀者916人，死亡644人。自杀的方式极为惨烈：服毒自杀者222人，自缢者260人，投水者341人，自戕者35

---

①北京市档案馆：《民国时期北平市工商税收》，中国档案出版社，1998年版，第1286页。

②《北京特别市公署警察局内一分局关于民国二十八年八月违警行为处罚的呈》，档号：J181-22-4856，北京市档案馆藏。

③《预备费短少甚多》，《实报》1938年8月2日，第1版。

④阿尚：《沦陷期北平日侨囤积掠夺物资情况点滴》，北京市政协文史资料委员会：《北京文史资料》第52辑，北京出版社，1995年版，第141—142页。

⑤《密云粮价飞涨》，《冀东日报》1939年5月5日，第5版。

人，其他方法58人。①

表6-7 1937—1945年北京市零售物价一览表　　　　价格单位：元（法币）

年份	小站米（市斤）	面粉（市斤）	小米（市斤）	猪肉（市斤）	牛肉（市斤）	鸡蛋（个）	豆腐（块）	豆芽（市斤）
1937	0.17	0.099	0.12	0.24	0.21	0.015	0.013	0.045
1938	0.21	0.147	0.15	0.35	0.32	0.028	0.010	0.04
1939	0.22	0.17	0.19	0.41	0.32	0.049	0.015	0.04
1940	0.47	0.44	0.42	0.71	0.69	0.074	0.030	0.04
1941	0.77	0.44	0.42	1.20	1.11	0.12	0.054	0.11
1942	1.31	0.59	0.723	1.50	1.11	0.20	0.073	0.16
1943	4.22	1.22	3.07	2.74	2.43	0.29	0.165	0.313
1944	不详	不详	7.98	19.26	15.76	1.008	0.875	2.283
1945	279	222	198.5	262.8	229.7	24.12	1.008	31.88

资料来源：首都图书馆地方文献部《北京物价志料汇编》。

　　总之，尽管沦陷时期北平治安的急剧恶化是由日本侵略者残酷的侵略、掠夺、破坏政策，伪政权的剥削、压迫政策等众多原因造成的。但其中日本侵略者应承担主要的责任，它们为了一己之私，完全不顾中国人民，特别是华北民众的死活，极尽敲骨吸髓之能事。而伪政权则与它狼狈为奸，同恶相济。正是因为它们的殖民统治才使本来热爱和平、热爱生活的北平等地的民众掉入了魔鬼主宰的地狱。它们的结合也使社会矛盾白热化与公开化，最终导致治安的急剧恶化，从另一个侧面充分体现了殖民统治的非人道性与野蛮性。

---

① 《北京特别市自杀月报表》，档号：J181-22-18406，1944年1月，北京市档案馆藏。

第七章　沦陷时期北平吏治的腐败问题

第一节　沦陷时期北平市伪政权对吏治的整饬

一、吏治和腐败的概念

吏治是指官吏的作风和治绩。《史记·酷吏列传序》："汉兴，破觚而为圜，斫雕而为朴，号为网漏吞舟之鱼。而吏治烝烝，不至于奸，黎民艾安。"[1]从中可知吏治与民生的好坏、与社会的稳定有着密切的关系。一般来说吏治败坏，民生艰难，社会极不安定。腐败从广义上说是行为主体为其特殊利益而滥用职权或偏离公共职责的权利变异现象；从狭义上说泛指国家公职人员为其特殊利益而滥用权力的蜕变现象。它是指国家公务人员借职务之便获取私利，从而使国家政治生活发生病变的过程。腐败破坏社会大局，导致官民对立。它是经济社会和平演变的结果，最终将导致社会黑暗，穷人受到压迫和歧视。引起官员在职位上作风不正、行为不正等一系列的政治和社会问题。

二、日伪预防腐败的措施

（一）意识到防腐的必要性

华北伪政权是在日本殖民势力支持下建立起来的地方傀儡政权。那么，该政权建立以前，华北的吏治又是如何呢？总的来说，依然有不少问

---

[1]司马迁撰，（宋）裴骃集解，《史记》卷一百二十二，第10册，中华书局，1959年版，第3131页。

题。"晚近士大夫习于声色，群以酒食征逐为乐，而京师尤甚。有好事者赋诗以纪之曰：'六街如砥电灯红，彻夜轮蹄西复东。天乐听完听庆乐，惠丰吃罢吃同丰。街头尽是郎员主，谈箸无非白发中。除却早衙迟画到，闲来只是逛胡同。'盖天乐、庆乐为戏园名，惠丰、同丰京馆名，而胡同又为妓馆所在地也。"①由于北平历来当官的多、经商的多，为此，从清末以来，富家女奢侈之度是超群的。"嘉、道时京师妇女之奢侈骄佚也。诗云：'北地佳人少小时，养成性格含娇痴。闺中行乐随年换，世间闲愁百不知。日高睡起心情倦，草草乌云盘翠钿。玉裹珠围替月姿，粉妆香砌呈花面……无限豪华难具陈，酣眠薄醉过青春。寒门不少倾城色，翠袖空悲薄命人。'"②富豪权贵们女眷的奢华是以人间分配不公为前提的。这种奢侈的消费观随着清王朝的瓦解受到了不少的冲击。不过，到民初，腐败之风依然随处可见。当时华北各省地方吏治，"虽经整理，尚鲜著成效……民间疾苦尤甚"。而北平吏治的腐败更甚，主要表现在监狱管理混乱等方面。"近查监狱呈送作业收支计算书类，其中关于工师薪金或未注明科目，或前后姓名不符……似此任意开支，漫无限制，不惟与核实之旨不符，尤恐于作业前途影响甚巨"。③至于行政人员的腐败更是俯拾皆是。如巡警康永升曾在侦缉队充当探兵，因勾结屡窃嫌疑被革。后又充内一区探警，只因被人告发去职。至日伪时期，北平等地的腐败更为触目惊心。"比年以来，地方多故，萑苻遍野……与念民生，如在水火。以言绥抚，胥赖有司……惟急于求治，疏于择人。征辟属僚，往往忽其资历，庞杂辛进，类品不齐……且有不肖之辈，利用职权，勾结党援，包揽货运，盘剥商贾，借端索榨，鱼肉乡民情事，舞弊营私，不一而足。"④正是因为殖民统治的罪恶，以及由此产生的用人等方面的弊政导致了腐败之风的盛行。为此，整饬吏治实有必要。

---

① 徐珂编撰：《清稗类钞》（第5册），中华书局，1984年版，第2196页。

② 徐珂编撰：《清稗类钞》（第5册），中华书局，1984年版，第2196—2197页。

③《河北省高等法院训令第4204号》，档号：J181-2-1458，1935年12月11日，北京市档案馆藏。

④《北京市公署社会局饬所属主管长官密查外勤人员行止，以遏制流弊及奉发国府关于公务员不得舞弊受贿兼营商业的训令》，档号：J002-001-00274，1938年8月，北京市档案馆藏。

（二）整饬吏治的措施

日伪为了欺世盗名，一定程度地继承、改造、利用了国民政府的法律体系——六法全书。它是国民党统治时期的六个门类的法律法规汇编。[①]如1935年由谢总先编的《刑法大意》依然是1938年山东等地警察法律教育的经典教材。除此之外，为了整饬吏治，日伪还采取了其他措施。

1. 制定了一系列的单行性法规

单行法规是法典的对称，只规定涉及某一事项的法，或只适用于某些地区、某些主体的规范性法律文件。具有代表性的单行性法规有《公务人员宴会及送礼限制办法》《公务员不能兼营商业案》等。为了帮助读者了解该类法规，笔者在这里着重举例介绍后者。针对亦官亦商的、民怨载道的现状，日伪上层提出要防止官商一体局面的出现，关键措施是官员不能做生意，不能利用职权谋私。为此，伪政府于1943年6月制定并颁布了《公务员不能兼营商业案》。后伪华北政务委员会于该年7月通令所属各地实施。它是在《官吏服务规程》的基础上提出的，其内容如下：

一、凡纯粹商业公司之董事、监察人、经理等职，现任公务员一概不得兼充，其业经充任者须经本办法公布后一个月内辞职。违者免去其政府职务。

二、凡有官股之公司，现任公务员在还都以前业经兼任董事、监察人、经理等职位，一时不便解除者，得由主管部门呈请行政院核定，准其暂行继任……八、公务员及公营事业人员利用职权经营工商业者直接营利，或便利工商业机关，间接图利者，均应依法加重处罚。[②]此外，还以单行法的名义公布了对受贿等罪的打击力度，等。1940年10月，伪中央政治会议通过了《惩处财务、行政、征收人员受贿千元以上者概处极刑案》。伪警局还通过了不得强迫商民购买俱乐部售票等政令。

---

①对于六法全书的界定，目前学界有不同说法，主要观点有两种：民初立法采用"民商分立"原则，六法有宪法、民法、刑法、商法、民事诉讼法、刑事诉讼法之说；1929年之后，立法采用"民商合一"原则，六法有宪法、民法、刑法、民事诉讼法、刑事诉讼法、行政法之说，后者为学界主流观点。

②《市政府转行政院令各机关公务员不得兼营商业，改善县级公务员待遇，禁止公务员滥用公有房产并限制其乘坐小汽车的训令》，档号：J005-001-01135，1941年，北京市档案馆藏。

2. 通过"言语说教"来防范职务犯罪

在中国传统文化中，官箴有着特殊的意义。其义有三：一是百官对帝王的劝诫；二是官吏对帝王所进的箴言；三是做官的戒规。而这里的"言语说教"指的是上级官员对下级官员的戒规。吴赞周（1885—1949），原名观乐，号明近，河北省正定人，早年入日本陆军工程兵学校学习。后投身北洋军，在孙传芳部任工兵营长。后因"功"升至师长。1926年，孙传芳的主力部队被北伐军打垮，吴逃到天津等地，虽四处钻营，但没有找到出路，只好回到正定，过起了"隐士"生活。日军于1937年10月进犯正定县后，烧杀抢掠，无恶不作。整个县城笼罩在极端恐怖的氛围中。吴出任伪维持会会长。从此，走上了一条与日本侵略者沆瀣一气、狼狈为奸的道路。1938年2月，伪维持会撤销，成立了伪正定县县公署，吴任县知事。后投靠日军上层，当上了伪河北省省长。后曾担任过伪华北政务委员会委员等要职。这个汉奸头目是如何"规劝"其下属"为政"的呢？他对下属冠冕堂皇地提出了官箴十六则和公务员十戒。先看官箴十六则：国家宜忠，团体宜爱，同僚宜和，纪律宜守，职责宜专，判断宜果，取予宜廉，操守宜严，长官宜敬，社会宜诚，人民宜亲，功令宜尊，思想宜纯，处事宜明，事务宜勤，言行宜甚。再看公务员十戒：勿巧避劳怨，勿阳奉阴违，勿操切从事，勿罔恤民艰，勿假公济私，勿动逾礼法，勿言过其实，勿敷衍塞责，勿故步自封，勿恃才傲物。[①]齐燮元是伪治安军总司令，后任伪内务部督办。这位在官场上混迹多年的北洋遗老为了更好地培养为日伪效命的鹰犬，曾写了《实验县知事序》。他毫无廉耻地说："今日需要贤良之县知事也，亟矣。"那么，从哪些方面来着手选拔"好"的知事呢？他说：必从学术、经验等方面综合选拔。本此精神，他才从众多的竞争者中录取了60人，考虑到已选者条件"不错"，期盼大家能"兢兢业业……以期献身报国者"。[②]那么，齐氏等希望培养一支怎样的人才队伍呢？是不是真的如其所说的培养一支"爱国""勤政""爱民"的公务员

---

① 《河北各知事名册》，档号：QZ12–367–2514，第4页，1942年12月，北京市档案馆藏。
② 《实验县知事序》，档号：QZ12–4–256，第3页，1941年5月，北京市档案馆藏。

队伍呢？答案当然是否定的。

3. 综合防范的措施

在采取上述措施外，还采取了一些其他方面的措施来防范伪职人员的犯罪。如警察训练所毕业的学员在他们就任伪职前必留下指纹，以防止其职务犯罪。甚至明确规定因职务犯罪，或刑事犯罪而被开除者，永不叙用。在警察机关内设督察，对警察的一些行为进行必要的监督，等。此外，还通过提高薪俸来防止腐败。沦陷前夕，北平市的财政状况不好，如公安局经费常处于朝不保夕的状况。如1936年8月实收169346.76元，支出达173548.37元。不敷11689.7元。[①]沦陷后，日伪为了拉拢、控制、利用伪警察，多次提高伪警的收入。

上述措施尽管可在一定程度上防止腐败的发生，但不能避免该问题的产生，相反在那个群魔乱舞的时代，反而加速了伪职人员的腐败。

第二节　北平市伪政权腐败的表现

在日伪统治下的北平，腐败遍及各个行业，严重危害到民众的利益，更不用说也已严重危及中华民族的前途。同时，腐败还严重影响到日伪政权的"合法"性与"权威"性，加速了它的覆灭。为了更好地说明该问题，笔者以伪警察队伍为例进行专门的论述。

一、行政立法的腐败

华北伪政权宣称它是继承了前南京国民政府在华北的法统。如当时的商会法依然"沿用二十七年以前之旧《商会法》，暂维现状。迨至国府还都，始经宣布从前南京政府之法令继续有效，阐明继承法统之意义"。[②]因此，为了达到欺世盗名之目的，其行政部门常将以往的法律予以变通适

---

① 《北平市政公报》，第379期，1936年12月版。
② 《华北政务委员会实业总署咨》，商字第112号，1941年3月2日，选自《华北政务公报》第63、64期合刊，第4页，档号：J181-24-4562，北京市档案馆藏。

用。此外，主要是通过伪行政部门制定新的行政法规来运作的。从而导致在制定新的行政法规的过程中，往往存在着立法腐败的现象。常见的行政立法腐败主要是政府部门主导立法，实现"行政权力部门化、部门权力利益化、部门利益法制化"，将伪政府部门——特别是伪警察部门，利用权力谋取私利的行为合法化。当时，华北伪政权正处于经济上极为紧张，而政治上又较动荡不安的危险境地，由于它得不到华北民众的积极支持，因此，伪警察成为其极力依靠、倚重的对象。那么，如何使警察部门利益法制化呢？日伪主要是在确保日特务机关的主导地位的前提下，给予伪警察部门种种特权——使警察的一些行为"合法化"，进而捞取钱财，实现其权力利益化、部门利益法制化。主要表现在：一是对违法行为，特别是轻微的违法行为——"违警"行为的界定上采取笼统性的规定——不采列举式规定。也就是说，只要民众实施了日伪认为的轻微"违法"行为，如赤膊上街、不燃车灯等，就面临被处罚的危险。上述立法是使伪警部门权力集中化、利益化的一个重要表现。二是为了实现以毒养战的目的，日伪充分给予伪警察种种好处，以便其更好地推行毒品统制政策。如《禁烟罚金充奖办法》规定"司法机关受理烟案，判处罚金者，应依本办法于罚金全部中提五成或六成，移送各该原办行政机关"。[①]三是对私人买毒的登记取笼统式的规定。在日伪看来，土店营业与一般的商店营业不一样，"若系个人购买，虽当时询其姓名、住址，亦难足凭信，且关购土吸用，每多掩饰，一由追查，实难负责……在此过渡期间，似应予以业务上便利，故恳免予此项填报，以免纠纷而恤商艰。"[②]总之，日伪的商业利益才是最重要的，至于民众的死活，社会风气的堕落，还用得着管吗？很明显，该规定也是当时行政立法腐败的表现之一，即可使当权的"禁毒"部门更好地售卖毒品。四是"以权代法"，即使没有明确的行政立法，伪上层也依然给予默许的行为。1941年伪警察局与新民会市总会代表开会，提议取缔痛鞭抽马、携鸡鸭将其脑袋下垂的行为，后尽管在立法的过程中没有将其通

---

① 《禁烟罚金充奖办法》，《冀东日报》1939年6月15日，第3版。

② 《华北禁烟总局公函函字第277号》，档号：J181-16-112，1942年，北京市档案馆藏。

过，但在具体的行政行为中却默许伪警察这样做，①充分反映了当时日伪为了捞取钱财而不择手段的丑恶嘴脸。

行政立法的腐败导致一个必然的结果是：其制定的法律、法规，很明显是不公正的，不利于大多数人的利益。它的产生使北平等沦陷区的社会秩序更为混乱与黑暗。同时，也导致伪政权中的部分人员特权化、贵族化。直到1945年2月27日，才公布了《修正行政执法法》，企图使行政立法的腐败倾向有所收敛。表现在对行政执法对象予以明确化规定，从而在一定程度上防止滥罚现象的产生。

二、执法的腐败

执法的腐败是指在执法的过程中执法人员不按法律的本意、主旨来执行，最后导致执法的结果与预想相背离。如《修正北京特别市妓女检治事务所检治规则》规定："检验时期无论一等、二等、三等妓女均系每周检验一次⋯⋯第七条，检验之区别如左：一、全身检验；二、局部检验；三、细菌检验；四、血液检验。"②妓女检治等无疑是娼妓业"正常"营业的要件之一。它与妓女本身有着明显的利害关系，甚至直接影响到娼业自身的"健康"生存与发展，且直接与社会风气、民众健康有着密切的关联。但问题是部分警务、医务人员开始在"检治"二字上大做文章，以此牟利，借口妓女检治不"合格"，勒令她们留院治疗，而治疗、住院当时是要付出高昂费用的。很明显，对于一个只有病痛的肉体出卖的柔弱的、卑微的妓女而言，她们是没有能力去支付这些的。因此，她们也希望不要因为"检治"而中断生意，失去活路。为此，部分伪职人员在"检治"二字上大做文章，将她们作为榨取、勒索的对象。

应该说早期的检治还是较正规的。如1937年5月，北平市共有合法妓

---

① 《关于在警法中增加取缔痛鞭抽马、倒提鸡鸭的通令》，档号：J181-22-16302，1941年11月18日，北京市档案馆藏。

② 《京警察局关于修正妓女检治事务所规则的训令》，档号：J181-22-4923，1939年10月，北京市档案馆藏。

女2024人，未到检妓女人数一等6人，二等7人，三等第一次44人，第二次349人，四等第一次13人，第二次63人，总之，未检人数第一次70人，第二次412人。实检人数一等183人，二等223人……第一次70人，第二次412人。有包括梅毒、淋病等的详细记载。[①]直到1939年8月，妓女检治工作还在正常地进行，可从下案中略见端倪：如张桂芝，23岁，怀鹿人，与王凤兰均在永福下处为妓。因有性病被检治所强迫于所内治疗，后两人竟欲"越墙逃走"，王被抓获。张一时糊涂，逃回原籍怀鹿，"愧悔，自行投入检治所"。后两人分别被罚10元。[②]从以上内容来看，当时的检治工作还是有模有样的。但到1940年后，情况发生了变化。当时，物价飞涨，人心惶惶，一般公职人员工资最多提高了几倍，而物价则提高了几十倍，一般伪职，特别是下层的伪职人员很难正常生活下去。而日伪对他们的监管又不够严厉，妓女等又是弱势群体，为此，以妓女检治所所长石锡钴为首的工作人员便将妓女作为他们榨取、勒索的对象。当时的妓女被强行扣院——借口"如不检治，即受处罚"，为此，很多妓女丧失了人身自由，甚至连食物、水等必需品也不予提供，而实际上又不予真正的检治。检治的形式化实质上就是权力的腐化。涉及该案的警务人员极其众多，有石锡钴、佟学元，医务主任庞织文等，这些伪职人员正是利用"各妓女有畏惧检验及扣留住院"的心理勒索她们的。除此之外，要求她们每至年节均要有所馈赠。该案还涉及新闻界等行业，可以说是日伪统治时期行政执法部门典型的权力寻租事件。这充分反映了在日伪的统治下，下层社会生活的艰难与吏治的腐败。为了帮助读者详细地了解该案，请看1942年1月8日伪检察官的起诉书。

被告庞织文，女，年五十岁，住松树胡同，妓女检治所医务主任……刘衡潭，男，三十一岁，市检治所事务员等涉及的侦字第6444号渎职罪案业经侦查终结，检察官认为应提起公诉。

①《妓女检治人数及疾病分类概要统计公告表》，档号：J2-7-191，1937年5月，北京市档案馆藏。

②《外二区关于妓女检治所逃跑妓女张桂芝一案的呈》，档号：J181-23-6165，1939年8月，北京市档案馆藏。

他们的犯罪事实如下：检治所所长石锡钴于中华民国二十九年八月到差后，即起意舞弊。与该所医务主任庞织文等相勾结，计划勒索妓女。借口妓女如有花柳病，"应往医院治疗，俟病愈方准出院营业"的规定，石某乃授意庞织文等，索取运动费，约定每人每月二百元左右，各妓迫于淫威，给付者甚多。共勒索达三万三千二百二十四元……得贿后，对于各妓即"免扣院或提前放出"，由庞签发已检之字据。所得贿款大部归石某收用，其他人得酬劳不等。

检察官认为该案犯罪证据"历历甚明，自难任其抵赖"，为此，他在公诉书中如是谴责："庞织文等服务卫生机关，竟敢假借职务之机会，勒索巨款，实属胆大妄为，目无法纪。除石锡钴自杀免于置议外，暨韩宝臣等四名缉获另究外"，其他人应给予相应的法律处理。那么，他们触犯了哪些法条呢？被告庞织文、刘衡潭、佟学元等共同连续犯刑法第一百二十二条第一项之受贿罪。庞织文、刘衡潭、佟学元又连续犯刑法同条第二项之违背职务罪。韩宝臣、滕韩氏皆成立同条第一项之从犯。刘衡潭又连续犯刑法第三百三十九条第二项诈欺罪。石绍祥连续犯第三百四十九条之收受赃物罪。除石锡钴已死，另外处理外，其他人则依刑事诉讼法第二百三十条第一项提起诉讼。①

犯罪事实：妓女检治所所长石锡钴于1940年8月到差后，即"起意舞弊"，与该所医务主任庞织文等，相互勾结，计划勒索妓女。他们借口定章要求妓女皆须赴所就验，"其有花柳病者，应住院、留院治疗，俟病愈方准出院营业"，石某乃授意庞织文等与有关方接洽，对于妓女欲免除扣院或提前出院者勒索运动费每月二百元左右，各妓女迫于淫威，共行贿达33324元，其次还有食堂伙食回扣费5000多元。其中绝大部分为石锡钴所用。后石畏罪自杀。②

对于该案，北京地方法院认为是一起典型的公务员违背职责的职务

①《关于妓女检治所庞织文等舞弊案的指令》，档号：J181-23-21639，1942年1月8日，北京市档案馆藏。）

②《关于妓女检治所庞织文等舞弊案的指令》，档号：J181-23-21639，1941年1月1日，北京市档案馆藏。

犯罪，"该所人员上下其手"，有目的、有准备的共同犯罪。在"初就商及妓女免检免扣，按每家都出运动费"等预谋，有明显的分工、合作，目的非常明确——就是要勒索妓女，谋取钱财的一次施行长达两年的职务犯罪。这充分反映了在日伪的统治下，下层社会生活的艰难与吏治的腐败。在庞织文等看来，如果他们不腐败，他们就无法生存下去？！那么，为了他们的生存，就必须牺牲弱势群体，走腐败之路。也就是说，在那个人吃人的时代，吏治败坏是一种必然的选择。

此外，还有大量的渎职犯罪。如各级地方法院等执法部门取行政不作为的方式，空领薪俸，别无执业。① "据河北高等法院院长李栋称：案查职属兼理司法。各县现在恢复原状，但受理民刑各案较多者，不过十数县，其余各县则甚为寥寥。所有民事、涉外案件及民事被告管收案件，并应报之民事判决册等尤其无几，是以各县每以空文呈报每月不下数百起之多"。②伪机关的不作为使各种社会矛盾得不到有效的解决，客观上加速了社会的混乱。

三、司法腐败

司法腐败是对在司法活动中一切与司法权有关的违法乱纪的总称。司法原则上本应尊重法律与事实，对某一个客观存在的案件进行公正的判决，从而使真正侵害他人的人或法人受到法律的制裁，彰显社会的正义，进而防止其他非法行为的发生。

沦陷时期，伪政权鉴于其主子的淫威，不敢也不能争取华北沦陷区司法的自主权，更不用说惩治在该地违法的日侨。但它们管辖下的民众只要是侵害到，或影响到其主子的利益，哪怕是其走狗的利益，伪司法人员往往冒天下之大不韪，不按法律办事，更不用说尊重法律所倡导的公平、

---

①《〈华北政务委员会公报〉训令务字第872号》，档号：ZQ012-003-0258，1940年7月，北京市档案馆藏。

②《〈华北政务委员会公报〉训令务字第872号》，档号：ZQ012-003-0258，1940年7月，北京市档案馆藏。

正义。当时，司法机关主要是指伪警察机关、检察机关、法院、监狱等。考虑到文章的篇幅，笔者重点介绍当时轰动一时的王维垣被冤案。该案的核心人物王维垣本是一名有正义感的律师，且与王孟齐——亲日的宣抚班班长、律师本是同事的关系，后王孟齐突然失踪，王孟齐家属遂将王维垣告上法庭。为此，王维垣被长期羁押在伪警局的监所内，伪警局迫于日方的压力欲置王维垣于死地。为此，王维垣的妻子为了救其丈夫不得不长期与日伪当局周旋，多次上诉给伪市长余晋和，希望余在尊重法律、事实的前提下放她丈夫一条生路。但王维垣还是被枪决了。事后，河北地方法院还要追究其附带的民事责任。勒令王维垣赔偿王孟齐20年业务费，共8万元，"俾资家属生活"[①]。

为了帮助读者了解该案的本质，笔者引用相关的档案说明。

在王维垣妻子看来，王维垣因王孟齐失踪案，涉嫌谋杀。然经侦查毫无实据。尽管已历时一年多，但王氏依然被警局无端扣押，显然，警局的行为已构成违法。其夫"此次遭难，受刑至百余次之多，死而复生者不计其数，滥用刑讯，尤非法规可"。[②]既然无丝毫的证据证明其夫已构成犯罪，那么实质上也无再侦查之必要，因此，她建议将其丈夫移至法院看守所羁押。否则，将可能导致极为严重的后果，"倘有生命之虞，冤折将何由申诉？"至于说王维垣侵占一案，本已证据确凿，毫无侵占之可能，相反是许美雅居心叵测，妄诉其夫。可是，"警察局擅为受理案件，滥用刑讯"，以至于平津等地"人言啧啧"。在她看来，"剥夺民夫之权利，其害尚小，破坏国家之法纪莫大于此矣"。[③]因此，她恳请伪市长余某饬令警察局司法科速将王维垣移送法院看守所羁押，以保人权而符法纪。

从王史氏的言谈来看，伪警局确实是毫无法律意识，更不用说按法办案。"除将氏夫公司存款概行侵占，均予不认外"，在没有法院判决的前

---

①《女律师被害案，地方法院将再行调查》，《实报》1939年1月6日，第5版。

②《抄王史氏为北京市警察局滥用刑讯，非法拘押人犯，恳祈鉴核，准予移送审判机关以保人权而维法纪事》，档号：J181-31-4860，1941年，北京市档案馆藏。

③《抄王史氏为北京市警察局滥用刑讯，非法拘押人犯，恳祈鉴核，准予移送审判机关以保人权而维法纪事》，档号：J181-31-4860，1941年，北京市档案馆藏。

提下，一味地支持许美雅等的主张。擅将王家住宅等"均妄指为伊有，责令许美雅保管，携走"。在她看来，伪警察局的做法很明显与法治原则背道而驰的。"遍查中外各国，绝无先行协同警察强行处置之理，氏不得不言之者一也"。[①]"警察之职权本系根据法律，凡人之必需品，如衣服、被褥、床铺决不得查封，拍卖，此中外之所同，稍有法律常识者，无不知此乎？此氏之不得不言之也……查国家设官，所以保民怜老育幼，中外同理，一人做事一人当，决不株连家属、抄家灭产，祸及九族，乃十五世纪之余毒……氏夫犯罪与否，未经合法判决以前，只能认为被告人，而不能认为凶犯。此稍有法律常识所尽知者。氏夫王维垣之案，若谓民事，自有法院管理，若谓刑事，即不涉财权，况氏家财产乃联合财产制……乃警察局司法科承审科员将氏夫住宅北京所有金银折据均行没收……氏女无力缴纳学费，缘之退学，殊失怜老育幼之旨……氏家徒四壁，啼饥寒号，此氏不得不言之者五也"。[②]由上述内容可见，伪警局确实存在明显的违背程序法与实体法的行为。

至于对她丈夫来说，本质上是"为威逼命案屈打成招"，为此，不得不"喋血陈词，代夫鸣冤"。她说，王维垣因王孟齐失踪案，被警局拘押，迄今已十月之久，听说"被刑讯一百余次之多，抬中央医院医治数次，始得苟全性命，因受刑不够，屈打成招"。她认为警局的行为很明显已是一种违法行为。因为警局只有预审权，法院才是真正的审判机关，"夫法院司法有独立之精神，警察局之讯案不过是假预审之机关，全案既归法院合法审理，经多数学者之研究，自不难得本案之真相。警察局司法科既刑讯百次之多，又羁押十月有余，须全案移交法院。而氏夫未解送看守所，内根据何种法规？案归法院审理，而人在警察局羁押，且又如果翻供，即行提回刑讯，侵权渎职，公行不讳，设非寻仇，安能出此？可见，

①《抄王史氏为北京市警察局滥用刑讯，非法拘押人犯，恳祈鉴核，准予移送审判机关以保人权而维法纪事》，档号：J181-31-4860，1941年，北京市档案馆藏。

②《抄王史氏为北京市警察局滥用刑讯，非法拘押人犯，恳祈鉴核，准予移送审判机关以保人权而维法纪事》，档号：J181-31-4860，1941年，北京市档案馆藏。

警察局草菅人命，权势冲天，法院任其愚弄，尊严扫地"。①

在她看来，王孟齐只能认为是失踪，不能认为死亡。且即便是死亡，致死的原因众多，而绝非王维垣杀害了她。因其是"宣抚班班长，臂佩记章，身份显赫，个人居住租界，随时有招祸之可能；王是律师，仇人遍地；王是亲日者女流，如赴山东，安知不被党军伤害或中流弹而死亡。性本风流，常声言其有朋友达100之多"。②

王史氏辩护说：其夫王维垣不可能是凶手。原因是王无杀人的动机与目的。预谋杀人原因有三：仇杀、情杀、财杀。王无情杀之可能：他们夫妻情感甚笃，向未矛盾。王维垣守法，无劣迹。合组律师事务所，双方交友，不分芥蒂。王孟齐无财，无财杀动机产生之可能。王维垣曾受高等教育，乃彬彬有礼之学者，品性端方，既非残忍成性，又无杀人之嗜好。况王孟齐不过失踪，并未证实已死亡。

且承审员刑讯逼供导致供词之间有矛盾。如毕福庆等说抛尸宁河中，却无尸可寻。失踪之时正是水结坚冰之际，岂能行船？其所谓抛尸水中，砰然有声，则更为情理所不容等。以上说明，王孟齐之失踪，决与王维垣无涉，而司法科竟"匿刑报诬，挟嫌逼陷，此氏夫之不甘服者也四也"。

总之，警局司法科对于本案之侦查，"除指日宪威吓毒打外，毫无它能"，在没有任何与本案有直接关联的证据证明该案的前提下，只能靠"非刑拷打，强逼威胁之供词而已，殊不知自古以来，庸吏断狱，严刑逼供，以莫须有之罪状而使人冤沉海底，实如恒海沙数"。③

多年前，柏杨先生在分析中国古代司法制度腐败之时，写道："法律的好坏，不在于'法条'本身，而在于'诉讼法'的执行。不在于处罚犯罪，而在于如何确定犯罪。唐王朝的法律，是中国各王朝法律中最完善的

①《抄王史氏为北京市警察局滥用刑讯，非法拘押人犯，恳祈鉴核，准予移送审判机关以保人权而维法纪事》，档号：J181-31-4860，1941年，北京市档案馆藏。

②《抄王史氏为北京市警察局滥用刑讯，非法拘押人犯，恳祈鉴核，准予移送审判机关以保人权而维法纪事》，档号：J181-31-4860，1941年，北京市档案馆藏。

③《抄王史氏为北京市警察局滥用刑讯，非法拘押人犯，恳祈鉴核，准予移送审判机关以保人权而维法纪事》，档号：J181-31-4860，1941年，北京市档案馆藏。

一种，但因中国古政治思想缺乏人权观念，所以中国始终不能产生证据主义的诉讼法。唐律自不例外，于是酷吏的酷刑代替了诉讼法，法官在侦查报告时，不追求事实，只追求口供。"①华北伪政权是一个由北洋余孽、一部分留日伪逆组成的唯日本之命是从的法西斯政权。在它的司法活动中，自然毫无人权保障之可言。只要能将他们所需打倒的人从肉体上、精神上彻底消灭，往往可以不择手段，出入人罪。

由此可见，当时的司法机关是如何执法违法，草菅人命的！总之，日伪利益是至高无上的，哪怕你只是影响到其走狗的利益，它们随时都有可能让你脑袋搬家。什么司法独立、权力的制约，人权、人民的幸福，见鬼去吧！一般民众就是蝼蚁，只能任人蹂躏、践踏。这就是亡国奴的下场！

第三节　吏治腐败产生的原因分析

沦陷时期，腐败之所以在行政立法、执法等环节中产生，且呈高发、频发趋势，后又涉及各个领域，影响深远，危害极深，是有深刻的原因的。

一、华北伪政权是维护日本殖民统治的法西斯傀儡政权

首先，华北伪政权的建立是日本侵华的必然产物。东三省沦陷后，日本加紧将魔爪伸向华北。一是强化对华北的经济侵略。如满铁设立了天津事务所及兴中公司。此外，强化在华北的走私活动，严重影响了华北本土经济的发展。二是通过一系列的军事活动侵夺中国在华北的各种权益。1933年1月3日，日军攻占山海关，揭开了热河作战的序幕。后夺取了热河省会承德。3月10日，日军一度占领长城一线。为此，中国守军进行了顽强的抵抗——当时，日方就希望建立亲日的政权。至5月中旬，日军进入滦东地区，平津告急。1933年5月，日军兵分两路，入侵河北，先后侵占秦皇岛等22县。后迫使国民政府签订了《塘沽协定》（1933年5月），使

①柏杨：《中国人史纲》（下），人民文学出版社，2011年版，第400页。

滦东19个县被划为"非武装区"。1935年11月，成立了以伪逆殷汝耕为首的冀东伪政权。从此，冀东成为日军可自由出入的地区。三是将建立傀儡政权作为解决华北问题的方策。考虑到华北民众抗日热潮的勃兴与南京政府对日态度的日趋强硬，日本企图迫使华北五省"自治"——使之成为第二个伪满洲国。面对日寇的紧逼，1935年11月，蒋介石决定在华北成立有一定"自治"权的地方性政权，即随后成立的"冀察政务委员会"。"冀察政务委员会"本质上是南京政府对日妥协的产物。从其成员构成来看，亲日派占很大的成分。如王克敏、高凌慰等都是。由宋哲元任委员长，辖平津二市及冀察两省。他宣称："冀察两省与日本有特殊关系，为两国利益计……应互维互助，实行真正亲善。"[1] 但日本欲壑难填，很快于1936年1月颁布了《华北处理大纲》，明确指示华北驻屯军等：要"完成以华北民众为中心的自治"。[2]可见，日方一直希望建立傀儡政权，以维护其殖民统治。

其次，华北伪政权的建立。1937年7月7日，日军发动了卢沟桥事变。7月29日，北平沦陷。7月30日，伪北平地方维持会成立，8月1日，伪天津维持会成立。9月23日，成立了伪"平津治安维持联合会"。后其他一些伪地方组织纷纷建立。1937年12月14日，伪中华民国临时政府终于在日军刺刀的保护下宣布成立——1940年后，改为华北政务委员会。1938年1月11日，日御前会议通过了《处理中国事变的根本方针》，明确支持华北伪政权。

再次，日本对华北伪政权的监控及其参战体制的确立。为了紧紧掌控伪政权，进而维护其殖民统治，从1937年8月起，日陆军省制定了《华北政务指导纲要》《寺内寿一就建立华北政权问题给天津特务机关长喜多诚一的训令》等文件。据上述文件，日方采取了如下措施：

第一，确立日籍顾问把持伪府政务指导的体制。早在伪维持会时，就有不少日本顾问染指、把持这些伪组织。二十九路军撤离北平后，日驻

---

①张同乐：《华北沦陷区日伪政权研究》，生活·读书·新知三联书店，2012年版，第10—11页。

②日本防卫厅战史室：《华北治安战》，天津人民出版社，1982年版，第8—9页。

平使馆陆军助理武官今井武夫与北平特务机关长松井太久郎大佐密商，由曾代理过民国政府总理的江朝宗，组织"北平地方维持会。"它就有顾问赤藤庄次等70多人。为此，江氏一度称病辞职，原因是他认为"日本人干涉过多"。后在邹泉荪等伪逆的规劝下，江氏依然于8月9日就任该会主席。时冀察政务委员会已解散，它俨然成为平市最高的政权机构。其《办事细则》规定：常务委员、常务顾问分五组办事。第一组主管社会事项，第二组主管经济事项，第三组主管公安事项，第四组主管交通事项，第五组主管文化事项。它还规定：每组设主任1人，副主任1-2人，专门委员若干人。每组设组员1-3人，雇员若干人，各组顾问，每日到会办事。上述顾问，"自然是日本人，每一组有两三个顾问，掌握此组主任更高的实权。"[①]其他伪组织也莫不如此。

1938年4月，日本最高指挥官与伪临时政府行政委员长达成了《政府顾问约定》：1. 日最高指挥官令中央顾问及其所用之辅佐官协力援助中华民国之行政、法制、军事、治安及警务等事项。[②]……4. 关于专员、技术官、教授、教官、教导官等之身份及待遇等凡原有规定者，照原来规定办理。其无规定，另在附属条约内定之。　其附属条约规定如下：1. 关于本约定第三条之推荐手续，由日本军特务部长办理。2. 顾问及辅佐官以日本军嘱托，现役军人及应召中之军人充任……4. 前条所述之各长官，如遇顾问担任事项中之重要事项，应对顾问率直相谈后，详细规定，在各顾问之服务章程内订定之……14. 关于前条职员之任免权限除特有规定外，一切由日本军特务部长与中华民国临时政府行政委员长协商决定之。[③]

《关于配置顾问及辅佐官之协议事项》：1. 行政顾问及辅佐官之配置如左：议政及行政委员会置行政顾问一名。行政顾问之下，配置辅佐官

---

① 《北平市地方维持会简章》，1937年，北京市档案馆藏。

② 秦孝仪：《中华民国史料初编·对日抗战时期》第6册，中央文物出版社，1980年版，第132页。

③ 张同乐：《华北沦陷区日伪政权研究》，生活·读书·新知 三联书店，2012年版，第122—123页。

约五名……5．各顾问之下，置通译及事务员若干名。[1]这样，日籍顾问把持伪府政务指导的体制形成了。其次，赋予了各顾问很大特权，为其干涉、操纵华北内政提供了条件。当时的日籍顾问无论是从选拔的方式，还是从当选顾问的资格等方面都有一些特殊的规定。顾问遍及伪政权的各级政府，涉及各行各业，且顾问及辅佐官往往出自军籍。其地位特殊，往往处于指导、统辖的地位。对特务机关长负责，对华北驻屯军总司令负责。那么，他们有哪些特权呢？

第一，参与、掌控市政会议的权力。如从1937年9月25日至1944年7月13日，北平共召开了68次市政会议，在这些会议的召开过程中日籍顾问一直处于参与、掌控的地位。

1937年9月至1944年7月参加北平市政会议的部分日籍顾问名单[2]

顾问名	会议名	时间	市长	备注
山田左兵荣	第298次常会	1937年9月25日	江朝宗	
余村、山田左兵荣	第299次常会	1937年10月15日	江朝宗	
……	……	……	……	
町田	第387次常会	1944年7月19日	刘玉书	

第二，对人事权的窃取。日籍顾问往往在伪政权一些重要的决策中起着很关键的作用。如喜多诚一是它的最高顾问，同时又是华北伪政权的直接导演者，那么，他在人事任免等方面拥有绝对的权力。当时，伪府内派系斗争尖锐，王克敏地位一度岌岌可危。作为卖国老手，他为固其位，甚至不惜搜集名贵衣饰，献于喜多，"以资求其庇护"。[3]至于一般的顾问等，也拥有一定的人事权。如平市就行"遗缺由辅佐官商请机关长决定"之制。[4]

---

①张同乐：《华北沦陷区日伪政权研究》，生活·读书·新知 三联书店，2012年版，第124页。

②北京市档案馆：《北平历届市政府市政会议决议录》，中国档案出版社，1998年版，第382—510页。

③北京市档案馆：《绝对真相：日本侵华期间档案史料选》，新华出版社，2005年版，第400页。

④《北京特别市教育局关于任免市属各中学校长、教务主任的训令》，档号：J004-002-00802，1941年6月，北京市档案馆藏。

第三，财权的把持。为了把握其财权，日方采取了如下措施。一是行严厉的审核制。如人事费的领取要经过主管机关的严密审核。二是推行财务人员对上负责制。具体一点就是财务人员直接由上层委派，且不在本单位领取薪俸。①而当时，各伪单位的行政一把手名义上是中国人，但他常被顾问等架空——日寇在每一个单位都行分权共治制，辅佐官只对顾问负责，而不对名义上的一把手——中国人负责。而顾问又是层层对上负责的。

第四，颁布公文的署名权。当时，有一种不成文的规定：每一个单位要颁布一个行政公文，发布一个行政命令，必由其行政一把手与顾问同时署名，且顾问之名居左，公文等才有法律效力。在中国传统文化中，以左为尊。将顾问之名置于左，意味着顾问取得了高于名义上的中国一把手的地位。这从事实上宣告了日籍顾问地位的"优越"。

最后，华北伪政权参战体制的逐步确立。伪临时政府于1937年12月颁布了施政方针。宣称：一、清除国民党一党专政的积弊……三、东亚政策：以体现东亚道义的民族协和精神为基准，与邻邦友好相处，谋求真正的亲善合作……五、防共政策：绝对排除容共政策，进一步与防共各国相协力，确保东亚的固有和平。②这一认贼作父方针的确立表明了日寇所梦想的政治上在华北建立"防共亲日政权，经济上以建立日满华不可分的关系"的目的基本达到。③1941年10月，政委会扬言："本会施政方针，即在遵循兴亚之大道，以努力东亚新秩序之完成。"④珍珠港事件爆发后，美对日公开宣战。当时，伪逆朱深再次提出了要建立华北的参战体制。他说：为了日本国运的昌隆，为了自身的荣华富贵，不得不建立这一体制。当时日本败局初显，这位毫无民族意识的汉奸却还在挣扎：虽前途渺茫，但依然要"努力以赴"，以求得到其主子的赏识与支持——"助余有

①王显成：《沦陷时期北京市伪政权对中等教育的统制政策》，《史学月刊》2012年6月，第133—135页。
②章伯锋，庄建平：《抗日战争》第六卷《日伪政权与沦陷区》，四川大学出版社，1997年版，第223-224页。
③日本防卫厅战史室：《华北治安战》（上），天津人民出版社，1984年版，第56页。
④章伯锋，庄建平：《抗日战争》第六卷《日伪政权与沦陷区》，四川大学出版社，1997年版，第279页。

成。"正是在日伪的教唆、胁迫下，华北不少民众被日伪拉上了这场侵华战争的战车。①

总之，以上内容充分地说明了华北伪政权是维护日本殖民统治的法西斯傀儡政权。

那么，为什么当时的华北伪政权必走向腐败呢？日本殖民统治的建立意味着其治下的民众处于被边缘化的困境。华北伪政权的行政体系为"中华民国政府——华北政务委员会——省政府——道公署——县政府——区公诉。从形式来看，似乎是自成体系的中央集权。然而，实际上这一体系并不在于中国傀儡政权的主权，而是属于日本军的指挥系统。"因为各级顾问及其属下的辅佐官都由日本特务机关从各地的日军中委派的。据日本战犯古海忠之供述："华北四省和蒙疆地区掌握在华北方面军司令官手中。"日伪推行集权政治。"极权政权含有两个基本要点：极端的国家主义与对内的严格统制。"为了将华北沦陷区极权主义化——本质上就是法西斯主义化，日伪采取严厉的殖民统治。具体一点就是政治上推行军事镇压、特务统治，经济上强化物价统制、毒品专卖等残酷的掠夺政策，文化上行愚民之策。对于日伪殖民统治的罪恶，伪逆王克敏是如此总结的：在日伪的统治下，"物价腾贵，人民痛苦，不堪言状。"他特别谈道：日寇"总之以武力行使政权，以政权运用经济政策，此乃敌之一贯政策。至于中国方面用人之权，在政务委员会范围内尚比较自由，若在地方政府，则日方几乎无所不用其干涉。最重要者为各地县长，殆全由外省各联络部长推荐，非本地之土豪劣绅，即为各部之翻译或特务人员，危害民间甚大。"

二、国民素质，特别是伪职人员素养进一步降低

国民素质与日伪政权的腐败有着密切的关系。梁启超曾说："有好的国民，就有好的政府，有好的社会。"为什么这么说呢？因为好的国民

---

①章伯锋，庄建平：《抗日战争》第六卷《日伪政权与沦陷区》，四川大学出版社，1997年版，第285页。

是构成好的政权的基础。同样，好的国民通过参政、议政等方式，进一步监督、制约公职人员，迫使他们按照法律的意旨来施政。那么，自20世纪二三十年代以来，中国国民的素质是好了，还是坏了呢？这确实是一个不太好说，却又不能回避的问题。

国民素质，又称国民之人格，包括身体素质、心理素质、思想素质、文化素质等。对国民素质问题，从清末以来一直有不少思想家予以翔实的论述。20世纪20年代初，部分先进的中国人这样评价当时国民的素养："中国人之人格，至近年已剥削殆尽。其所以致此之由，吾国民全体应负其责。民国之称已有十年于兹，而国民之精神岂无丝毫之进步。殆并前清末季之腐败而亦瞠乎其后，大多数人终日纷纷扰扰，所为何事，而令少数奸人盘踞于东西南北之要津。人民之疾苦，无人过问，国权之丧失，无人过问。"①除了精神退步外，心理也出了问题。"近数年来，国人忽呈一种变态之心理。如扶乩占卜之术，既盛行于一般社会，而号称缙绅者，复多以治灵学，修来生相标榜，废人道而崇鬼神，弃自力而尚它力，其为害殆不可纪极……此种变态心理之发生，固由于国人缺乏科学知识之故。而实由政治之紊乱，生活之不安，有以为助成之。盖当政象清明，法治伸张之日，国民之生活，以有法律为保障，不至遭意外之蹂躏，故人人咸安其生，凭借自己的能力，以谋自己的幸福……至于乱世则不然，凡官吏之贪暴，兵燹之突起，均足以扰乱社会安宁之秩序，人民处此等社会之中，殆无时无日，不可以遭横祸。而非人力之能预防……人力之所不能预防，则不得不委诸杳冥之气数。甚也者，求助于神鬼……此种心理，可曰国民怯懦之心理，大抵社会乱象愈深，则国民此种心理亦愈深"。②

那么，当时的国人，特别是都市中的国人关心的又是什么呢？他们关心的是自己物欲的满足。"近世都市生活，其最大之弊害，即在美的嗜好的堕落。以美的嗜好的堕落，故人皆取快乐于下等的肉欲。而奢侈淫乱之风盛，以奢侈淫乱之风盛，故卫生之规约、法律之制裁，每为人所破坏，

---

① 坚瓠：《中国人之人格何在？》，《东方杂志》第十八卷，第九号，第1页。
② 坚瓠：《国民之精神病》，《东方杂志》第十八卷，第四号。

而死亡率与犯罪率，亦随之增高"。①鉴于这种窘境，蔡元培等组织了民族改造社，以"研究民族之病态，而谋改造之方针"。他们指出，"我国民族之生理状态，为一种病态丛生的集团。诸如驼背耸肩、神虚影弱，太多病状的畸形，貌似愁眉菜色，行动迂缓……举国上下，不论贤智，不肖，无不暮气沉沉，气息奄奄也……热度五分，虚伪，敷衍，团结散漫似散沙，眼光大如沙豆"。很明显，国民性弱点很多。那么，"要强国，必先强种，没有强健的民族，要希望有兴盛的国家，这无疑是痴人的妄想"。②

那么，日伪统治时，华北伪政权的官吏素养又是如何呢？从总体上来说表现在他们有不少嗜好。

首先是好权力。权力是好东西，有权能使鬼推磨。在该时期，如果说日本顾问是太上皇，那么，各色的汉奸头目们就是十足的权力狂。因为在中国从古到今，都有一个观念：有权就有一切，且权力从来没有得到应有的制约。为此，伪政权的大小汉奸头目，大都梦想着从日本的施舍中获得某些特权。而在现实生活中，他们又何尝不是这样？！沦陷前夕，日军坂垣师团长已到津，张璧与之有交情，"希冀于平津市长得以一席，故不就北京警察局职，让与潘毓桂"。在抗日的二十九军失去防守阵地，南京国民政府和战不定，"后患茫茫，不堪设想"的关键时刻，张志远等伪逆已与日方暗送秋波了。他们早就希望在日本的卵翼下建立伪政权，"谓五色旗已备妥，将飘扬旧都中"。为此，连当时的李景铭都看不下去了。他说："所惜者，中国人猎官之热太甚……设人人均有爱国思想，恬退自安，国事尚可为也。"③1937年7月30日，伪北平维持会成立，商会会长冷家骥表现出了对权力的狂热追求。李景铭如是记载：1937年8月14日，他拜访了江朝宗等人，得知："冷家骥运动北平市长，既遭日方不同意，又遭今井武官向香月司令运动，以为可行矣……如是国亡无日，猎官不已，诚无耻之极。"④在李氏

①《都市生活之美化》，《东方杂志》第十八卷，第八号。
②《复兴民族与民族改造》，《申报》1935年7月2日，第2版。
③李景铭：《卢沟桥事变后北平见闻录》，选自中国社会科学院近代史研究所《近代史资料》编辑室编的《近代史资料》总六十五号，中国社会科学出版社，1987年版，第102—150页。
④李景铭：《卢沟桥事变后北平见闻录》，选自中国社会科学院近代史研究所《近代史资料》编辑室编的《近代史资料》总六十五号，中国社会科学出版社，1987年版，第102—150页。

看来，冷家骥就是忽东忽西的投机分子。始则包办维持会，思代江氏为会长，至江就职，又想将他作为傀儡……后考虑到其计已被识破了，要"愤"而离职。由此可知，当时的伪逆们是如何急于讨个一官半职，幻想着在日伪政权中分得一杯残羹冷炙的。权力是一柄双刃剑，既可以利用它来造福民众；同时，权力的高度集中，也易产生腐败。

自私自利，数典忘祖。表现就是只考虑到自身的利益，而不考虑国家、民族利益。在国家处于危难的紧急关头，大部分伪职人员往往考虑的是如何牺牲国家利益、他人利益以换取自身升官发财的资本。1937年12月，伪临时政府成立。北洋遗老王揖唐被任命为伪临时常务委员会委员、赈济部部长。江朝宗为伪北平维持会会长。那些臭味相投的人纷纷致电祝贺，他们沆瀣一气，互为援应。其自私自利的丑态暴露无遗。[①]

这种一人得道，仙及鸡犬的心理渗透到社会的方方面面。当然，进入权力圈后，则又内斗不已。"林元龙、林少英同是台湾人，在三组会议治安，彼此藐视。亦妒忌之一端。总而言之，日人排斥日人，台湾人排斥台湾人，中国人排斥中国人。三者之中又互相排斥，如连环然。"[②]群逆在内斗之时，为了获得日方的"厚爱"，进而得到权力，往往甘当卖国的老手。日本兴中公司盐业部，于1937年4月起，施行独立经营。它为了解决芦盐出口的问题，早有意在中国长芦盐产区，设立华业盐公司——以实现其就地制晒芦盐，并制化学用盐，供给日国内应用之目的。为此，它曾想收买华北民族工业企业久大精盐公司，未果。后在汉奸殷汝耕的帮助下"迫使汉沽滩户邵汉清将800余亩长芦滩涂低价卖给它"。[③]总之，在殷逆们看来，只有很好地出卖了国权，才可从日本主子那儿分到一点残羹冷炙。而上述行为，往往产生严重的蝴蝶效应，导致很多人都幻想着从日方那儿弄个一官半职。

当时，华北伪政权的不少官员都属于这一类。我们不妨看看伪逆吴赞周

①《京师警察厅关于查缉扰乱治安、颠覆政府人物的密令》，档号：J181-18-21628，1938年3月，北京市档案馆藏。

②李景铭：《卢沟桥事变后北平见闻录》，选自中国社会科学院近代史研究所近代史资料编辑室编的《近代史资料》总六十五号，中国社会科学出版社，1987年版，第102—150页。

③《日本兴中公司设立华北盐业公司》，《申报》1937年4月3日，第10版。

写的《河北省知县名册》，在他的笔下，我们就知道当时担任伪县长的都是什么货色！"新安县，三等县，县长房志宣，43岁，山东即墨人，1940年11月13日任命，11月22日到任。哈尔滨东省特别区政法大学毕业，任山东省特别区警官高等学校教官，北满铁路警务处秘书主任，冀东政府秘书，河北省公署建设厅秘书"。由于县长的任命权完全由日方掌握，导致很多伪县长有着长期服务于日本的经验与经历，是死心塌地的铁杆汉奸。

其次，好女色是众多汉奸头目的一个共同特点。当时的华北伪政权不乏好色之徒。据当时脱籍妓女的回忆：梅妃"最初的熟客是王桂林，齐燮元手下的一个局长，和王同来的当然都是汉奸。其中一个是秦华，曾在奉军中当过宪兵司令（秦曾于1943年被汪伪授中将军衔），现在也是局长。秦华来到鸣凤院，我们五间北上房简直不够他一个人反的，他总是连说带闹，还常常悄悄画张春宫贴在墙上"。[1]此外，很多伪高官都与妓女、妓院有着千丝万缕的联系。如王克敏、苏体仁等的姨太太都是出自妓院。

再次，嗜毒如命。尽管禁烟法规明确规定："鸦片祸国肆毒百年，贼害民生，屡指难尽……而公务及教育人员，与夫学生或为人民矜式，或属社会中坚，尤应树之风声，力除恶习"。所以，《华北禁烟暂行办法》第三条才有服务于公务及教育并学生及人民代表者不适用之规定。"诚以治事求学，惟恃精神，精神一颓，百业皆废。各机关、各学校、各会所，人员众多，其中难保无沾染嗜好，尚未戒除者"。对于这种依然有吸毒的嗜好，不积极予以戒除者，"一经查出，即行举发，听候处分……总期旧染剪除，人知警惕，俾作人民之倡率，而符时代之革新"。[2]但客观上不少人依然有吸毒的嗜好。吸毒产生的快感以及由此产生的暂时摆脱现实困境的效果，对当时的伪职人员有着较强的吸引力。这一点从1941年11月的《支研经济旬刊》中可见一斑。它是日方对华北地区的毒品销售、吸食、价格等方面的系统的记载。从某种程度可以说，它也是日伪纵毒的铁证。如1939年"合法"流入北平的鸦片567万两，加上非法流入的100万两，达

---

①文芳：《黑色记忆中的青楼血泪》，中国文史出版社，2004年版，第59页。
②《北京特别市公署警察局训令》，档号：J181-22-18097，1943年3月11日，北京市档案馆藏。

667万两。其中北平消费约360万两，其余的流入天津等地。各个阶层吸食鸦片的数量不同。官吏平均一日0.5两，一年约180两，且其对鸦片的纯度要求与一般人也不一样。如以河北各阶层的吸毒情况为例，见表7-1。

表7-1　河北各阶层吸毒情况表[1]

职别	吸食者数	嗜好的纯度
官吏	80%	80%
商人	20%	70%
工人	5%	60%
农人	1%	40%—50%

可见，在河北伪官吏群体中吸毒是极为普遍的。而作为河北近邻的北平自然也充斥着这一恶习。

嗜好多多的伪府人员很明显不利于腐败的预防和根绝。

三、反动组织与伪政权的合流，加速了吏治的腐败与社会的混乱

近代以来，封建迷信活动十分猖獗。兴亚宗教协会编的《华北宗教年鉴》记载："佛教在华北地区之内，信者较众……盖佛道两教在此甚久，而互为盛衰者，又经若干次更迭，因此，一般民众的信仰，佛道之间有不甚明显之分野。细译佛教信徒，除僧侣外，则在家之居士，及民众之自由信仰礼佛者，凡为不同样之阶级人士皆包含入内，尤以名贤硕儒学者，大半侧身居士之林。"由于政治黑暗、灾害众多，导致信教者众。如山东，据1934年统计，"道教有4804人，佛教36668人，回教有51669人，天主教70189人，耶稣教有22259人。其他不属于以上各教者有843人"。[2]北平是拥有悠久历史的文化名城，但信教人数，特别是信佛的人数极多。其中受

---

①房建昌，农伟雄，译：《华北蒙疆的鸦片》，选自中国社会科学院近代史研究所《近代史资料》编辑部编的《近代史资料》总114号，2006年版，第159—179页。

②中国第二历史档案馆：《中华民国史档案资料汇编》，第五辑第一编文化（二），江苏古籍出版社，1994年版，第1053页。

过高等教育的占28.5%，受过中等教育的占32%，受了初等教育的占26%。宗教势力很强。据1930年统计，该市寺庙分为公建、私建、募建三类，共1734座，住庙人数2976人，房屋间数41566，附属田地128781.6亩，佛像47094个。①且私建者占72.1%、募建10.7%，公建17.2%。②《现代汉语词典》释意，迷信有两个含义：一是相信神灵、鬼怪等超自然力量的存在。二是盲目地信仰、崇拜。这里取的是第一个含义。北平周边的地区，宗教势力很有影响。如怀柔"居民所奉宗教，率多信佛……一似奉若国教，惟相传日久，迷信日深，一般愚妇愚夫，善男信女，疾病相求，福祸是问。入民国以后，因受党化教育影响，以破除迷信为名，遂撤庙建学，以庙产充为学款，其势为衰。惟今居民尚供奉佛像，每日焚香礼拜"。③

迷信组织就是相信神灵、鬼怪等超自然力量的组织。沦陷前夕，华北已有不少迷信组织。如一贯道，它起源于光绪年间山东济宁的"东震堂"，后改为"一贯道"。此组织奉达摩为始祖，传到十七代"祖师"路中一时，尚因乏人信仰而默默无闻，到流氓张光璧窃得衣钵，其在济宁已发展到3000多人。日本侵华后，利用民众求安的心理，该组织鼓吹"天下大乱，将死人无数，唯有入道才能躲灾避难，逢凶化吉"。于是一部分民众出于求安的心理纷纷入道。沦陷时期，它终于发展成为一个在北京地区，乃至华北地区拥有近20万道徒，涉及各行业的集封建迷信大成的大杂烩。为什么它能得到快速发展呢？

首先，善于利用、曲解、改造传统文化中的儒、佛、道的一些说教、言论，并利用传统文化中的一些信仰、时尚等为己服务。"一贯道者，其意甚深，其理甚妙……天地元始，浑然一体，无声无臭，莫为其名。伏羲氏画先天八卦，以圆圈象之，又一画开天，取一字以代之，因圆写为○，横写为一。以后老子又无极之说，孔子亦有一贯之称。盖先天原本无形，

①中国第二历史档案馆：《中华民国史档案资料汇编》，第五辑第一编文化（二），江苏古籍出版社，1994年版，第1071页。

②中国第二历史档案馆：《中华民国史档案资料汇编》，第五辑第一编文化（二），江苏古籍出版社，1994年版，第1081页。

③新民会中央总会北京指导部：《河北省怀柔县事情调查》，1939年版，第125页。

强形之以圆圈，取其意为无极。按圆圈伸展得一字，后以一字定名，一字之由来实无极圈之变象也……故一贯道者，合而言之，则是贯彻天地万事万物万类之无极真理，亦是贯彻天地古今中外，普救众生之光明大道。行于大道，则能至善，行于邪恶，则必沦坠重劫。"[①]很明显，一贯道采纳了传统儒学追求至善至美的理念，吸收了道家思想中的唯心主义的说教，充分利用了中国民众追求安稳、幸福的思想来骗取民众的支持。

其次，一贯道领袖的野心使然。该组织是一个拥有近百年历史的臭名昭著、罪恶累累的教门组织。1925年以前，其领袖野心一般。而1925年张光璧继承祖师职位后，就爆发出强烈的发展自我的欲望。他说："三十年前师度徒，三十年后徒度师""度万国九州，度尽九六方罢休，三期末劫一贯传，领命祖师张天然，九六佛子哈哈笑，携手同登返理天""先度贫，后度富，末后再把王侯度，富拜贫，老拜少，看谁先得道。"[②]上述言论既充分反映了他企图利用宗教势力追求高官厚禄，残害民众之丑恶嘴脸，又从某种程度上说明该组织当时得到快速发展的一个主观原因。

最后，战乱频繁、天灾人祸是当时华北地区一贯道得已滋生、发展的社会原因。20世纪20—30年代，在各种矛盾急剧激化的同时，华北地区战乱频繁，自然灾害众多。且不说日本侵华以前的中国国内的军阀混战，等等。这里仅介绍日本侵略是如何使一般民众流离失所、家破人亡的。当时，日军尽管一定程度控制了华北大部地区，但日占区与国统区之间存在着漫长的、变动的，处于胶着状态的地带。除此之外，即使是日占区治安也极不稳定。如当时的北平尽管是日伪心目中所谓的"模范"治安区，但其社会治安依然十分严峻。如1943年8月，北平捺印罪犯2011名，其中财产犯与侵害人身安全犯1227名，占61%。[③]从1944年1月至12月，捺印罪犯总数为10818人，其中犯财产犯罪与侵害人身权利的犯罪的人数为6144人，占总犯人数的56.8%。除了该年1月、8—10月相对较少外，其他各月

①《一贯道新介绍》，佚名辑，民国二十九年铅印本。
②梁家贵：《民国山东教门史》，人民出版社，2008年版，第48页。
③《警法科关于报送民国三十二年八月份罪犯指纹表的呈》，档号：J181-22-16853，北京市档案馆藏。

都高于该月总数的60%以上。[①]

可见，沦陷时期末期该市的治安状况是：总体上来讲，涉及财产的犯罪，或与财产有关的侵害人身权利的犯罪一直处于高发状态。这与当时物价激增不无关系。它充分反映了当时民众生存状况急剧恶化的现实环境。

那么，一贯道又与当时的日伪有怎么样的关系呢？日伪要想巩固、强化其在华北地区，特别是北京地区的统治，自然希望利用它为己效劳。为此，一方面伪逆王揖唐、江朝宗等纷纷入道，担任点传师等职。另一方面，一贯道的中下层人物通过日伪的许可，纷纷涌入伪政权，成为其忠实的走狗。"如协助张五福的点传师周灿如，就是一个日本特务，出门经常带个伪警长、巡长，狐假虎威，招摇过市。这些家伙，一边焚香拜佛，一边肆行不义，乡下城里莫不如此。"[②]很明显，一贯道等迷信组织的伪化加速了伪政权的腐化。

四、华北伪政权的本质决定了它必然走向腐败

华北伪政权的本质是什么？是一个出卖民族利益，妨害民众切身利益的毒瘤。对此伪报已明确供认："以现在的北京市政府来说，是一个隶属于其上级政治团体之政治团体。故其大部分功能在于如何应付其上级机关。但此外，它又须在某种程度内满足其市民的需要。"[③]也就是说，它是一个对日伪上层负责的傀儡政权。北京市民对于伪北京市政府的要求是什么呢？在市民的眼中看起来，市政府不单是生命和财产的保护者，更应是维持他们必要的生活程度的责任者。而伪方则认为，民众的政治要求是很低的。"北京市民对于政治方面的要求，只限于秩序的要求，至于其他方面，多是自上而下的……尤其在事变以后的市府的主要功能在于维护

---

① 《北京特别市公署警察局三十三年所办的罪犯指纹统计月报表》，档号：J181-22-16896，北京市档案馆藏。

② 李万启：《北京一贯道及其被取缔》，选自《北京文史资料》第55辑，北京出版社，1997年版，第31—57页。

③ 华北政务委员会总务厅情报局印制：《文化年刊》第三册，档号：ZQ12-3-135，1942年，第79—80页，北京市档案馆藏。

北京市的社会秩序。"①由于偏重于日伪统治秩序的巩固、强化，自然对民众的生存、生活就不那么关注了。总之，正是这种政权的本质决定了它不可能真正地防止、遏制、消灭腐败行为。它本质上不可能是一个为本土民众利益服务的政权，因为它与一般本土民众处在一种你死我活的对立关系中。为此，反腐败仅是其维护罪恶统治的一种手段，且其行为模式往往滋生了更多的腐败，滋生了更多的社会问题。对此，伪逆王克敏也做了无可抵赖的供认。王克敏因背叛民族大义而成为千古罪人。那么，这个依靠日本主子呼风唤雨的人物又是如何分析沦陷区民众为什么那么苦的呢？他说："总之，以武力行使政权，以政权运用经济政策，此为敌方一贯之政策。至于中国方面用人之权，在政务委员会范围内尚比较自由，若在地方政府，则日方几乎无所不用其干涉，最重要者为各地县长，殆全由外省各联络部长所推荐……为害民间最为重大。"②正是由于日伪的各项殖民政策导致沦陷区吏治败坏到了极点，民众生活极为艰难。

正是这种政权属性决定了它不敢真正地打击、遏制腐败。一方面，宣称要严惩腐败。"凡有褒奖、惩戒事宜，应互相通知，以资稽考，其因处分去职者，其他不得再行录用……并饬属一体遵照"。③另一方面，对于伪职人员不愿过于苛求，以免影响其为日伪效命。"往日恶习，一时难除，时有因犯过失，即畏罪潜逃者，此种恶习，实有玷官箴……对于僚属犹多爱护，每以此种情事，言之痛心。"④正是日伪上层的纵容、保护导致了腐败的趋势日益严重。

总之，以上各个方面的原因，导致当时的北平"所有要位，非贿不成，卖官鬻爵，破坏纲纪"。⑤

---

①华北政务委员会总务厅情报局印制：《文化年刊》第三册，档号：ZQ12-3-135，1942年，第81—82页，北京市档案馆藏。

②北京市档案馆：《绝对真相：日本侵华期间档案史料选》，新华出版社，2005年版，第403页。

③《公务员因处分去职者，不得再行录用》，《新民报晚刊》1938年12月14日，第2版。

④《通县整顿警政，小有过失，从宽处分，擅自去职，缉归严办》，《冀东日报》1939年4月19日，第3版。

⑤毛人凤，马汉三代《审判汉奸王克敏档案一组》，选自北京市档案馆：《北京档案史料》2005年第2期，第75—84页。

第四节　北平沦陷时期吏治腐败的影响

一、腐败与日伪命运之关系

抗战初期，同情中国的部分西方外交家就预言中国必胜、日本必败。这对处于悲观、绝望、无助而又爱好和平、自由的中国人的心里产生了强烈的激励作用。而日本建立殖民统治后所产生的一系列问题，尤其是吏治的腐败问题使一般民众有了更多的切肤之痛。他们逐步意识到殖民统治之罪恶，强烈要求推翻日本的殖民统治，维护、争取国家的自主权。

"警政为庶政之基础……概自沦陷以还，敌伪僭据，倒行逆施，蹂躏摧残，昔之良规，渐成泡影，致为遗憾"。[①]警察等的腐败不仅影响到伪衙门的风气，而且加速了各行业的黑化。汤锅业是当时屠宰牲畜的行业，由北平市商会下的行业公会直接管理。那么，其管理状况如何？一句话，极为混乱。管理员郑某好赌，常"约工人上他宅打牌……抽头不算，四人胜败，完全与他留下二项"。还"分戏票于场内二百家"，从中渔利。若不从，常被他"打得背脊鲜血直流，致头破额肿"。此外，"一年三节，每节各家节礼通送到，一家未到，次日免不了背脊出血"。甚至还将场内猪肉，私下贩卖，赚取外快。等等，不一而足。为此，受害人甚至联名直接向日籍顾问控告，期盼他能妥善地处理该问题。那么，日籍顾问的态度又是如何呢？他们采取了避重就轻的政策。他派人前往汤锅及肉铺等处调查。结果，多人均称："郑管理员素日殊少和气……盖此种实为招怨之由。"至于强派戏票、聚赌抽头，冒名向肉铺索钱等，法警室巡官称：所控郑宝谦确有赌博情事。"往各汤锅送票确有其事，每次每家两张，不去也得给钱，其从中渔利五角……年节送礼，并无一定，与其有关系人，或有送礼之事，亦不过普通应酬，每家每节送礼并无实据"。[②]很明显，处

[①]北平市参议会秘书处：《一年来之北平警政》，中华民国三十六年八月。

[②]《为呈请城南屠宰场内郑管理员事》，档号：J181-23-10390，1939年，北京市档案馆藏。

理该案的日伪人士只承认其管理态度的恶劣，至于其贪腐行为，则采取一定程度的包容态度。不过，结合当时环境恶劣之事实，笔者认为其工友的控告应是基本属实的。其行为之嚣张，其手段之毒辣，其敛财方式的多样在那一个特殊时代，也是易解释的。由于他本人要承担一大家子的生活压力，而他又与行业公会会长有着密切的关系——盟兄关系，因此，他在管理上有着明显的优势。可以说，在一定程度上决定了其管理相对人——各工友的工作状态，甚至决定了其家庭收入的多少。虽然伪警察并没有公开说有送礼、勒索的证据，但并不能否认一个事实：和平年代，勒索尚且有之，何况在物价不断攀升，购买力不断下降，求生日趋艰难的"虐政"时代。管理是根据企业目标，充分利用现有的各种资源，特别是人力资源，以求得企业发展的一个充满艺术的创造性活动。很明显，聪敏的管理者必须在尊重法律、道德的基础上，处理好他与被管理者的关系。而从本案来看，郑某之所以没能很好地履行其管理职能，却又没有受到必要的处分，一个重要的原因是他凭借其"良好"的私人关系，置他人利益、情感等不顾，很明显，他的行为是一种典型的腐败行为。

正是因为各行各业的腐败导致了民众的失望情绪高涨。并且日伪又不可能采取有效措施来遏制这一态势。相反，随着战争的失败，物价的高涨必然走向腐败的深渊。以至于所有要位，"非贿不行，卖官鬻爵"，风纪败坏。至于赌博之盛行，吸毒之猖獗，嫖妓之肆虐，酗酒之野蛮，更是当时警界之不二法门。无怪乎伪报忧虑地叹息：它们是伪警察的"法定应有之劣习，实有碍警政之革新"。[1]

二、吏治腐败与沦陷区民众之关系

在日军还没彻底征服华北沦陷区之时，日方曾一度进行别有用心的宣传。它曾假惺惺地宣称：它是为扫除前国民政府的"暴政""腐败"而侵

---

[1] 王显成：《日伪统治时期伪北京市政权的毒品统制政策》，《史学月刊》2010年第8期，第131—135页。

华的。总之，要使民众摆脱"水深火热"的国民党统治，唯一的办法就是甘当日本的顺民。"日军良善，决不与平民为敌……凡所以'辑抚流亡，安定民生者，日军无不竭智殚虑以赴……'因之日军兵力所及之地，皆成王道乐土。"①那么，沦陷后的华北是否真如日本侵略者所说的那样呢？答案是否定的。沦陷后的种种迹象表明：沦陷区民众面临的苦难程度远远超过想象：政治更为黑暗，民生更为疾苦。为此，人民哀叹："北平沦陷八年，市民渴念中央，直如大旱之望云霓。胜利到来，举市欢腾，奔走街头，以迎国军，百度不厌，气象如何，由此可见。惟此热烈之症结，应予详察。在中日事变以前，人民并无国家观念，自不必讳言。嗣因日寇压迫榨取，民不聊生，虽贩夫走卒，均感无国之痛：生命有如累卵之危，乃日思中央大军之来临，为我人民驱此顽敌而解倒悬。"②很明显，民众的民族意识的滋长和强化与日伪殖民统治和日伪的腐败是分不开的。因为没有它的腐败，就不能使一般的民众认识到国与家的关系，更不能意识到日伪的腐败才是最严重的腐败。同样道理，日伪的腐败也使民众更清醒地认识到必须通过自身的力量来改变任人宰割的命运，为此，反对日本侵略，争取民族的独立就不应只成为一部分民族精英的意识，而应成为所有有良知的国人的共识。

日本现代史上有名的中日战争史专家古厩先生在他研究战时上海的专著《战时上海》中提出了把重庆、延安、上海作为中国抗战力量三级构造的论点。就地区而言，一方面，上海及被占领区分别将重庆、延安作为其顶点，构成了两个三角形的底边。另一方面，日本为了对抗中国的抗战力量，企图在上海和其他占领区依靠傀儡政权构筑其统治的三角形，但经过统治与反统治的拉锯战，最终还是以失败告终。③

那么，日军为什么最终还是逃脱不了失败的命运呢？因为抗日战争是中华民族为了自己的生存、自己的尊严而进行的长久的战争。在这场战争

---

① 张云生：《华北沦陷期日人宣传活动之研究》，燕京大学文学院新闻学系学生毕业论文，1946年6月，北京大学图书馆藏。

② 《日敌民营工厂接收后复业建议》，档号：J13-1-169，1947年，北京市档案馆藏。

③ 高纲博文：《战时上海》，陈祖恩，等译，上海远东出版社，2016年版，第3页。

中，下层的民众通过对日伪腐败的了解，初步认识到殖民制度之罪恶，进而认识到只有将这个异族的政权彻底推翻，自己才有活路。毛泽东同志曾说：沦陷区问题是关系日本帝国主义生死的问题。[1]而当时北平等地的民众就以不同的方式来表达自己的抗日意识：首先，不屈服于掠夺而坚强的生存下去，这本身就是抗战。其次，逃离沦陷区，参加抗日队伍，直接消灭日伪军。这种现象在当时的北平大中学生中大有人在。再次，拒绝报考日伪办的学校，想方设法进入燕京大学等英美系学校，使这些学校成为抗日的重要阵地。最后，对日伪采取不协助的方式以示抗争。总之，日寇的灭亡是必然的，日伪政权的腐败更加速了其灭亡的进程。

三、腐败与战后国民党政权之关系

南京国民政府在取得抗战胜利后采取了惩治汉奸的政策，且取得了一些成就。但客观环境的逼迫使日伪遗留下的腐败问题不仅没能得到解决。且有愈演愈烈的趋势。为什么呢？

根本原因是以蒋介石为首的国民党政权打击汉奸不力，使不少腐败分子为己所用。当时的除奸有明显的特点：一是打击面不大。主要打击的是比较有影响力的人物。如伪华北绥靖军总司令齐燮元、伪常务委员兼建设总署督办王荫泰、伪常务委员兼财务总署督办汪时璟等，都是臭名远扬的汉奸，才可能被镇压。至于级别较低的汉奸绝大部分没受到应有的惩罚。二是除奸工作一定程度上服从、服务于当时国民党独裁统治的目的。这样，导致大批中下层的伪职人员为国民党政权所用，他们依然我行我素，促进了国民党的腐败。三是在接收过程中加剧了腐败问题的产生。日本垮台后，面对收复区不下4万亿元的日伪资产，国民政府派出了大批军政人员前往接收。一时间接收机关林立，仅平、津、沪、杭四地就有接收机关175个。这些接收大员趁机营私舞弊、贪污索贿，纷纷"五子登科"（占房子、抢车子、夺金子、捞票子、玩婊子），接收沦为"劫收"，极其腐败。

---

[1]中共中央文献研究室：《毛泽东文集》第二卷，人民出版社，1993年版，第247页。

鉴于国民党日趋腐败的事实，张难先等提出了《请政府以一耻字教国人并矫正其所耻案》。"惟环顾大势，其熙来攘往者大抵知识之浅陋，不耻也；品行之卑污，不耻也；能力之低下，不耻也；声名之狼藉，不耻也；所耻者在宫室之不美，妻妾之不娇，黄金之不多，权势之不大，揣摩之功夫不深，迎合之技术不精，钻营之脸皮不厚，舞弊之手段不辣。人不可无耻，有耻矣竟在此，讵非可痛哭流涕，长叹息，断送吾国于前劫不复之事乎？"他说，要挽救垂危的党国，必"作根本之谈，忌成革心之业，望政府以身作则，明耻以教国人"，并提出了树新风气、罢免谄媚、面谀毫无廉耻之大员等主张。①

---

① 《请政府以一耻字教国人并矫正其所耻案》，档号：J009-003-00133，1946年，北京市档案馆藏。

第八章　沦陷时期北平教育面临的问题

第一节　沦陷前夕北平教育的发展概况

从鸦片战争后至1927年前，北平一直是中国的政治、文化中心，为此，其教育的近代化水平在全国来说处于前列。1927年后，国都南迁，其教育发展尽管受到一定的影响。不过，其发展水平在全国依然处于前列。那么，沦陷前夕，它的教育发展概况如何呢？

一、各类教育发展较快

这里所说的是指公立、私立等门类的教育都得到较大发展。北平是近代洋务教育的发起地。1862年，成立了京师同文馆。后来，它由一个翻译学校发展为一个实用科学的高等学堂。[1]在其影响下，一系列公立新式学校产生。在清末最早提出广办新式学校的是李端棻。他于1896年给光绪帝上了一个《请推广学校折》，建议每县各改一书院为新式学堂，"书院旧有之款，其有不足，始拨官款补之"。主张由民间兴办藏书楼。"如此，则向学之无书可读者，皆得已自勉于学"。[2]1898年，盛宣怀将私人办学的思想变为实践——创办南洋公学。该学堂已具备了小学、中学、高等学堂、师范学堂的办学体系。[3]北平最早的民办学校是1897年张元济办的通艺学堂。其宗旨是"造就人才，留心时务"。学校设立文学门与艺术门，

---

①舒新城：《中国近代教育史资料》（上），人民教育出版社，1961年版，第117—118页。

②中国史学会主编：中国近代史资料丛刊《戊戌变法》第二册，神州国光社，1953年版，第292—297页。

③舒新城：《中国近代教育史资料》，人民教育出版社，1961年版，第154—155页。

从其开设课程、教学方法等来看，该校已开辟了京师近代高等教育之先河。①戊戌变法时创办的京师大学堂既是当时中国最高学府，也肩负着全国最高教育行政机关的责任。其办学的宗旨是"中西学并重"。1905年清朝废除科举制。科举制的废除进一步推动了新式教育的发展。

到清末民初，基本上形成了初等教育、中等教育、高等教育全面发展的格局。1922年的"壬戌学制"代替了清末的壬寅学制。且教育思想也发生了很大的变化：从忠君尊孔到公民道德为主，从学校教育、尚存科举到废科举，取消读经科目。教育政策以清政府为中心转向以民众为中心，以人民为主体的教育，目的在于培育国民基础，训练国家有用人才。②在这一基础上，北平教育又有了新的发展：初等教育学制及教学内容的变化比中等、高等教育更为频繁。义务教育及国语运动得到了迅速发展。1912年壬子学制规定小学七年，到1922年改为六年。至1927年，北京各类小学114所。③且私立多于公立。初期中学教育发展较慢，1922年壬戌学制颁布后，中学得到快速发展。"学生人数达二万人。就量之方面言之，北京中等教育之发达，远非国内各都市之所能及"。④它分公立、教会、私立等中等学校。高等教育的数量、规模、水平处于全国领先地位。形成了以北京大学为首的众多公立高校、私立高校，及教会高校并立的格局。

1927年4月，南京国民政府成立。此后十年，国民政府推行以党治国的主张。这样就把教育带到一党专政、集权的道路上去，并逐步趋于本土化。教育改革由简单模仿向中西优势互补方向转变。但这种转变却是以服务于一党专政为目的的，使教育改革蒙上"复古守旧的阴影"。由于政府投入增大，再加上制度日趋完善——进一步完善了视学制、毕业会考制等。使北平的教育发展到民国时的最高水平。表现在以下几个方面：

第一，初等教育发展较快。据统计，1932年北京市共有小学199所。1935年社会局第三科称：本市市立小学59所，并市立师范附属小学10所，

---

① 刘仲华：《北京教育史》，人民出版社，2008年版，第155页。
② 刘仲华：《北京教育史》，人民出版社，2008年版，第212—213页。
③ 刘仲华：《北京教育史》，人民出版社，2008年版，第224页。
④ 吴廷燮：《北京市志稿》（文教志），北京燕山出版社，1998年版，第1—2页。

私立119所……就学儿童30000余人。[①]

第二，中等教育发展概况。据1932年统计，中学分为初中、高中、普通三种，共84所……教职员、学生数21398人。[②]社会局第三科于1935年发表的《平市教育行政二年来之回顾》称：全市中等学校70校，计普通中学市立6校，私立40校，高级中学，私立2校。初级中学私立19校……学生共19595人。无论校数、学生数都下降。[③]"迄今北京市之中等学校，合市立、国立、省立及私立者，不下百余所。学生人数达二万余。就量之方面而言，北京中等教育之发达，远非国内各都市之所能及矣"。[④]

第三，高等教育的发展概况。1928年8月，南京国民政府一度在北平推行大学区制，后因各方反对，1929年取消了该制。该年7月，国民政府公布了新的大学组织法及专科学校组织法。8月颁布了大学规程及专科学校规程，确立了新学制。据新学制，北平的高等教育得到了进一步的发展。到1932年，北平的高等学校获得教育部承认的达15所。其中大学、学院12所，专科3所。抗战爆发前，北平共有大学和学院15所，专科以上院校23所。其中国立大学4所，有北京大学、北平大学等，教会大学和私立大学3所，有中法大学、燕京大学等；国立学院1所，是北平铁道管理学院，私立学院和外国人办的学院7所，……在23所高等学校中，国立大学或学院只有11所，教会和私立大学或学院12所，私立大学约占高等学校总数的57%。在私立大学中，又有3所是接受外国津贴的学校。以上高校举办者不同，学校层次不同，学校规模大小不一。办学理念和风格多有差异。教育质量、学校风气以及对社会的贡献与影响也不同。[⑤]可以说各有特色。到1937年，北平的高等教育在全国各城市中居于前列，特别是北京大学等几所著名高校云集了全国知名的学者，培养了无数高质量的人才，再一次显示了作为一个历史文化名城的魅力——北平高校占全国高校数的

---

① 《北平市教育行政二年来之回顾》，《晨报》1935年1月1日，第2版。
② 《北平市教育沿革纪要》，《时代教育》1933年1卷11—12期。
③ 刘仲华：《北京教育史》，人民出版社，2008年版，第277页。
④ 吴廷燮：《北京市志稿》（文教志），北京燕山出版社，1998年版，第1—2页。
⑤ 刘仲华：《北京教育史》，人民出版社，2008年版，第283页。

21.4%。①各类学生总数为10万以上。

二、尊师重教的主要举措

中国古代儒家代表人物孔子等提倡尊师重道。他曾说："三人行，必有我师也。"又说："一日为师，终身为父。"依照儒家思想，"天地"为"生之本"，国是生养之本，亲为"类之本"，师为"治教"之本。这是它"礼三本"的教义。所以，作为儒教组织基本构成单元的家庭，必须在家庙、家祠或堂屋中立"天地君亲师"神位，并虔诚供奉。它反映了传统文化中国人对教师极为尊重的观念。

那么，沦陷前夕，北平市对教师的尊重主要体现在哪些方面呢？

第一，从制度层面认识到教育的重要性，进而认识到教师的重要性，加大对教育的投入。中华民国成立后，孙中山首倡在全国实行义务教育。1912年，中华民国教育部明确规定："初小、师范、高等师范免收学费。"免费上师范成了当时很多贫寒子弟接受教育的唯一途径，对私立学校则采取补助政策。"至国库补助省私立专科以上学校之款，以往仅限于专案呈准补助之少数学校，二十三年度起始有私立专科以上学校补助费专款之设置，对于办理成绩优良且经费紧张各私立学校给予教席及设备费之补助"。②在全国重视教育的大环境下，北平市政府也认识到教育的极端重要性。1937年4月，时任市长秦德纯认为教育极其重要。"总之，为地方促进建设，即为国家培育元气，为青年灌输知识，即为民族增加力量"。③

第二，准备推行义务教育。北平市成立了义务教育委员会，"切实厉

①1932年全国专科以上的学校共103所，学生42710人，教员6709人，经费33203821元。1936年全国专科以上的学校108所，学生41922人，教员7560人，经费39275385元。选自熊明安：《中国民国教育史》，重庆出版社，1990年版，第156页。

②教育年鉴编纂委员会：《第二次中国教育年鉴》，第五编高等教育，文海出版社有限公司印行，上海书店1981年复印制作，第24页。

③北平市政府秘书处编印：《北平市政公报》第400期，档号：ZQ12-2-257，1937年，北京市档案馆藏。

行强迫教育，拟先从事宣传调查，造成浓厚之空气"。该委员会下设常务委员会，推举张见庵等担任。规定全体委员每月开会一次，日期在每月第四星期之星期四。常务委员会定于每周星期一下午二时。规定办事细则大纲案。议决：细则改为通则，内分经费、设计二组，先拟通则，细则由各组分拟之。推定经费设计二组委员案。调查学龄儿童手续等方面。①很明显，如果没有战争的影响，北平市发展义务教育的方针将得到具体落实。

第三，对教职员工子弟入学免费政策的制定与落实。1931年，在市政会议第108次常会上，有人提出了"市立学校教职员、行政人员子女入学免费办法案"，会议决议删除了行政人员一项，并转交参事室修正后，再行提出讨论的规定。之后一般教职员工子弟免费上学得到实现。②

第四，强化对教育的投入。从1932年7月至1933年6月，北平市共支出经常费4250160.078元。其中教育文化支出经常费占总经常费的24.04%。③1932年教育文化预算支出经常费1027384元，占总经常费的24.03%，临时费61600元，占总临时费的20.94%，1933年预算支出经常费1082532元，占总经常费的21.78%，临时费59000元，占总临时费的26.56%。仅次于公安费。④实际支出状况又是如何呢？1932年教育文化经常费1021248.71元，占总经常费的24.03%，临时费27421.305元，占总临时费的7.73%。1933年经常费1041036.9元，占总经常费的23.46%，临时费44315.24元，占临时费的7.9%。⑤1934年地方教育经费1130724元。这与当时全国很多地方相比都是很高的了。⑥由此表明，北平市政府等对该地教

①《调查全市学龄儿童，实行强迫教育》，《华北日报》1930年2月2日，第3版。
②北京市档案馆：《北平历届市政府市政会议决议录》，中国档案出版社，1998年版，第162页。
③北平市政府秘书处：《北平市政府二十二年度行政统计》，选自《中国近代史资料丛刊》三编第七十四辑，成文出版社有限公司印行，第69页。
④北平市政府秘书处：《北平市政府二十二年度行政统计》，选自《中国近代史资料丛刊》三编第七十四辑，成文出版社有限公司印行，第72页。
⑤北平市政府秘书处：《北平市政府二十二年度行政统计》，选自《中国近代史资料丛刊》三编第七十四辑，成文出版社有限公司印行，第73页。
⑥民国18年至民国25年，全国教育经费在总预算中的比例最高的是1936年的4.8%，最低年份是1930年，仅占1.46%。

育之重视程度。

由于重视教育，导致了如下结果的产生：

教师经济待遇整体提升。具体有四方面的表现：

第一，沦陷前夕，北平教师的待遇较北洋时，甚至晚清时更好。1927年6月，大学院公布了《大学教员薪俸表》，规定：教授一级月俸500银圆，二级450银圆，三级400银圆；副教授一级340银圆，二级320银圆，三级300银圆；讲师一级260银圆，二级240银圆，三级220银圆；助教一级180银圆，二级160银圆，三级140银圆。[1]南京国民政府时代，大学教员的薪俸较北洋时有所提高。那么，中小学教员的收入呢？20世纪30年代，北平公私立高中教员的月薪，大致是80—120银圆；初中则为60—80银圆。[2]若以上述各级教师的收入，相对普通市民每月30元的基本开销，其间的生活水准落差立现。"收入稳、待遇佳，且享社会地位的文人学者，与绝大多数受经济冲击而载浮载沉的各行各业者相比，具有相对的经济优势。即使经济收入较低者（中小学教员），在经济低迷、物价低廉的故都北平社会仍可算中等，维持一个小家庭的每月开销绰绰有余。大学教授的生活优渥更不在话下"。[3]

第二，教师队伍的平均收入不低于同期其他行业的平均收入。1934年，北平管理员或工头薪俸：地毯业每月最高30元，最低16元（当时全国均30元/月）；工人最高工资（免费供食宿）：技工，10—11元/月，普工，5元/月。工人最低工资（免费供食宿）：技工4元，普工1元。[4]机器制造兼修理方面：河北工头，25—35元/月；25元的包食宿。山东工头：20—40元/月；北平工头：25—30元/月；工人最高工资（包食宿）16元/月，最低5元/月。[5]20世纪30年代生活标准和物价水平是：保姆月薪3—6元；厨师8—12元；拉包车的车夫16—20元；一元（现大洋）折合铜圆为230枚，而

①《大学教员薪俸表》，《大学院公报》1928年第1期，第3—4页。

②陈明远：《文化人的经济生活》，文汇出版社，2005年版，第141—142页。

③黄兴涛，陈鹏：《民国北京研究精粹》，北京师范大学出版社，2016年版，第142—198页。

④中国第二历史档案馆：《中华民国档案资料汇编》，第五辑第一编财政经济（五），江苏古籍出版社，1994年版，第764页。

⑤中国第二历史档案馆：《中华民国档案资料汇编》，第五辑第一编财政经济（五），江苏古籍出版社，1994年版，第267页。

一斤五花猪肉仅30枚；黄金每两105元，老妈子最低工资月薪3元，合一克黄金。四口之家，每月12元伙食费，足可维持小康水平。

第三，从地域对比来看，北平教师的收入是较高的。1927年，广州市第五小学等30校，每名教员的平均薪金是44.58元。48校每月经费合计25883.4元，每校平均647.08元，每校平均有教师11.5名。除了学校其他各费外，每名教员的平均薪金和以上30校平均数相差不远。[1]很明显，北平中小学教师收入不低于广州。

第四，教育行政人员与一般教员的薪俸区别不是很大。如广州，一个小学校长要领校长薪，起码要管理4—12个班，每增两班，递增7元，13班以后，每增4班，递增10元。如果有16个班级，校长可拿到60元。也就是说，当时，行政人员与教师的薪俸差别不是很大。这也体现了对教师的尊重。[2]

三、教育逐步近代化

近代史上不同时期的教育方针是有变化的。洋务运动时，洋务派提出了中体西用的教育方针。在张之洞等看来，只有坚持该方针，才能"既免迂陋无用之讥，亦杜离经叛道之弊"。而维新派认为要取得变法的成功，实现政治的民主化，首先是人才的培养。那么，要培养"体用并举"的通才，关键是引进西学，培养懂得西方治国之道的政治人才。对此，梁启超对其教育方针说得很明白："泰西诸国，首重政治学院。其为学院，以公理公法为经，以希腊罗马史为纬，以近世政事为用……此为立国基第一义。"[3]晚清新政将中体西用作为其教育改革之方针。《学部奏请宣示教育宗旨折》（1906年）规定：尊君、尊孔依然是其必须坚持的方针。同

---

① 广州近代史博物馆：《近代广州教育轨辙》，广州出版社，2018年版，第243页。
② 广州近代史博物馆：《近代广州教育轨辙》，广州出版社，2018年版，第244页。
③ 王显成：《康有为的人才思想及其对光绪帝的影响》，《湛江师范学院学报》（哲社版）1998年第3期，第21—25页。

时，培养国民"尚公、尚武、尚实"的品格。[1]很明显，其教育方针是以维护旧有的封建秩序为前提的局部改革。辛亥革命时，孙中山提出了自己的教育主张："专制时代，一般士子求学之思想，皆以利权为目的，及目的达到，由是用其智识，剥削民权，助桀为虐……今国政既改，诸君求学之心思，亦宜更改"。[2]教育部长蔡元培认为教育方针应坚持五育并举："五者，皆今日不可偏废者也。军国主义、实利主义、德育主义三者，为隶属于政治之教育。世界观、美育主义二者，为超轶政治之教育。"[3]北洋时代，袁世凯借教育为复辟之具，为此，其教育方针发生明显的倒退。对于汤化龙主张复古、尊孔的言论，袁氏曰："卓识伟论。"[4]上有所好，下必甚焉。正是因为袁的狼子野心导致了教育界的一度坎坷。然历史前进的车轮无法阻挡。袁氏很快被酷爱民主的民众推进了鬼门关。但中国很快又陷入不断的内战与纷争中，为此，教育的发展始终处于一种摇摆不定、艰难曲折的困境。1934年，国民党政权将"根据三民主义，以充实人民生活，扶植社会生存，发展国民生计，延续民族生命为目的"[5]作为其教育方针。

显然，各个时期的教育方针是不同的。但这种不同并不能掩盖其合理性的内容：它体现了社会在变、教育必变的规律。正是在这一基本规律的作用下，沦陷前夕，北平教育表现出了明显的近代化色彩。

首先，从教育方针来看，更多地强调了教育对社会的服务功能，如国民党政权的教育方针强调：中华民国之教育，根据三民主义，"以充实人民生活，扶植社会生存，延续民族生命力量，务期民族独立，民权普遍，民生发展，以促进世界大同"。[6]

其次，教育的内容更符合救亡的需要。救亡是近代以来，特别是沦陷前夕北平教育界面临的一个极为迫切的问题。为了解决它，教育界要

---

① 舒新城：《中国近代教育史资料》（上），人民教育出版社，1961年版，第220页。
② 舒新城：《中国近代教育史资料》（下），人民教育出版社，1961年版，第1016页。
③ 舒新城：《中国近代教育史资料》（下），人民教育出版社，1961年版，第2036页。
④ 舒新城：《中国近代教育史资料》（下），人民教育出版社，1961年版，第1070页。
⑤ 刘仲华：《北京教育史》，人民出版社，2008年版，第252页。
⑥ 李桂林：《中国现代教育史教学参考资料》，人民教育出版社，1987年版，第289页。

充当什么角色就成为评价它的一个非常重要的尺度。在该问题上，清华大学等做出了表率。1935年华北危机日重，清华爱国师生密切配合，经国难教育委员会非常时期课程委员会周密筹划，以及校方的支持，较好地制定并实施了非常时期教育方案。国难日趋深重，师生们面临一个平时没有明确地、理性地回答的问题——如何处理读书与救亡的关系？"我们应作实际救亡的工作，该作争取民族独立自由的工作"，为此，教育必须进行适当的改革。"废除旧教育制度，争取非常时期的教育"。那么，他们心目中的新教育又是什么呢？新教育就是把教育与救国紧密联系起来，使教育及其产品——培养的学生能够"应付这严重局面的办法"。同时，能使同学和大众打成一片。因此，在课程设置上，削减读死书的旧课程，减少现行的学分和上课时间，改革现行教材的内容，设立课外自由研究，普及民众教育成为一种必然。具体的改革原则是：一是增加新课程，以适应非常时期之需要。二是削减旧课程，以便学生参加实际救国工作及新教育的施行。办法是减少学分、缩短上课时间、削减原有必修课程、减轻并改善一般课程之内容。那么，校方建议增设的公共学课程是什么呢？其一，政治教育：国际形势——公共必修；社会进化史——公共选修；民众运动方法论——公共选修；欧洲大战史——公共选修。其二，军事教育：国防工程——公共选修。其三，民众教育等。目的是扫除文盲，唤醒民众参加救亡运动。此外，还对考试等进行了一些改革。[1]当时华北五省"自治"运动，使教育界意识到自己责任之重大，为此，国难时期的教育改革姗姗来迟。不仅在当时具有重要的现实意义，而且具有一定的历史意义。实践表明，第三组"实用工程"的特种演讲为以后西南联大时期增设的《堡垒工程》等就是在特种演讲时的"防御及运输工程——防御原则、壕垒构造、掩蔽工程"和"军械应用——防空常识及构造物"等四次演讲的基础上充实后开设的。[2]

　　再次，特别是高等教育更多地强调面向世界，面向未来。当时英美等

---

①中国社会科学院近代史研究所《近代史资料》编辑部：《近代史资料》总八十号，中国社会科学出版社，1992年版，第236—238页。

②中国社会科学院近代史研究所《近代史资料》编辑部：《近代史资料》总八十号，中国社会科学出版社，1992年版，第236—238页。

国教育发展水平很高，北平教育界继承了学习西方先进文化之传统，将留学教育进一步发展。如20世纪20—30年代，清华大学等致力于留学人才的培养。为了很好地管理留学教育，南京国民政府制定了《留美学生管理章程》等一系列的法律文件，并成立了留美官费生考选委员会，选拔了大批留学人员出洋留学，客观上对教育近代化是一种促进。

最后，制度创新不断。为了将教育方针落到实处，20世纪20—30年代，北平教育界完善了一系列行之有效的教育管理制度，包括《大学令》《大学组织法》《薪俸制》等。笔者在此重点介绍当时的视学制。据北洋政府的规定，从1913年1月起，推行视学制。其规定：将全国分为八区，每区派两名视学人员，定期、非定期地考察各地的教育发展状况，即考察教育行政状况、学校教育状况等。为了将上述规定落到实处，还明确了具体做法，如视学遇到与教育法令抵触事项可向主管者表示意见，毋庸预期通知学校等。①视学制本质上与目前我国施行的督导制、调研制等有着异曲同工之妙，可以说它是民初我国教育界的督察制。它是为了很好地贯彻国家教育方针所采取的一种行之有效的教育管理制度，与新学制等共同构成了践行教育方针的必要手段。从其内容的丰富性、功效的强制性来看，它不失为民国时期促动教育发展的利器。那么，它的实际功效又是以什么方式体现的呢？主要是通过视学等的巡查来发现、分析、解决现实教育中存在的一些问题。如民初已认识到教育是一种培养国民的基本素养——合作、爱国等精神的必要手段。而教学过程往往需要通过一定的活动来体现其教学目的。为此，视学的考察常涉及很多方面：如1914年8月视学曾对北平市第一中学等进行考察。其考察的内容分为：关于职员事项、关于学生各事项等，其考察是极为细致的。评价说："据该校履历分数表观之，大致均可，国文作文改作悉多佳作，惟选题均偏于论说体而少记叙体，致难启发学生之思想，且有关于迷信者，与学校教育宗旨殊嫌悖谬。"②可见，当时的视学对教育宗旨的把握、贯彻以及

---

①舒新城：《中国近代教育史资料》（上），人民教育出版社，1961年版，第310—311页。
②舒新城：《中国近代教育史资料》（上），人民教育出版社，1961年版，第326页。

结合它对每一个教学活动，甚至课外活动的评判是极为到位的，这必然有益于教育的近代化。

四、人才辈出，成绩斐然

从蔡元培提出兼容并包的办学理念开始，北平教育界，特别是高等教育界的学术氛围不错。首先是有较好的学术研究环境。学术研究环境是指从事学术研究所处的各种条件的总称。它是高等教育教学的基础。良好的学术研究环境有利于学术成果的产生，有利于教育的快速理性发展。同时，环境的优化客观上对学生科研能力的培养与塑造，对学生知识面的拓宽有着积极的作用。

那么，20世纪20—30年代，北平学术研究的环境如何呢？总体上是不错的。表现在：其一，知识分子的经济地位较高。这一点，前文已有了详细的介绍。其二，表现在教育部门意识到学术研究与社会进步的关系，采取了一些推动学术研究的措施。国立中央研究院，简称中研院，是国民政府时期中国最高学术研究机关，1928年6月于首都南京成立，任务包括人文及科学研究，指导、联络及奖励学术研究，培养高级学术研究人才，并兼有科学与人文之研究。宗旨为"实行科学研究，并指导、联络、奖励全国研究事业，以谋科学之进步，人类之光明"。下设理化实业研究所、地质调查所等研究机构。中研院语言历史研究所于1927年夏设于中山大学，后迁北平。心理研究所于1929年在北平设立。社会科学研究所于1928年5月成立，下有法制组、民族组、经济组、社会组，前两组在南京，后两组在上海。1934年7月，中华教育文化基金董事会之北平社会调查所并入该所。此外，许多大学都成立了相应的研究机构。如北大设立了国文研究所、法律学研究所等九个研究所。1929年，国民政府教育部公布了《改进高等教育计划》，决定在各大学设研究机关。是年八月，公布《大学组织法》，内有"大学得设研究院"的规定。为此，燕京大学等均成立研究院。1935年国民政府又公布了《学位授予法》，规定：在公立或已立案之私立大学或独立学院之研究院，或研究所继续研究两年以上者，经该院所考核成绩合格者，得由该院所提出为硕士学位候选人，于是研究生学位问题得以解决。1935年，"呈请设立研究生院或研究所者十有二校，统计研究所二十六，凡四十五学部"。①当时的北大、燕大等都获得了硕士授予权。

创办了各类刊物。《北京大学月刊》是一个综合性的学术刊物。其主编由各研究所的所长轮流担任。在其影响下，很多大学纷纷效法，创立自己的学术刊物。如燕京大学出版的《燕京学报》——该杂志是研究中国历史、文学、哲学的最重要的学术刊物之一，传播于海内外。②由于办学条件不错，再加上各方面的努力，这一时期北平教育界人才济济，汇聚了一大批在国内外有影响力的人才。如北大，当时"蔡元培离开了学校，而以蒋梦麟代理校长，但是一切制度秉承蔡氏的成规，教授治校，评议会决定一切。全国有名学者教授，齐集北大；而万方学子，也莫不以一登龙门为荣幸"。甚至北大附近"住满了各地来的学生。生活虽然艰苦，然而他们各自追求自己的理想，大多都能安贫乐道，为追寻真理摸索前进"。③

北平有大量的图书资料。普通图书馆7个，专门图书馆3个，民众图书馆2个，学校图书馆41个……共86个图书馆。如燕京大学的图书馆藏书极为丰富。到1937年，它的中、日文藏书由原来的几万册增加到31余万册。其中中文书，尤其丛书、史地、文集、金石为大宗。有的院系还有自己的图书室、完备的实验室及校外实验基地。④

由于条件优越，其培养的人才自然众多。如燕京大学1919—1937年肄业、毕业的学生共有2826余人，1928年设研究生点，从1928—1931年共培养了339名研究生。⑤钱穆曾比较北大、清华、燕京的情况，写道：燕京大学，女生最多。"上课，学生最服从，绝不缺课，勤笔记""在课外之师生集会则最多"。可见，其教学管理较为完善，教学要求较严格，且

①教育年鉴编纂委员会：《第二次中国教育年鉴》，第五编高等教育，文海出版社有限公司印行，上海书店1981年复印制作，第86页。
②侯仁之：《燕京大学人物志》第一辑，北京大学出版社，2001年版，第3页。
③朱偰：《五四前后的北京大学》，中国共青团网，2009年4月29日。
④侯仁之：《燕京大学人物志》第一辑，北京大学出版社，2001年版，第14页。
⑤侯仁之：《燕京大学人物志》第一辑，北京大学出版社，2001年版，第106—110页。

录取女生比例较高。如1929—1937年本专科生：女生总数为655人，男生1450，研究生：女生66人，男生370人。[①]该时期男女生之比为2.55。

初等教育得到了较好的发展。当时，从人均费用看，全国教育的一个特点是大学多，初等、中等教育少。北平也是这样。1930年北平人口1436122人，已入学儿童23920人，每千人口仅有17人入学，而当时全国平均每千人入学儿童数是23强。这表明北平基础教育发展程度远不及其他发达地区。

表8-1　北平与国内部分地区受教育儿童数比较表（1930年）

省份	等次	人口数	已入学儿童数	每千人平均入学儿童数
山西	1	12778155	853019	70弱
威海卫	2	150000	9233	62弱
全国		465905269	10948979	23强
北平	22	1436122	23920	17弱
甘肃	24			
江西	23	20322837	257889	13弱
西康	34	8906430	1529	0.17

资料来源：《中华民国史档案资料汇编》第五辑第一编教育（一），第562—563页。

当时的北平仅比安徽、湖北、绥远等12省好。这表明其基础教育发展水平实质上不能与高等教育媲美，在全国处于中等偏后的地位。1936年后，其初等教育有了发展。学校290所，学级1227个，儿童50194人，教职员2066人，岁出1051722元。私塾儿童数5724人。[②]这表明其初等教育上了一个新的台阶。

总之，沦陷前夕的北平教育在当时的中国处于一个很好的发展阶段。表现在各类教育都得到较充分的繁荣与发展，有明显的近代化趋势。且学术水平在全国处领先地位，成绩斐然。然而，这种良好的局面很快被日寇

①侯仁之：《燕京大学人物志》第一辑，北京大学出版社，2001年版，第111页。
②中国第二历史档案馆：《中华民国史档案资料汇编》，第五辑第一编教育（一），江苏古籍出版社，1991年版，第564—565页。

的侵略所打破。

第二节　日伪对北平教育的摧残

一、北平沦陷前夕，西方国家特别是日本在华的教育活动概述

伴随西方宗教的逐步传入，西方教会也开始在中国办学。陈述达在1921年《欧美人在中国之教育设施》一文中写道：到1921年，初等教育中，外国学校占中国学校学生数的4%；在中等教育中，外国学校占中国学校学生数的11%；在高等教育方面，外国学校学生占中国学校学生的80%。上述三类教育，外国学校学生占中国学校学生的32%。[①]鉴于欧美在华教育取得的成功，日本从1907年起就鼓吹在华兴学。日本早期的奴化教育主要是通过派遣教习来华实现的。日俄战争后，他们将目光更多地转向在中国直接兴学。1905年5月，在上海举办了第五次中国教育大会，当时各国名流相聚一堂，日人哈拉达发表了《论日本在华之教育势力》的演说："照东亚时局而论，莫不知中日之权力地位有变更之象矣。"具体一点就是中国从各个方面向日本学习，而日本正是利用这一契机向中国派遣大量的顾问，拉拢中国学子去日留学。"此可知日人在华所施之教育，其于中国智学、伦理之前途非可限量也"。在他看来，中国的留学生在日并不能很好地学习，因此指望他们来掌控中国未来的局面是很难的。[②]他认为要很好地影响、掌控中国教育，进而掌控中国，最好是在中国兴办教育。同年9月大阪《每日新闻》发表了一篇《论日本宜设大学于中国东北各省》的文章。说日本以前关注的主要是"开拓利源之事"。在作者看来，这远远不够的，还必须从教育层面来影响、控制中国。"列国之对华政策，既锐意于整理财政，又努力阐发华人之精神，其于传教兴学等事，有可表现者不少……满洲为我国以争战相搏而

[①] 舒新城：《中国近代教育史资料》（下），人民教育出版社，1961年版，第1090页。
[②]《万国公报》第201卷，光绪三十一年九月（1905年10月）。

始得之地"，那么，要想从根本上改变中国东北等地民众的民族意识，首先要靠奴化教育。"今若兴日本大学于此，专纳华人，使授高等学术，使我国学风流播于东三省一带，及直隶、山东青年俊秀之间，非我经营满洲之绝妙纪念也"，①因此，他鼓吹日本在东北三省办教育，进而掌控中国教育自主权，影响中国国策。

正是在上述背景下，沦陷前夕，日本加强了对北平等地教育的干涉与渗透。1898年6月，日本知识分子与政治家成立了东亚同文会，决定在中国上海成立会馆，创办学校。到20世纪初，它创办了福州东文学社（1898年）、泉州彰化学堂（1898年）、南京的同文书院、天津的中日学堂（1901年）。还在台湾、青岛、蒙疆等地设置学堂，开始大规模地侵夺中国的教育权。那么北平一地的情况如何呢？日本最早在北平设立的学校是1901年由中岛裁之创办的东文学社。②1923年9月，野朔次郎在东单三条胡同4号创办了北京同学会日语学校。1935年12月，久松米子在绒线胡同158号创办了久松日语学校，等等。③

1933年以殷汝耕为首的冀东伪政权成立。它控制了通县、怀柔、昌平等22县。为了强化日伪的统治，在文教领域推行奴化教育。如创办冀东协和学院，"为收买教育界汉奸分子执行奴化教育，教育科人员一律增加薪俸。办短期小学以收买人心"。④那么，当时的北京，有没有日本人设立的其他教育机关呢？答案是肯定的。东京自由学园"成立多年，现有男生百余人，女生200余人，已毕业者500人。成绩斐然，久为各界所称颂。该园为使中日两国人民互相达到真正之认识及亲密之感情。现在北京办理自由学园生活学校，为中日两国人民增加融洽之机关"。⑤该学园有三个宗旨：一是共同学习两国语言；二是共同生活；三是共同学习技术。它在当时的北平不太注重奴化教育，相反却注重两国民众的真正的感情融和及生

---

①舒新城：《中国近代教育史资料》（下），人民教育出版社，1961年版，第1078—1079页。

②齐红深：《日本对华教育侵略》，昆仑出版社，2005年版，第8页。

③王士花：《日伪统治时期的华北农村》，社会科学文献出版社，2008年版，第233页。

④南开大学历史系、唐山档案馆：《冀东日伪政权》，档案出版社，1992年版，第80—81页。

⑤《东京自由学园在京设立生活学校》，《新民报晚刊》1938年5月4日，第2版。

存技术的培养。这在当时来说，是极为少见的。相反，很多日人创办的教育机构则非常注重奴化教育。①

二、沦陷后，日伪对北平教育的控制

教育事业是一个万古长青，急需大量投入，且与国计民生有着莫大关系的事业。它的存在、发展往往需要各方的努力与配合。相对于沦陷前夕而言，日伪对该市教育事业的控制主要是指从精神层面抛弃中国长期以来奉行的弘扬民族独立意识、自主意识的近代化教育理念，逼迫沦陷区民众接受日伪的奴化教育，且从教育载体上给予严重伤害的行为。日伪的种种不法行为导致原来的教育行业无法正常运转，使教育界丧失以往的为民族复兴而努力的精神、能力，进而迫使它协力日本侵略活动的行为。

（一）日伪对北平教育的冲击与破坏

日本企图灭亡中国的野心使整个华北已"放不下一张平静的课桌"。那么，日本的侵略对教育界的冲击、破坏表现在哪些方面呢？最先是有利于教育稳定发展的和平环境被破坏。宁静、和谐、安详的校园遭到粗暴的洗劫、干涉，甚至烧毁，整个北平教育界风声鹤唳。表现在：（一）借口维护治安，破坏学校正常的教学秩序。1937年10月，伪政权通过了《郊区取缔私藏军械变通办法》。为了拱卫日伪的统治，强化对枪支的管理——严惩持枪的行为。"各村长、甲长、保长，对于各区所住人户等出具甘结，担保并无私藏枪械情事"，②否则，不但该私藏居户予以严惩，即该村长等亦负相当之责任。总之，取连坐制，借以维护、强化日伪的统治。对于校内使用的教学用具，如枪支等强令缴纳。

---

①据王士花研究员介绍，当时的东园国雄、武田南阳等创办了大批的日语学校。如新民报日语学校、东洋学院等即是。资料来源：《日伪统治时期的华北农村》，社会科学文献出版社，2008年版，第234—236页。

②北京地方维持会：《北京地方维持会报告书》，1937年编印，第18页，北京师范大学图书馆藏。

"查本市各校所用枪械、武术、刀枪等项，日宪兵队对此亦甚重视"。为此，伪警局长潘某发布了缴枪令。正是在日伪的逼迫下，1980支教学用枪被送给了牟田口联队本部，包括缺欠零件及已坏的枪支296支。①

（二）大批爱国或同情中国的教育工作者被迫离职：或远走他乡，或隐姓埋名……该时期，以蒋介石为首的国民政府为了持久抗战，动员日占区，或准日占区的高校内迁。为此，北京大学等12所院校内迁。内迁之数占全国高校的10%。②那么，部分依然滞留在北平教育界的教职员，如果不认可日伪的统治，就可能面临灭顶之灾。"日本侵略军占领平津后，由特务机关给每一个中学派了一个日本顾问，统治一切。这个顾问兼教日语"，监视学生思想……当时因物价飞涨，物资统制，生活条件极差……"更可恶是日寇宪兵、特务经常疯狂逮捕中国人，人人天天在胆战心惊中过日子"。1944年5月1日，市立第一中学发生了一次大逮捕。当时，"郎家胡同宿舍的学生于志详（高二班）和国兆玉（高三）被捕了。接着又传来了训育员刘先生、教育员曹先生及校长王秉和被捕的消息"。日寇逮捕他们的原因是"他们家乡山里有八路军"，且他们与刘先生交往多，因而被当成犯罪嫌疑人。"同学们恐惧极了……第一节下课，校方通知各班同学集合，到礼堂去听日本顾问训话。他开头说：他也是刚听说王校长被捕的，事前不知道……他是特务机关派来的，特务机关逮捕王校长，他不知道……笑面虎……（作者）无心上学，退学了"。后来，于志详等受尽了折磨、凌辱，宁死也不愿承认秘密参加抗日活动的事实。日方最后被迫将他们释放。"宪兵队队长上村指挥樱井审我们……樱井气势汹汹地问：你认识刘从廉吗？认识常之惠吗？我从来没听说过这个名字，便回答不知道，旁边的日本鬼子就打我。他又问，我还是说不认识，他们就又用棍子打我，我浑身上下都打了棍子，立刻青一块，紫一块，火烧火燎地疼痛……他不再问我认不认

---

① 《日伪北京特别市警察局保安科有关各学校缴送教育枪支及附件统计表》，档号：J181-14-262，1937年8月—1941年6月，北京市档案馆藏。

② 罗永萱：《抗战时期国民政府大学教育政策述评》，《北华大学学报》（社会科学版）2004年第1期，第35—40页。

识这两个人，却总是打我，逼我承认认识这两个人……后又给我上了电刑……残暴极了，被羁押达48天。"①后因无确实的证据，日寇不得不放了他们。另据育英中学的学生回忆："北平沦陷时期，一个名叫郑国梁的教师从宿舍里被抓走，很长时间下落不明。后来证实被杀害了。还有一位在体育界比较知名的老师崔峙如，被日寇宪兵抓去，最后被残忍地用狼狗活活地咬死。"②可见，在当时，稍有不慎，或稍有不满，就面临日伪的种种刁难、打击、报复，有的甚至连生命安全都不能得到基本的保障。（三）对私立学校，特别是英美基督教设立的私立学校给予了严酷的打击。私立平民学院等8所高校，以及英美教会创办的燕京大学等被查封、停办，大批学校的停办导致了大批教师的失业。（四）校舍被破坏、强占的现象比比皆是。由于日寇侵华是一场蓄谋已久的民族压迫战争，而当时国民政府的对日态度过于幻想、懦弱。为此，北平等地的学校对战争的爆发没有太多的在意，因此，"变起仓促，不及准备，其能将图书、仪器、设备择要移运内地者，仅属少数。其余大都随校舍毁于炮火，损失之重，实难数计"。③部分校舍被日伪强占，教学秩序无法维持。被侵占的学校有交大、唐山工程学院等，"胜利后日军未撤，不克接收，后由国军驻入，并有移走校具情事"。④东北大学校址被改为日本中学校。平大法学院校址被伪新民学院强占，后该校又改为华北行政学院，私立中华学校校址被日方城南国民学校所占，接收后为成达师范保留一处，该校校具损失甚大。"中华中学自谓产业转入日方，系敌人强买"。北海团城被汉奸王揖唐所占，建国学院及古学院。⑤"多数文

①北京市政协文史资料委员会：《北京文史资料》第52辑，北京出版社，1995年版，第121—124页。

②纪彦：《沦陷时期北平中等教育概况》，《首都师范大学学报》（社会科学版）2007年增刊，第63—69页。

③教育年鉴编纂委员会：《第二次中国教育年鉴》，文海出版社有限公司印行，上海书店1981年复印制作，第8页。

④中国第二历史档案馆：《中华民国史档案资料汇编》，第五辑第三编教育（一），江苏古籍出版社，2000年版，第89页。

⑤中国第二历史档案馆：《中华民国史档案资料汇编》，第五辑第三编教育（一），江苏古籍出版社，2000年版，第89页。

教机关学校，沦陷期间经敌伪改变内容，改建房舍，或另作别用，胜利后各部门径行进驻者数处，因而文教机关复员时产生房产纠葛问题"。
"清华大学，沦陷期间，日人在该处设置伤兵医院，胜利后伤兵不能迁移，其后日军遣送后，又由国军兵站医院借用……北京大学法学院院址：沦陷期间，伪组织在此设立高等警官学校；师范大学文学院院址：沦陷期间为日军占用，艺术专科学校（西京畿道）为日空军所占……东方文化事业总会也被日使馆占一部"，[①]等等。从目前的统计数据来看，还无一个具体的数目。（五）图书损失、侵占概况。在掠夺图书资源的过程中，伪新民会、伪华北行政学院、东方文化事业总会等日伪团体机关充当了先锋。它们共有图书886023册，其中很大部分掠夺于中国文教机关，部分掠自美英侨民。如东方文化事业总会本是一个由庚款经中日合办，而该时期却为日方占领大部的机构。它拥有图书198453册，其中1578册为19所学校、2个图书馆、4个机关、8个单位、64个人所有。伪新民会则从29所学校、7个图书馆、3个民众教育馆、1个单位掠夺了28869册图书。近代科学图书馆是日伪设立的一个图书馆，有96404册图书，其中从清华大学掠夺32598册，从英美侨民掠夺11424册……共59190册，还从清华大学、中国政治学会掠夺文物1283件。伪华北行政学院有图书113023册，其中，掠来之图书占4万册以上。伪教育总署掠来之图书有1400多册。[②]……北京师范大学损失图书32794册，师大附中损失2886册[③]，北京大学两万余册落入敌手。私立民国大学损失59836册，私立朝阳学院损失25110册，私立中法学院损失1996册，私立辅仁大学损失244册，私立燕京大学被日占后，图书遭到摧毁。[④]据统计，沦陷时期北京地区遭掠夺及因战火而被毁的公私图书达586428册，其中公共藏书

---

①中国第二历史档案馆：《中华民国史档案资料汇编》，第五辑第三编教育（一），江苏古籍出版社，2000年版，第98—99页。

②中国第二历史档案馆：《中华民国史档案资料汇编》，第五辑第三编教育（一），江苏古籍出版社，2000年版，第98—102页。

③教育部教育年鉴编纂委员会：《第二次中国教育年鉴》，商务印书馆，1948年版，第56页。

④刘仲华：《北京教育史》，人民出版社，2008年版，第352页。

448957册。[①]

总之，日伪对北平教育界的冲击是令人发指的。

表8-2　抗战以来北平公私立专科以上学校财产损失统计表

学校	损失金额 （法币，单位：元）	备注
北平大学	1922317	呈报数
北京大学	1628515	校舍价值及呈报损失价值数
清华大学	6050000	呈报数
北京师范大学	1502871	校舍价值及呈报损失价值数
燕京大学	死伤20人，财产损失不详	
辅仁大学	损失不详	
朝阳学院	247750	校舍价值数
中国学院	433800	校舍价值数

资料来源：选自第二历史档案馆编：《中华民国史档案资料汇编》第五辑，第二编教育（一），江苏古籍出版社，1997年版，第372-377页。

（二）强化对教育界的控制

日伪对教育界的控制是指采取各种手段把持教育界的行为。主要表现在以下几方面：

1. 人事管理权的窃取

人事管理权是对教育界工作人员的录用、培训、调配、奖惩等方面的权力。为了很好地窃取它，日伪的措施如下：（一）严厉打击、排斥有抗日倾向的教育工作者。北平是近代民族解放运动的发祥地。为此，反对日本的侵略自然成为大部分民众，特别是有爱国情怀的教育工作者义不容辞的责任。因此，打击、排挤他们成为日伪控制教育界的前提。1943年，祁森焕等35位中小学教职人员因涉嫌反日被捕。他们在狱中受尽折磨，最后因缺乏充分的证据被释放。[②]（二）扶植、利用亲日、"中立"人员为教育界的领导。对于华北伪政权的管理方式，日本除了派顾问外，更多是

---

①李彭元：《抗战时期日本对我国文化典籍的掠夺》，《四川图书馆学报》1997年第2期，第70—75页。

②王显成：《沦陷期北京市伪政权对中等教育的统制政策》，《史学月刊》2012年第6期，第133—135页。

采取以华制华的政策。在这一点上，教育界也莫不如此。1941年将私立香山慈幼院等改为市立学校，其任职校长很大部分依然是以前各校的中层领导以上的人物。陈正是私立华北中学校长，后改任第六中学校长。市立第五中学的教导主任刘瑞清被任为第四中学校长。①（三）建立以日籍顾问为核心的用人管理体制。当时，日籍顾问处于伪政权的核心地位，那么，他们有什么特权呢？一是有与"辅佐官与机关长商榷决定"遗缺之权。这意味着只要有空缺，他就可与日特务机关长、辅佐官商量、决定由谁来担任。二是决定校长人选的权力。在1941年6月的训令中，明确规定局长只可任命教导主任以下的职务，校长由辅佐官等委任。三是其他权力。如明确规定核准教员的聘任与解聘权。"任用教员，尤应开具详细履历，连同证件呈送本局核准，再行由学校聘任……尚有未切实奉行者，兹再重申前令，严予纠正。"②推荐学生就业之权等。

2. 财权的控制

当时，北平教育费投入在整个财政支出中所占的比重呈下降的趋势。1929—1932年教育经费占19.8%。1939—1941年下降到17.1%。③如何使有限的费用为日伪所用，这又是一个问题。为此，日伪极为重视财务人员的培养与利用，举办了财务人员讲习会。伪逆吴赞周做了《务使人民输纳，涓滴归公》的报告。他说：训练财务人员意义重大。因田赋收入过低，且其他捐税依然有待增征的事实，实有必要增加财务人员的办事能力，才能真正地做到"使人民捐输，涓滴归公"。④在这一背景下，北平市伪政权采取了如下措施：

其一，推行统收统支的财政政策。统收统支又称满收满支，是一种高度集权的财政管理体制。具体做法是：市财政政策、收支项目等统由伪市府统一制定，各部门的收入大部逐级上缴市库，地方所需的支出由伪市府

---

① 《北京特别市教育局关于任免市属各中学校长、教导主任的训令》，档号：J004-002-00802，1941年6月，北京市档案馆藏。

② 《教职员聘任或解聘须先呈局核准》，《新民报晚刊》1939年7月9日，第4版。

③ 曹子西：《北京通史》第九卷，中国书店出版社，1994年版，第274页。

④ 吴贺同：《务使人民输纳，涓滴归公》，《新民报晚刊》1939年7月12日，第5版。

逐级拨款，年终地方结余资金全交市库。

其二，实行财会人员不在本单位领薪制。为确保财会人员更好地监控财政，规定他们直接由上级委派，且不在本单位领薪。

其三，强化支出的减少。人事费、财务费是行政费的大头。为此，它取减少之策。一是行差别的薪俸制。"职雇员均由到差之日起薪，离职之日停薪。任职不满一月者，计日给薪"。且领薪必经严格的审批程序。二是行扣薪制。任职半年，"事假不得逾十五日，病假不得逾一个月"，[①]否则，按日扣薪。上述规定，客观上减少了开支。三是严控养老费、恤金等的支出。如对教师养老金、恤金的发放仍按1926年的规定。领养老金及恤金者，须开具个人信息，由最后所在学校校长呈请主管教员行政机关；因身体衰弱，不能胜任而退职者，须出具医生证明书等。由于手续繁多，且条件苛刻，如必是退职后不能再任他职，且身体衰弱等，且法定的养老金过低，再加上政局动荡，物价飞涨等，必然导致退职后的教职工可领经费过低的事实。如最后月俸为200元以上的满25—30年工龄的教师一年可拿到的养老金仅为1200元。[②]

很明显，当时的养老金、恤金政策，已很不合适——因物价已翻了几十倍，而退职后的养老金还依然停留在按十五年前的规定发放，这必然导致教师退职后生活更为艰难，也极大地影响到在职者从教的积极性。规定："连续服务十年以上者死亡时……因公受伤或受病以致死亡时"都可领恤金。给恤的标准是："职员及专任教员之在第七条第一项者照最后年俸半数……第三项者百分之五十，第四项者照最后三年之平均数计算。"[③]很明显，依上述规定，教职员如发生因病死亡或因公死亡，或因公受伤等情况，其遗族领到的恤金必然是很低的。

可见，日伪后期的财政极为紧张。

---

① 北京市政府公布《公务员任免考核规程》《人事费审核规程》等，档号：J004-001-00562，1942年，北京市档案馆藏。

②《学校教职员养老金及抚恤金条例》（民国十五年十一月二日公布），《教育时报》1941年第3期，第35页。

③《学校教职员养老金及抚恤金条例》（民国十五年十一月二日公布），《教育时报》1941年第3期，第35页。

3. 思想的控制

日伪对教育界思想的控制是从多方面进行的，除了派顾问、用亲日分子外，还通过其他的方式对中国民众进行思想控制。

（1）奴化教育方针的制定

教育方针是教育目的的体现，是教育价值观的载体。为了彻底摧毁中国政府推行的爱国主义、自由主义的教育价值观，日伪极力将媚日教育方针予以确立、阐发、贯彻。"概自事变以还……内而生灵涂炭，艰难备尝，外而干戈扰攘，敌氛方酣"。那么，确保日本称霸亚洲，问鼎世界之迷梦的实现，还面临很大的压力。"所望服务于各级学校及社会教育诸君……正其认识，坚其信念，一扫以前盲从欧美自由主义及资本主义之弊风，以我国固有之精神文化为中心，而发扬新东洋的世界观，以尽瘁于次代国民之熏陶启迪"。[1]

总之，摒弃以中国固有文化为基础的，致力于以培养协力日本侵华战争为目的的"皇化"之国民成为华北日伪教育之目的。很明显，它是一种媚日的奴化教育方针。

它的出笼是一种历史的必然。首先，华北日伪政权是日军刺刀保护下建立起来的。这种政权属性决定了它时刻以维护、巩固、强化日本的殖民统治为目的。其次，日本要想实现其罪恶目的，除了欺骗国内民众充当炮灰外，还需要不断地欺骗沦陷区民众来为自己卖命。对此，毛泽东有极为精辟的论述。在他看来，沦陷区问题是关系到日本帝国主义生死存亡的关键问题。[2]再次，日本面临的重重困境迫使日伪将沦陷区的长久性占领寄托在媚日的奴化教育上。侵华战争进入相持阶段后，日军"顿兵中原，师劳兵敝，虽然中间也有好几次企图前进，但结果无非折兵损将，无法寸展；同时，日本自己国内问题众多，矛盾日深，经济枯竭，人心杌隉。反观中国，抗战转入新阶段，兵力日强，

---

①《华北教育总署转发督办周作人对世界大势及华北教育事业的"训勉"及教育局转发给各校、馆、处的训令》，档号：J004-001-00612，1941年，北京市档案馆藏。

②中共中央文献研究室：《毛泽东文集》第二卷，人民出版社，1993年版，第247页。

士气日旺"。①平津等地尽管被其占领，但华北民众，特别是青年依然心系祖国，不屈于暴日的统治。他们尽管"物质上实一无所有，只有全体华北青年为国家尽忠之千万个心，以及眷念祖国，沸腾之满腔热血而已"。②正是因为沦陷区大批民众依然与其他地区的民众拥有着爱国赤诚，顽强地坚守着抗日的阵地，北平等地时常发生日伪上层被狙杀之事。且伪军的反复无常更使得日伪上层如坐针毡。"及陈禄被刺后，伪临时政府各要人私宅门前之姓名牌，均已撤去"。③正是战争的长期化、严酷化，以及中国人民抗日情绪的高涨，使日伪深刻地认识到光靠军事镇压来统治中国人民，毫无意义。唯一的办法就是企图通过推行奴化教育，以弱化、消除民众的民族意识，最终完成对中国人民的统治。

（2）媚日的奴化教育方针的贯彻与执行

要彻底地贯彻上述方针，日伪采取了如下措施：

第一，教材的日化与伪化。教材的日化主要是指日占区一度采用完完全全的日式教材。从1937年8月至1938年春，北平市的教材一度是对以往教材进行删减，删除原有教材宣传爱国主义的内容。1937年9月，伪北平地方维持会在日本顾问的操纵下，成立"临时教科书审查委员会"，其提出的审查标准是："（一）妨碍邦交、宣传党义及孙文事项、隐含赤化；（二）1. 全篇者撕去之。2. 半篇者糊盖之。3. 数语或数行者涂改之。（三）双十节、红地青天白日旗可留。"④据上述要求，一系列宣传国民党党义、宣传爱国主义的内容被彻底消除。后一度采用完全意义的日式教材。如1938年春的教材基本上是由日本运来的，"共计八类十八种，它们是高中公民第二、四、六册……初中国文第二、四、六册。"⑤至于日语教材基本上被日人垄断，如1942年采用的是山口喜一郎的《日本语初步》，西宫春行的《正则日语讲座》等。统计该年仅《教育时报》就公布

①《所谓日军新战略（社评）》，《申报》1939年7月2日，第4版。
②《华北青年报国情殷，继续艰苦搏斗》，《申报》1941年2月10日，第8版。
③《陈禄被刺后，汉奸大起恐慌》，《申报》1939年3月1日，第3版。
④北京市档案馆：《绝对真相：日本侵华期间档案史料选》，新华出版社，2005年版，第243页。
⑤《中学课本今晨运京》，《新民报晚刊》1938年3月13日，第5版。

了中小学必用的日语教材近40种。①更不用说其他用日文写的涉及政治、经济、文化等方面的教材。这些文化毒草完全由日伪文化市场抛售。最后才是伪政权出版的教材。该时期，日伪成立了以日籍顾问为核心的编审会。它负责按照日伪上层的意愿编写中小学教材。1940年伪教育总署审查通过了"《修正各级学校课程标准》及编审会新编之各种应用教科书迭经通令实施、采用各在案"。值兹新学年开始，特再重申前令。②如1941年师范教科书有《中学校师范世界史》第一册，《师范乡师地理》第一、二、三、四册，《师范地理》（上下册）等15种教材，《短期国语课本》第一册等28种短期小学教材，《高等地理》第一册等20种"国定"教材。上述教材的一个共同点就是抛弃了清末民初以来教育界奉行的爱国主义思想，对中国历史、地理采取回避、篡改的态度。

第二，教育活动的亲日化与复古化。为了铲除前南京国民政府对教育界的影响，特强调学生活动的非党化、非世俗化——本质上就是去中国化，而日本化。

其一，借口"砥砺品行"，强调教育的"非党化""非世俗化"。"查入学之目的原为求学而设教，本旨在于施教求学者于研习知能，锻炼体格之外，尤应砥砺品行，脱离世俗""最近迭奉部令各学校职教员及学生不得旷课，不得列身党籍，更不得参与任何政治有关之游行运动，以免荒误学业……总之，凡有关学术者，务必勉力进行，关于世俗者，务必蠲除净尽，方不负国家立学育才之意"。③企图使学生、学界成为毫无民族意识的个体。

其二，课外活动的亲日化。日伪极为重视课外活动的开展，并努力使它成为宣传日本国策、培养亲日观的手段。那么，当时的课外活动又是什么呢？主要是中小学日语奖励计划及日语悬赏作文的写作等。笔者在

①《民国三十一年新民印书馆出版的中小学教材目录》，《教育时报》1942年第4期，第124页。

②《华北政务委员会公报》，教育总署训令，档号：ZQ2-3-2581，1940年7月，北京市档案馆藏。

③《北京特别市教育局转发新民会北京总会关于各中小学不经教育局总署和校局许可不得参加政治运动和各种党派的训令》，档号：J004-002-00820，1943年11月，北京市档案馆藏。

这里着重介绍1941年4月18日于北平怀仁堂由日伪当局举办的日本语学艺会。该会迫使北京市私立各中学男女生参加。参加该活动的男生是北京师范学校等12所学校的近50名学生，女生则是市立师范学校等近20所中学的近100名女生。①其演唱的歌曲是清一色的日本歌曲，如《荒城的月》《爱国进行曲》《兴亚进行曲》等一系列反映日本文化，甚至是宣扬日本军国主义传统、精神的毒草。如《爱国进行曲》就是反映日本军国主义，吹捧"皇国"日军"战功"的歌曲。很明显，上述课外活动是为了更好地泯灭中国学生的民族意识与国家观念，培养顺民。

其三，通过支持沦陷区的"优质"学生的留日活动来促进"亲日性"的培养。据当时日本驻伪政权"大使馆"的《本年度选拔留学生采用要纲》，1939年，北京市应选30名学生去日留学。后与日方商定：由它拨给河北五名，北京市名额减为25名，其分配方法如下：由伪教育总署直辖各院校暨两师范、附属中学，每一校院选取一名，共计十一名，其余名额由市立体育专科学校、公立各高级中学、市立师范学校暨高级职业学校，每一校选取一名，以充分体现选拔的"广泛性"。"前开两师范、附属中学之选拔方法，以本年暑假毕业考列第一者为合格。倘第一名，因故不克应选，则依次递补。至各直辖各校院及市立专科选拔方法，则以本年暑假前之第一年级学生（现在第二年级）学生试列第一者为合格。依照上开办法，尚且有余额三名，可由该局就上述中学部分自行通融酌送"。②这样，温鼎等25名学生被送上了留日之路。

其四，复古化。将传统文化中一些封建性的糟粕，如忠君、服从、忍让等思想予以提倡、弘扬，以培养学生的顺从意识。对古代奉行的一些陈腐观念、陈腐的生活方式予以充分肯定。并通过教育内容的复古化——要求学生阅读古代文献，来培养沦陷区民众，特别是青年学生与日本占领者心理与思想的某种默契。如毕振姬的《西北之文》《周易》，祁韵士的

---

① 《北京特别市教育局关于中小学生日语奖励计划的训令及普及日语之悬赏论文奖励纲要》，档号：J004-002-00973，1941年，北京市档案馆藏。

② 《北京特别市教育局向市公署呈送1939年度留日学生名录表及1942年度留日学生名册》，档号：J004-002-00746，北京市档案馆藏。

《万里行程记》等大批清代文献是伪教育局要求中学生的必读书目。[①]

（3）管理活动的战时化、军事化

管理活动战时化体现在为了适应长期战、克服物资紧缺等问题将一部分学生的教学时间用于生产或战备。为迫使各级中小学学生参与基于对华战争的需要而进行的生产活动，日伪曾明确规定要求部分学校充当日伪的农场试验基地。其提出的条件是：学校规模要大，校款充实，且又在郊区，或农村。为此，北京市选定了市立海淀小学、市立朝外神路街小学等作为附设农业补习班的试点学校，[②]以便通过该活动从物质层面给予日伪垂死挣扎的机会。管理活动的军事化就是在管理学校的过程中充分体现高压、严密的管理理念。使当时的校园本质上成为日伪潜在的军营。

第三节　日伪的冲击、破坏等对北平教育的影响

一、对北平市教育发展状态的影响

北平市长期以来一直是中国教育界的翘楚。这一点可从沦陷前夕该地的教育发展状态可见一斑。如1930年北平市初等教育学校261所，入学儿童28920人，资产1707481.80元，岁入经费2132645元。[③]1934年地方教育经费1130724元。[④]1935年北平中等学校、初等学校的学生分别为51482、30439人。[⑤]据估计，当时的各类学生总数为10万左右。1936年，其初等学校290

[①]《北京特别市教育局关于阅读各种书报及刊物给各中学的训令》，档号：J004-002-00939，1944年3月，北京市档案馆藏。

[②]《参战体制下的华北农事教育》，《教育时报》1942年第3期，第41页。

[③]中国第二历史档案馆：《中华民国史档案资料汇编》，第五辑第一编教育（二），江苏古籍出版社，1994年版，第813页。

[④]中国第二历史档案馆：《中华民国史档案资料汇编》，第五辑第一编教育（二），江苏古籍出版社，1994年版，第734—735页。

[⑤]《北平市城郊各区中等及初等学校学生人数统计表》，1935年6月调查，选自《北平市统计览要》。

所，学级数1227，就学儿童50194人，岁出1051722元。[1]可见，沦陷前夕，北平的高等、初等、中等教育都处于规模较大，稳中有升，发展水平很高的状况。但因投入不稳等因素，导致部分学校经济状况处于不利的局面。

事变后，这一不利局面进一步强化。主要表现在学生人数、经费等一度出现下降、紧张的局面。特别是私立学校表现得尤为显著。1938年7月，该市私立专科以下学校情况如下：校数570，级数2336，职员数1260，教员数3161，学生数75421。[2]到1938年8月，私立中小学暨短小、简小等的学生又减为74508人。[3]据同年7月8日教育局第三科的统计，事变前后，私立中等以上学校的校数、级数、学生数都有很大的变化：表现为事变后各方面呈萎缩的趋势：学生数从事变前的25029人，下降到13076人，级数也从以前的576下降到473，校数从以前的80下降到73。[4]从经费来看，私立中等学校1936年与1937年大为不同：1936年80所私立中等学校经费为2247064元，而1937年下降为1279782元，下降了967282元。[5]不仅私立学校受到了严重的冲击。即使一般的市立、公立学校也受到了冲击。如1936年与1937年初等教育就有明显的不同。1937年初等教育经费比1936年减少624676.63元。学生减少2773人，毕业生也减少640人。同样，社会教育也表现出经费减少、图书减少的趋势。义务教育方面，1937年相比1936年：经费少了24802.40元，学生少了1201人，校数少了17个……[6]到1940年，笃志女子中学附属小学等

---

①中国第二历史档案馆：《中华民国史档案资料汇编》，第五辑第一编文化（二），1994年版，第1053页。

②《北京特别市私立专科以下各校概况统计一览表》，档号：J004-004-2568，1938年7月，北京市档案馆藏。

③《北京特别市私立中小学暨短小、简小、新民学校、补习学校各区分布状况表》，档号：J004-002-2487，1938年8月，北京市档案馆藏。

④《北京特别市私立中等以上学校事变前后校数、级数、学生数统计比较一览表》，选自《北平市教育局报送民国二十六年教育概况统计表的呈及市公署的指令》，档号：J004-004-00059，1938年，北京市档案馆藏。

⑤《北京特别市私立中等学校二十五六年度概况统计比较表》，选自《北平市教育局报送民国二十六年教育概况统计表的呈及市公署的指令》，档号：J004-004-00059，1938年，北京市档案馆藏。

⑥《北平市教育局报送民国二十六年教育概况统计表的呈及市公署的指令》，档号：J004-004-00059，1938年，北京市档案馆藏。

35所学校尚未复校，才正高级商业职业学校等近40所私立中等学校处于停校的状况。[①]到1941年，情况更为恶化：初等学校302所，学生70172人，经费2034326.7元，1942年下降为学校数164，学生数55380，经费数2788265.96元。[②]中等教育状况如何？从经费来看，市立学校经费勉强可应付。如1941年2月，学校数41，学生数20978，教职员数1920。经费：收入224432.80元，支出223670.81元，略有剩余。私立学校则处崩溃边缘。1941年3月，学校数41，学生数21375，教职员数1865，经费：收入224414.76元，支出223046.39元，略有剩余。1941年4月，学校数41所，学生数21045人，教职员数1846人，经费：收入219411.96，支出219631.84元，呈亏本趋势。主要是私立的中学、职业学校处于亏本的状态。1941年6月统计的市立中学校、师范学校、私立中学学生为21002人，学校41所，教职员1859人。经费总数为收入226852.94元，支出224469.73元，略有剩余。当然，不同类的学校，其内部的经济状况也不尽一样。表现为：初级中学、高级实验中学均处于入不敷出的经济状况。

表8-2 1935—1942年北平中等学校概况统计表　　　　单位：所，元

年份	市立中学	私立中学	市立职业学校	市立师范学校	学生总数	总经费数
1935	7	63	5	2	21053	259857
1938	6	62	5	1	17208	1393705
1939	8	52	5	1	20376	2043006
1940	8	46	5	1	22157	2150871
1941	8	38	5	1	19844	3240226
1942	8	31	5	1	28504	3740260

资料来源：《北平市政览要》，1935年6月，第36页；《北京特别市中等教育概况统计调查表》，档号：J004-002-00945，1941年3-6月；《新民会新民青年运动实施委员会关于调查统计市私各级学校学生数给北京市教育局的函》，档号：J004-002-00625，1940年12月；《北京特别市中学教育概况统计表》，档号：J004-002-00945，1941年6月；《华北各级教育概况》《新民报晚刊》，1941年2月23日；《最近三年华北中等教育概况统计表》，选自《教育时报》1941年第3期，第43页；北京市档案馆藏。

①《北京特别市教育概况统计表》，档号：J004-002-00818，1940年，北京市档案馆藏。
②《最近二年华北初等教育概况统计表》，《教育时报》1942年第2期，第54页。

鉴于入不敷出的严峻局面，伪教育总署提出了《救济失学办法》。在它看来，最好是各地能做到"校款逐有增加"，使各省市学生能在当地就学，则可减少北平的压力。但这样几乎是不可能的。目前唯一可做的是"就可能范围内，核实设法逐步实施"。具体内容如下：（一）设法恢复事变前市各级学校。那么，作为北京市，首先要恢复哪些学校呢？如废弃的梁家园小学、武定后小学等。（二）建议资助办有特色的私立学校。考虑到私立学校竭力支撑"已属不能"的现实，伪逆周作人建议伪政权对它们予以"择优补助"。（三）改革学制，小学推行二部教学制。曾拟先由国立北京师范大学附属小学招收半日二部制学生两班做试验，如确有成效，即于1942年暑假推行全市。这样，北平投考拥挤情形，或可减少。（四）谋划发展：北平市于1943年制定了市立小学增班计划。根据该计划，拟增40个班，如大水车胡同小学拟增高级二班。同时，伪教署还就中等学校的发展计划提出了自己的设想：1939年共8校，除师范外，计76班，当年增设9班。合计85班。以后校数、班数逐年增加，至三十一年度，连同新接收的六个男中、四个女中，共为十八校。总计班数已达232班。预计于三十二年度师范学校增设研究班三班，第六中学增设高级一班，共四班，总计各校班数为237班。该项增班预算案业经呈请市公署核示实施。此外，还提出了发展职业教育的设想。根据该计划，拟增18个班，如大水车胡同小学拟增高级二班。[1]

那么，上述计划能否落实呢？答案是否定的。因为一个地方教育的稳定、发展需要具备一些基本条件：稳定的社会环境、良好的师资队伍、符合社会发展需要的办学理念以及良好的管理方法与手段，足够的教育投入等。笔者暂不说其他因素的恶化导致了教育环境的恶化。只说日伪经济的破产导致了教育的投入在无形中停止，致使整个教育的彻底瓦解。因为经济基础毕竟是决定性的因素。到1944年伪北平市财政局收入共为699777680元，支出674749465.4元，共存2800083.19元（联币）。很明显，

---

①《华北政务委员会教育总署颁发的"救济失学办法"和训令》，档号：J004-001-00561，1941年，北京市档案馆藏。

在物价日趋高昂的沦陷期末期，其财政状况是堪忧的。而整个伪政权推行的又是财政的自给自足政策，也就是说，北京市伪政权的维持必须靠自己的财力去维系。从1944年7月11日至1945年5月份，伪市财政局共收的经费又是多少呢？旧管新收经费总计3710154.44元（联币），内开：从1944年7月至1945年5月3710154.44元。[①]伪市财政局记载的财政状况，可充分反映日伪统治晚期财政之混乱不堪，甚至业已瓦解的现状。这个由日本侵略者扶植、保护的毒瘤，在日本法西斯即将被葬入坟场之际，其经济状况实在是不堪一击。经济的脆弱，以及治安第一主义思想的产生必然加速教育的进一步破产与瓦解。

1944年10月，鉴于教育经费的严重不足，而日伪又不愿增加投入的现状，伪北京市政府为动员部分绅商加大对教育的投入，成立了教育专款委员会，以确保教育经费的相对充足。为此，伪政权不得不公开承认："唯本市编列预算之教育经费因生活日高，入不敷出……爰召集市内公正绅商共筹办法。都以为亟应另筹专款设会保管资产，以资补助教育经费。"为此，伪市政府收集1600万元，再加上该年增加了各校的办公费等共800万元。统计2400万元。他们认为这样做，可保证"民情与教育均得兼顾"。准备将它作为市立、私立各中小学经费的补助费。用途较广，"既不能不顾及久远，优于储备，且该委员会全系由全市公正绅董组合，日后专款收支，纵有余裕，不可由市政府随意提用"。[②]日伪很清楚，教育的稳定与发展是日伪政权稳定的基础与前提。但问题是以剥夺华北民众教育自主权为手段，以奴化教育为目的的教育体系，在整个社会生存环境日益恶化的条件下，区区2400万元协款就能解决教育的难题吗？很明显是不行的！

---

①《财政局市金库出纳保管股出纳部分自三十三年七月十一日起至三十四年五月份止收支四柱清册》，档号：J004-005-00236，北京市档案馆藏。

②《北京特别市教育专款保管委员会办事细则及筹集教育专款方案》，档号：J001-003-00117，1944年，北京市档案馆藏。

二、教师待遇的劣化等严重影响了教育质量

教师是从教的主体，其经济、政治地位一定程度地决定了他从教的积极性、主动性、创造性，也决定了教学质量。这里所说的待遇包括政治待遇、经济待遇等。政治待遇就不用说了，当时一般的教师，哪有政治待遇可言？！一个亡国奴是没有任何政治地位可言的。这里仅介绍其经济待遇的变化。

沦陷前夕，中等教育界的教师的待遇又是如何呢？为了说明这一点，不妨用比较法。1912年教育部在蔡元培的领导下，通过了重新制定的学制——壬子学制。规定初等教育7年（初小4年，高小3年），中等教育4年。一开始，对中小学教职员的薪俸没明确的规定，且欠薪较多，各地情况不一。施行"时薪制"，按讲授的课时算薪俸。1923年正式实行新学制，教师的待遇明显提高。初中教师每一小时的薪水一元五角至二元五角（相当于今人民币60—100元），高中教师一个小时二至三银圆（相当于今人民币80—120元）。1932年施行教（课）、训（练）合一制，中学教员待遇改为"以月薪"计。规定：初中教员每周任课18—22节（每节45分钟），月薪60—80银圆（约合今人民币1800—2400元）。高中教员每周任课16—20节，月薪80—120银圆（约合今人民币2400—4800元）。私立学校和兼任教员的薪水，参照公立学校的办法，但仍以每周任课时数计算报酬（参照《20世纪20—30年代的经济状况》）。当时，教员拿到的薪俸包括月薪、各种津贴在内的各种费用。这从1937年1月，北平市中等学校工资表中可得到佐证。该月15所中等学校所有的工资为28379元，其教职工人数为371，人均工资为76.49元。[1]那么，如按76.49元来计算的话，一个月薪俸的购买力应是多少呢？以当时的大米计算，从1930—1936年，大米每石10银圆左右（约160斤），每斤约6.2分钱，一个月可买到大米1225.6斤。猪肉每斤二角，一个月薪俸可买到380斤猪肉。

那么，日伪时期北平教育界的薪俸又是如何变化的呢？如1942年第

---

[1]北京市档案馆：《北京市档案史料》，新华出版社，2004年版，第152—167页。

四中学教职员工50人，其中还有日籍顾问木村义，校长王岩涛，月薪248元，内职薪200元，教薪48元。其他48人共有薪俸5140元，人均薪俸107元。[①]从表面看，教薪是有所提高的。但与当时的物价变化是不可比的。表现在薪俸的购买力大为降低。要说明这个问题，就不得不提物价指数的概念了。物价指数是用一定时期的物价平均数作为基数，把另一时期的物价平均数跟它比较，所得到的百分数就是后一时期的物价指数，它实质上表示商品价格的变动情况。民国以来，人们常以为1936年是中国物价变化中的一个重要的节点。也就是说：1936年后，中国物价发生了很大的变化。那么，如果以1936年的物价指数为基数100的话，到1942年物价总平均指数是633.13，也就是说，到1942年各类商品的物价总平均数是1936年的6倍多。而到每一类商品，物价变动的情况也不一样的。如米面与杂粮类物价指数上涨到777.31，金属上升到913.23，也就是说物价分别上涨了6.77倍与8.13倍。到1943年米面及杂粮上升到2253.21，上升了21倍之多。[②]也就是说1936年买一斤米只要六分二厘。到1943年则需要1.36元。而从教师的收入来看，1936年北平一个中学教师的月薪可买到1225.21斤大米，而到1943年则只能买到76.7斤大米（按月薪107元计算，实质上当时很多人没有这么高的薪俸）。总之，物价指数变动的直接结果是民众生活水平的急剧下降。

很明显，物价的变化不仅影响到教师的生活，更影响到其职业选择及其对职业的态度，自然影响到教育的质量。那么，其质量又是如何呢？当时教学质量好坏的一个重要的评价尺度就是所属学校给予学生的毕业考试的成绩。为了帮助读者了解这一情况，笔者引用1942年伪教育总署选派的282名留日学生的中学毕业考试成绩予以说明。这282人中，有张尔茂等5人不去，他们中学毕业考试科目为国文、数学、英语、日语、史地、理化六科。总成绩平均每门及格以上的有53人，占19.1%，40—60分的有108人，占38.9%，平均每科成绩40分以下的116人，占41.8%。很多人数学、

①《1942年北京市第四中学薪俸统计表》，档号：J004-002-00971，北京市档案馆藏。
②《北京批发物价指数表》，《华北物价年报》第一期，民国三十二年度，中国联合准备银行编制。

日语成绩很差。[①]按理说，能去日本留学的应是成绩不错的。而客观情况却又是如此，这不能不从另一个侧面说明教学质量之差。

三、教育的破产直接影响到人才的流向与战争的结局

首先，教师待遇的低劣化严重地影响了教学质量，再加上其他原因，使得沦陷区部分学生纷纷离开日伪所办的学校。于是，在抗战时期形成了一种重要的人口迁徙——沦陷区青年学生奔赴大后方的现象。这里所说的青年学生基本上是指大、中学生，以高中生为主。"他们不是在日本侵略军即到，或刚到时逃出来的，而是在日伪统治相对稳定地区的学校就读一段时间后选择离开，奔赴大后方，主要是去西南、西北地区。有学者就指出，在北平，1938—1939年就有学生已奔入内地和大后方，进入20世纪40年代，出走者日益众多，1942—1944年达到高潮。一直延续到抗战胜利才终止。当然，这种人口的迁徙带有明显的秘密性"。[②]这种行为是反日的单独性、秘密性行为。

其次，报考伪中央办的学校的学生锐减，严重地影响到其教育的"普遍性"。抗战初期，北京大学等的内迁，导致了很大部分知识精英离开了北平等地的育人岗位。日伪一窝蜂兴办的一系列学校因推行奴化教育，再加上缺乏必要的人才，严酷的政治迫害，导致了教学效果难以得到保障，也促使了它们与沦陷区民众，特别是与青年学子的关系日趋疏离。为此，报考伪中央大学的学生寥寥。如志愿学医的王某在自传中这样写道："当时伪组织的大学完全是受奴化教育的学校，就连当时最好的北大医学院也只是每星期十二个钟头的日语，而应学的课程却马虎得不得了。太平洋战争爆发后，又使得在沦陷区中许多由英美支持、较为独立的大学随之消

---

　①《北京特别市教育局向市公署呈送1939年度留日学生名籍表及1942年度留日学生名册》，档号：J004-002-00746，北京市档案馆藏。

　②张振鹍：《抗日战争中沦陷区青年学生奔赴大后方的回顾》，《抗日战争研究》2008年第3期，第208—216页。

失，或内迁，以至于沦陷区的大学实无求学之价值。"①

　　再次，日伪教育的腐败造成了人际关系的恶化，且这种恶化进一步表明日伪企图奴化民众，掌控教育目的的破产。日伪教育的腐败主要表现在人际关系的不诚，以及由此而生的各方的互相扯皮与指责、谩骂。在日伪上层看来，它们已给予了各校"非常好"的办学条件，教师们只能无原则地服从，忍气吞声地卖命。经济的恶化，物价的飞涨，生活的重压迫使部分教职员工从事一些与教学无关的工作，很明显，这些活动客观上是不利于人才培养的。但日伪当局却不从主观找原因，而是一味地指责学校及其教员，其必然的结果是不可能从根本上解决教师"渎职"等问题的。要知道从某种程度上说，他们才是时代的牺牲品。而伪方却对他们予以指责。"查本市人口倍增，学校少而学生多，办理完善之学校，学生无不异常拥挤，其所收学费，非唯足以维持校务，且有余利可赢。其所妄求补助之学校，其办理成绩不良可知……凡此种种，均不得借办学之名义，谋个人私利，不得以个人关系使用学生团体，同流世俗，在外应酬外，除开学按例征收各费外，不得临时敛资，作为日常消耗。以上列举，皆系本局察知者……总之，凡有关学术者，务必勉力进行，关于世俗者，务必蠲除净尽，方不负国家立学育才之意。仰各该校校长，善体斯旨。"②

　　总之，在日伪看来，从教者只能是不食人间烟火、不关心国家大事，为其卖命的清教徒。这种狭隘的、偏执、高高在上的卖国的教育管理理念很明显进一步威胁到本已脆弱、濒危的教风与学风。教师面临的生活困境及其为了摆脱困境所做出的种种努力的无效，使学生对教职，对社会，乃至对人生产生了种种怀疑。尊师重教成为鬼话。"现在的教育造成了学生对人生的种种看法。愤世、玩世不恭是最普遍的现象。学生在社会的缩影的学校中，目击生活的窘迫、教授的敷衍，因此，他们离开学校，往往采取以毒攻毒的手段在社会上做事。贪污、榨取、怠职

---

①周孜正：《试探沦陷区中国青年赴日留学原因》，《民国档案》2004年第3期，第97—100页。
②《北京特别市教育局转发新民会北京总会关于各中小学不经教育局总署和校局许可不得参加政治运动和各种党派的训令》，档号：J004-002-00820，1943年11月，北京市档案馆藏。

等恶观也就形成了"。①

很明显，华北沦陷区教育界的精神风貌不能与当时的国统区媲美。从1937年至1945年，国统区的教育由于各方面的努力得到了长足的发展。如高等教育在校学生数从1936年的4万余人，增加到1945年的8万余人。院校数也从1936年的108所，增加到1946年的185所，教员则从1936年的7560人增加到1946年的16317人，学生数则从1936年的41922人，增加到1946年的129326人，毕业生数则从1936年的9154人增加到1946年的20185人。②中学教育也发生了很大的变化。1936年以前，中等教育素由地方省市教育厅办理。抗战后，中央也开始兴办中等教育，到1944年共设国立中学34所，国立大学附属中学16所，国立师范学校及职业学校14所，遍及后方12个省区。这样，国统区拥有的中等教育发生了很大的变化：学校从1936年的1956所增加到1945年的3727所，学生从482522人增加到1262199人，毕业生也从76864增加到255688人。

如上海复旦大学西迁到重庆后，其学校风貌发生了很大的变化。其一，学生负担减轻。"本校是私立学校，过去学校开支，大部收取学生费用，今则仰政府按月之补助；学杂各费，已酌量减轻。战区学生之经济断绝者，不但免除学费，而且学校还转呈教育部核发每月八元之贷款……时人所诟病之教育商业化之意味也随之减轻"。其二，师生生活之平民化。"现在我们住的是陋巷，虽未至'屈躬而枕'，而睡的确是叠床，吃的是一月六元的伙食，师生穿着一致的用本土布制成的衣服"。其三，师生关系的改善。北碚教师以专任者为主，与学生同样散居川上，"师生关系，自然紧密"，上学期起，又根据部令推行导师制，专任教授与讲师，以每名指导学生5—15名为原则，但仍给予学生以选择的机会。从此，师生学问切磋，道德磨砺，在江湾时代梦寐以求的专任教师百分比之提高及良好的师生关系，在这里得到了实现。其四，社会服务的提倡。社会服务与学

①华北政务委员会总务厅情报局印制：《文化年刊》1942年第三卷，档号：ZQ12-3-135，第82页，北京市档案馆藏。

②《1936—1946学年度大学专科以上教育发展概况统计表》，选自沈云龙主编，教育年鉴编纂委员会：《第二次中国教育年鉴》。

术研究，同为大学之任务。自北碚立校以来，"我校师生颇能与社会打成一片，举办民众共乐会、民众学校"等。其五，学术空气极为浓厚。其六，管理军事化，生活严肃化。[①]

教育是立国之本。西迁的高校从某种程度上继承了爱国敬业的优良传统，这种不醉心于物质的享受，相反努力于民族复兴的思想与作风实质上是中国走向民族复兴的关键原因之一。很明显，日伪教育有着与国统区教育不一样的精神风貌。这加剧了人才的国内迁移，也加速了日伪政权的灭亡。

---

①复旦大学档案馆供稿：《复旦、大夏联合大学西迁史料汇编》，《近代史资料》总111号，中国社会科学出版社，2005年版，第209—236页。

第九章　沦陷时期北平民族工商业面临的困境

第一节　沦陷前夕北平发展民族工商业的意义、措施及概况

一、北平近代民族工商业的概念

近代民族工商业是对鸦片战争以后，特别是19世纪六七十年代起在中国产生、发展的由中国民间的个人投资设厂，成长起来的资本主义工业与商业的总称。北平近代民族工商业主要是指由晚清至民国时，由北平当地人或外埠的中国人在北平投资、经营，逐步产生、发展起来的资本主义工业与商业。

二、沦陷前夕北平工商业发展的意义

1. 工商业是北平市税收最为重要的来源

民族工商业的发展至关重要。因为其发展水平直接影响到民众的就业与政府的税收，甚至可以说一定程度上影响到社会的稳定。而这一点对当时的北平尤其如此。因其税收的主要来源是工商业，特别是民族工商业。如1931年北平田赋收入仅5070元，而当时的青岛、威海卫管理公署分别为567682元、1017881元、25000元。[①]1932年，北平市地方岁入分为：田赋、契税、营业税、房捐、地方财产收入等九类，共4570042元。其中契税、房捐、营业税共1245892元，占总收入的27.5%——它们是直接与工商

---

①中国第二历史档案馆：《中国民国档案资料》，第五辑第一编财政经济（二），江苏古籍出版社，1994年版，第25页。

业密切相关的。此外，地方行政收入类中的房地产转移凭单等与工商业有着间接关系。至于车捐、广告捐等也与工商业有着密切的关系。[1]而当时之北平民族工商业依然处于不发达的困境之中。

2. 工商业的发展有利于北平市的繁荣与稳定

从元代以来，北平一直是中国的政治、文化中心。这种特殊的地位自然导致北平工业的不繁荣。而1927年后，国都南迁。政治地位的下降自然不利于北平经济的稳定与繁荣。"在消费形态与能力上相应地存在官场文化与平民文化的两极落差。以前，消费主力由政商权贵独占。国都南迁之举，对不同身份与消费阶层的北京居民造成程度不一的冲击。底层劳动民众诚然因迁都造成了经济不振而收入减少……相对地对社会上层的政商之流而言，迁都象征荣华富贵的消逝。原先由他们带动京城繁华而竞尚奢丽的消费风格，随其迁离而盛况不再"。[2]这一点从吴铁城的文章所描述的内容中可见一斑。吴氏，广东香山人，曾任中华民国警察总监，后任上海市市长兼淞沪警备司令。作为政坛的新星，他曾游历北平，写下他对故都北平现状的认知与感慨。他说，到"街市上绕了几圈。回到寓所，其真有些不胜盛衰兴替之感。记得北平从前有句记述热闹地点的俗语，就是'东单西四后门外'，可是现在这些地方已远不若昔年喧嚣热闹了。其余各处简直是行人稀少，萧条万分，可见北平的衰落，已到了极度"。那么，作为一位关心北平发展的政要，他特别谈到要发展北平的民族工业。他说，北平是中国北方的工业中心。"北平及附近区域原为中国煤矿最富之区，煤为工业最需，消耗最多的产业，最为经济。北平手工业，从前最为发达。"现为振兴经济起见，必须对他们进行适当地改良，"投人所好，不仅可以抵制漏卮"。玉器工业等是发展的急务。"外人以贱价收购我们的原料，又以高价售于我们，此种损失不在少数。"[3]他认为此种局面必须扭转。

总之，发展北平的民族工业对于改善北平的经济状况，改善民生有着

---

[1]魏树东：《北平市财政局实习报告》，成文出版社，1977年版，第89996—90005页。

[2]许慧琦：《故都新貌：迁都后到抗战前的北平城市消费》，学生书局，2008年版，第56—62页。

[3]吴铁城：《繁荣北平之我见》，《华北日报》1930年1月31日，第2版。

莫大的战略意义。

3. 发展北平民族工业对于减少贫困人口，实现当地经济的自给自足有着重要的意义

北平尽管历来是中国的政治、文化中心，但依然还有不少贫困人口。其贫困人口有明显的分配不平等的特点。"内四区，贫民占总人口的22.7%……而外一只占0.3%。"①造成这种不平等的重要原因是北平各区发展不平衡。"全市贫民占全市总人口百分之十二又一，即每八人中约有一个贫民。各区贫民多聚居在城根附近，城墙四隅尤为贫民特殊地带，此种贫民一部分为满族，而大部分为苦工或失业者家庭。"②很明显，要解决贫困问题，首要的办法是发展民族工商业，通过它的发展来带动民众，特别是贫困人口的就业。

当时，各地推行财政上的自给自足政策。北平因为工商业发展的迟滞、落后，导致其财政极为紧张。如1932年，北平地方概算：岁入3483922元，岁出5068521元，亏空达1584599元。③面对如此高的亏空，国民政府明确提出要采取各种措施来保障财政预算的稳定运行，力求做到预算收支的平衡。据上述精神，1934年的北平财政预算终于实现了基本平衡。岁出岁入都为4570042元。④

很明显，一个城市财政的自给自足不仅仅得益于紧缩财政开支的政策，更重要的是需要开源的发展民族工商业的政策的落实。

4. 发展民族工商业是抵制外国经济侵略的重要手段

北平很早就有外商来这里做生意。但在清末以前，来此的较少。之所以出现这一局面，除了北平是一个内陆城市外，主要原因是当时的清政府对外贸活动是限制的。鸦片战争后，西方国家以不平等条约为护符，开始在北平等地进行不公平的贸易活动。"平市外商都属民国元年以前开设，

①魏树东：《北平市财政局实习报告》，成文出版社，1977年版，第89929—89930页。
②魏树东：《北平市财政局实习报告》，成文出版社，1977年版，第89930—89931页。
③中国第二历史档案馆：《中华民国档案资料汇编》，第五辑财政经济（一），江苏古籍出版社，1994年版，第335页。
④中国第二历史档案馆：《中华民国档案资料汇编》，第五辑财政经济（一），江苏古籍出版社，1994年版，第402页。

以后由外交部照会各国使署，不准外商在平开设，外商来平者，以东学牌楼一带为多。仅有十余家。余数居平市各地，亦仅五六家而已。"[1]

20世纪20年代末，外国商品更多地倾销到此。"北平市场上的外国货是经中国商人之手转卖进来的。至于外国商人的投资，最先进入北平的外国资本是总部设在香港的汇丰银行。"到1931年英美等国先后在北平设立了78家商行。[2]

表9-1　各国在北平设立的洋行情况表（1931年）

国别	家数	代表	营业种类	地点
英国	18家	怡和洋行	机器、轮船、火车	东交民巷等地
美国	9家	慎昌洋行	化妆品、机器、电器等	大阮府胡同等
法国	8家	得利夫洋行	钟表、金银器皿	瑞金大楼等地
德国	12家	逸信洋行	药品及仪器等	洋溢胡同
意大利	1家	维利勾那洋行	烟酒	东交民巷
比利时	1家	大昌洋行	不详	沟沿头二眼井
日本	27家	日华洋行	瓷器杂货等	崇文门大街等地
中国	11家	麟泰洋行	五金杂货等	西河沿

资料来源：北平市社会局编：《北平市工商业概况》，1932年12月印行，第665—680页。

可见，当时的北平实质上已成为各国商品的销售地。外国资本正是通过便利的交通条件，特别是对他们有利的不平等条约从当地获得了丰厚的利益。同时，加剧了对华北民族工商业的打击。"在北京市场上，洋布洋纱的大量输入，使得土布和土纱，受到致命的排挤。外国的铁料、铁器、颜料、煤油、纸烟、洋碱、毛巾、洋袜等都逐渐地排挤土货，占据了市场"。[3]很明显，北平民族工商业要获得生存的空间，不得不采取发展自我的手段来维护自身的权利。

总之，发展北平民族工商业实为当时之急务。

---

① 《北平市大小工业之概况》，档号：J2-4-207，北京市档案馆藏。

② 刘娟，等：《北京经济史资料》，北京燕山出版社，1990年版，第605页。

③ 刘娟，等：《北京经济史资料》，北京燕山出版社，1990年版，第617页。

二、北平市发展民族工商业的措施

20世纪20—30年代，南京政府为了保障国内民族工商业采取了一些得力措施。如一定程度地维护了关税自主权，提高洋货的关税，推行国货运动等。那么，当时之北平市政府又采取了哪些措施呢？

1. 通过矿业的发展来拉动、促进民族工商业的发展

基于矿业为民族工商业的发展提供原料与资金的事实，再加上日寇觊觎华北矿权的危局，北平市政府号召民众利用自身力量开采本地区的矿产。为此，这一段时间，民间开的矿很多。

表9-2　内政部核准的北平民间部分矿业公司名册

矿名	矿山所有者	矿别	矿区所在地	矿区面积（公亩）	核准年月
北平瓷业公司	李介如	瓷土	房山县	1629	1931.8
	常进	煤	房山县	2771	1931.8
	常久安	煤	房山县	380	1930.12
……	……	……	……		
万隆公司	李汉臣	煤	门头沟	2097	1932.1
	刘怀金	煤	门头沟	1543.99	1930.12

资料来源：第二历史档案馆编：《中华民国档案史资料汇编》，第五辑，第一编财政经济（五），第603—604页。

2. 整顿银本位制所产生的弊端，防止白银外流

民初，白银成为很多国家对外贸易所使用的一种金属性外汇。而美国在20世纪30年代初提高银价的政策使物价飞涨，对中国的农工商业产生了巨大的影响。白银在国际市场上的显赫地位刺激了日本，使之想方设法地从华北掠夺白银。为此，华北地方政府奉中央令"密查偷运现银出口一事"。北平市政府采取了如下对策：

首先，明令公安、社会局对偷运白银的行为予以取缔。其次，通过立法打击白银走私等行为。制定《查禁私运现银出境暂行办法》九条，规定：旅客出境携带现银以值五十元为限。否则，一经查获，得依本办法处

罚之。且规定公安、军事机关，乃至一般民众都可稽查私运现银，等。[①]上述规定得到了有关方的认真执行，因此，白银"出境之风，业已息止。各银行持票兑现者，亦已恢复。"[②]再次，与中央行动一致。1935年6月，行政院院长汪精卫训令："北平市在禁绝私银的问题上应注意：（一）要与中央保持一致。考虑到北平禁止白银偷运的规定与中央有出入，建议修改如下：旅客携带现银由北平各站至天津，以五十元为限；由北平各站至天津以东各站，及由天津或由天津以东各站至天津以东各站，均以二十元为限。（二）北平市应取消自己办理护照之权，以实现中央与地方的统一行动。"[③]后北平市按中央的统一部署完成了查禁偷运白银的工作。

白银是当时世界性的流通手段，同时也是当时购买外货，坚持抗战的基础，更是稳定市场，发展民族工商业的前提。因此，上述打击白银走私的行为，具有极大的意义。

3. 禁止官吏兼营工商业

工商业，特别是民族工商业，往往要依靠投资者本人的资金、良好的政策环境来促进发展。而政府官员则是政策的制定者与执行者，如果允许其自身投资工商业的话，必然使工商业的发展走上非法治化、非公平化的道路，而不能使整个国家经济走上健康发展的轨道。为此，民国时代，中央政府就明令各级官员不能兼营工商业。而北平市政府也颁布了这方面的政令。规定：今后之方策，"惩以政治力量便利企业之行为，官商不分，假公济私。良好之经济政策可以变质。社会上有一部分私人企业受特殊之待遇，则正当之民间工商业皆受摧残。此为实行经济政策有效之先决条件，必须严格执行。"[④]

①中国第二历史档案馆：《中华民国史档案资料汇编》，第五辑第一编财政经济（四），江苏古籍出版社，1994年版，第207页。

②中国第二历史档案馆：《中华民国史档案资料汇编》，第五辑第一编财政经济（四），江苏古籍出版社，1994年版，第208页。

③中国第二历史档案馆：《中华民国史档案资料汇编》，第五辑第一编财政经济（四），江苏古籍出版社，1994年版，第209页。

④《市政府转内政部函严禁官吏兼营商业的训令及第三卫生区事务所报送购置药品材料表的呈》，档号：J005-001-01982，北京市档案馆藏。

4. 整顿征税过程中的弊政，力求征税的法治化、公平化

营业税是商户为了取得合法的营业权所缴纳的税种。但在它刚确定之时，因各方原因，商户并没有按法缴纳。以至于出现了"原定税率多有擅行减免之处，矫枉过正，而税法益紊，致令商会代征各商户，得以借口，其最为失策者，厥为允许在会各商，免予查账，授人以柄，而税政更不可问"的局面。在营业税征收处处长钱某看来，营业税征收存在的问题主要是：（一）定税不公。（二）商会把持。（三）重利轻权。（四）组织凌乱，积习既久，挽救殊难。他认为要解决这些问题，必标本兼治，方可有效。"治标以税收为重，治本以税法为尊。"也就是说，要在确认税法权威的前提下征收各种税收，真正做到标本兼治。他主张对于自征部分的税收，要"暂从缓进，徐予开导，引之就范，倘能生效，则可推行，否则，必须挨户彻查，以期水落石出。"特别要防止"税率畸轻畸重，失之公允"等现象的发生。①

5. 减轻捐税，救济民族工商业

近代以来，民族工商业一直处于封建政权、外国资本主义夹缝中艰难生存的困境。这一点，直到北洋时代依然没有得到多少改变。如1916年国家岁入预计书经常门中第一款田赋类就规定：京兆田赋1914年为374997元，1916年上升到779403元。②盐税：1916年为96676010元，1914年为76526550元。此外，在正杂税、正杂各捐等经常门中也有同样的情况。到南京政府时代，捐税之多、之重达到了无以复加的地步。

除了苛捐杂税众多外，政府的公债极多。如1916年发行公债2000万：（一）年息六厘。（二）实收九八。"与其借外债而利源外溢，何若举内债而藏富于民"。那么，这些公债又是如何分配的呢？直隶70万、河南100万、山东80万……③统计从1921年至1926年北洋政府发行公债六亿一千

①北京市档案馆：《民国时期北平市工商税收》，中国档案出版社，1998年版，第428—429页。

②中国第二历史档案馆：《中华民国档案史资料汇编》，第三辑财政（一），江苏古籍出版社，1994年版，第322—323页。

③中国第二历史档案馆：《中华民国档案史资料汇编》，第三辑财政（三），江苏古籍出版社，1994年版，第888页。

多万元。1932年至1937年国民党政府发行二十六亿元以上的内债。[1]而北洋时代，关税收入却提不上去。如1914年关税收入为78773341元，到1916年反而降为73056663元。[2]

由于各种捐税压力很大，再加上国都的南迁，导致北平市面极为萧条。"平市商号在十七年前有31000余户，现只29740余家。且以前之商号均属股实，现只可维持现状。贸易量不同，环境使然。其中大中商号占全数的1/3，余者贩商也。"[3]

针对民族工商业压力重重、难以发展的现实，河北省政府在响应中央裁减苛杂的口号上是积极的。

1934年河北省共废除地方苛杂134种，年额洋576468.975元。在二十三年度期内，已将本省按征之啤酒税、牌照税，按实际废除额数拨补九成，先后饬令各县依照虚领虚解手续就前项牌照。同时，青县等50县也大量核减田赋附加税，共核减了1008554元。[4]那么，作为特别市的北平，又采取了什么对策呢？从1924年4月起，废除了石灰税、鸡蛋牙税等24种捐税，每年统计减少捐税334433.95元。[5]从1935年10—12月，又进一步地减轻契税，减征1342.018元。[6]20世纪30年代，有人曾对北平的财政收入进行了研究，"并将市民的平均税负，与国内的南京、上海、天津、广州等六城市对比，认为"北平市民的税负最轻"。[7]

1936年，北平市政府制定了"救活不救死"的政策，对还有发展潜力，但又面临经济困难的商号采取了贷款救济之策。

是年，北平市各银行应政府及商会之要求，特筹款510万元，充救济该市商号之用。要获得该项贷款，要在1935年旧历年终以前提出声明，"利率

①中国人民大学政治经济系：《中国近代经济史》（下），人民出版社，1979年版，第24页。

②中国人民大学政治经济系：《中国近代经济史》（下），人民出版社，1979年版，第322—333页。

③《北平市大小工业之概况》，档号：J2-4-207，北京市档案馆藏。

④《河北省捐税监理委员会会议汇刊》，第一期，1935年编印。

⑤北平市政府秘书处：《北平市统计览要》，1936年编印，第54页。

⑥北平市政府秘书处：《北平市统计览要》，1936年编印，第55页。

⑦曹子西：《北京通史》第九卷，中国书店出版社，1994年版，第265页。

为月息七厘"，贷款期限只有"三个月为最长期限"。被救济的主体只是"本市继续营业并属于本市商会之商号"。①且借款之数额，应视其营业范围之大小而定，但最多每户不得超过国币1万元，且要求"必提供确实之抵押品"。后复源祥等100多家商号贷了款。对于不能按时还款之商号，"顾念商情，格外通融起见，凡归还原借款半数者，其余半数得缓期还清，其归还之数不及原借款之半数者，得由本团暂时保管，不给利息。至凑足原借额数时，再行办理还款手续，恐于商号多有不便，业经废除。截至本月十日共收回81户，共46200元。"②总之，其对工商业的支持、救济还是值得称道的。

1936年，北平市政府针对市民的小本贷款总数为：农业实放数184363元，实收数139210元，放户数11745户；工业放出数70921元，户数3746户，收回数53183元。③

当然，北平市政府对工商业的救济、保护政策的力度还是不够的。表现在对苛捐杂税的态度上，地方政府更多的是考虑到自己的利益，考虑到维持地方政权运转的需要，因而对于苛捐杂税的废除有一定的保守性。

关吉玉，时任冀晋察绥统税局副局长，长期以来从事税务工作，因而对当时的税制有深入的研究。他于1934年6月给军事委员会南昌行营上了《拟具整理北平财政意见》。建议拟永久及暂时保留的十种捐税为：房捐、契税、车捐、屠宰税、游艺捐、烟酒牌照税、田赋、营业税、铺捐、电车公司捐。建议裁并者为：房地产转移凭单费、乐户捐、警饷附加捐等十种。拟取消牲畜税、肠骨税等五种，创立宅地捐、地价税、筵席捐。在他看来，上列各捐税，除保留裁并者仍照旧征收，不影响收入外，如能将效率化为简单，彻底施行，只此一种，即可解决北平的财政问题。此外取消捐税五种及裁并税目中部分，取消二种税，此即市库短收之数目，可将新创之三种税收抵补。此三种税收，除地价税实行有待不计外，宅地捐年收入拟为八十余万元……应当可余存六十余万元。以此促进市政，实绰绰有余。蒋介石看到他谈得头头是道，特批："所陈意见，颇

---

① 《北平市救济商业放款事项往来文书》，档号：J32-1-1435，1936年1月，北京市档案馆藏。
② 《北平市救济商业贷款审查委员会送件簿》，档号：J32-1-1440，1936年，北京市档案馆藏。
③ 《市政公报》第380期，档号：ZQ12-3-252，1936年12月，北京市档案馆藏。

可受。拟转饬北平市政府核议具报。"①市长袁良经过一番考虑后，在给蒋的回信中这样说：关说"偏重于学理，而事实上难免有不易执行之处"。他认为，"北平有田赋等24种捐税，力图废除者为牲畜税、牙税、肠骨税、戏艺捐、警饷附加捐等，必保留者为田赋、契税、房地产转移凭单等。拟裁并者为铺底税并入契税、娱乐场所弹压费并入营业税。在他看来，全年共计减少287000元。本市收支不敷情形，不得不整顿税制，废除苛捐，裁剪重复。如无确立抵补办法，则捉襟见肘，财政上已无法维持……其所裁减之各种捐税，均行之有年，各有正当用途……故为保障教育经费计，财政应力求稳定，本市各项捐税，如照整顿计划所拟立施行，则所有亏短补抵之道自无。自恳请中央如数补助，以免另行增加市民负担为上策。万一地方自筹抵补办法，亦须妥慎筹议，斟酌尽善，以不再涉及苛杂，而易于实行。"②

那么，其抵补办法又是什么呢？一是举办筵席捐，他认为南京等地业已施行，对菜馆业影响不大，可增收10万元。二是改定屠宰税率。在他看来，适当增加屠宰税率，并不增加该行业的压力。因为以前有屠宰税，尚有牙税一角二分，又牲畜税五分至一角二分不等。羊只原尚纳牙税一角、又牲畜税一分至五分不等，如此，可增加11万元。至于地价税，目前还缺实行的条件，因须经历土地整理等环节，非二三年不能竣事。目前唯一的过渡方法是提高房捐，捐税由房主、房客各出一半。③

可见，在废除苛捐杂税等关键问题上，工商业者与政府一般官员、特别是上层官员的态度是不一样的。一般的民众，特别是工商业者常是从自身负担的减轻的需求出发来分析问题，希望政府能废除苛捐杂税。而从中央层面来看，它的态度也是模棱两可的，它一方面需要发展民族工商业，为国民党政权奠定一个好的经济基础，进而赢得民心。另一方面，它也不

---

①中国第二历史档案馆：《中华民国档案资料汇编》，第五辑第一编《财政经济》（一），江苏古籍出版社，1994年版，第244页。

②中国第二历史档案馆：《中华民国档案资料汇编》，第五辑第一编《财政经济》（一），江苏古籍出版社，1994年版，第253—254页。

③中国第二历史档案馆：《中华民国档案资料汇编》，第五辑第一编《财政经济》（一），江苏古籍出版社，1994年版，第248—255页。

能拿出具体可行的方案。从地方政府来看，它看重的是如何稳定本市的财政，保障当地政府的各项职能的有效运转。如一度被废除的重复的税种又因为经济紧张再次恢复。如1935年1月公布的《北平市财政局关于整理营业税办法致北平市政府的呈》第二十九条，营业税施行后，本市原有的牙税、当税、屠宰税及其他向来征收与营业税类似之捐税，均照旧征收，以维原案。[①] 为此，在废除苛杂等问题上表现得更为保守。可见，在当时要真正解决这一问题还是很不易的。

三、沦陷前夕北平民族工商业发展概况

在采取了上述措施后，北平的民族工商业有了一定的发展。其概况如下：

第一，与江浙等地的民族工业相比，其工业发展水平是低层次的：规模小、机械化程度低。南京国民政府成立后，江浙地区占天时地利之优势，再加上南京长期以来是我国的经济中心，背靠最早对外开放的上海，且民族资本主义发展历史悠久，因而在20世纪20—30年代，它成为我国近代民族工业最发达的地区。1930年工商部作的工厂统计表明：该年上海工厂资本222411452元，工人总数211265，原动力60007539036千瓦，每年出品总值100415273元。苏州工厂资本1500543250000日金，工人总数6420，原动力26548346000千瓦，每年出品总值3872400元。无锡的资本12177436元，工人总数40635。每年出品值74365278。[②] 可见，江浙地区民族资本相对雄厚，生产规模大，机械化程度高。而同期北平的民族资本又是如何呢？"火柴公司雇工最多，六百多人，并且他们半数为在家工作……倘与雇佣数万工人之大厂较，诚瞠乎其后，北平的工业还是小规模分立的家庭式的手工业，没有分工的色彩。"按照魏氏的考察，1930年，北平能够使用机器的工厂是造纸厂、铁工厂等30个企业，其职员总数为277人，工人

---

①北京市档案馆：《民国时期北平市工商税收》，中国档案出版社，1998年版，第444页。

②中国第二历史档案馆：《中华民国档案史资料汇编》，第五辑第一编《财政经济》（五），江苏古籍出版社，1994年版，第215页。

（男、女、童工、学徒）总数为1952人，平均每一个企业职员9人，工人65人。资本总额为281650元（啤酒汽水厂无数据），厂均资本9388元。出口总值为2299705元（造纸厂、铁工厂无相关数据）[①]。总之，其企业的生产规模小、生产能力弱，机械化程度低。更不用说与当时的官僚资本主义企业、外资企业相比了。

表9-3　1933年北平各业资本、产值等概况表

业别	资本（元）	产品价值（元）	工人数（人）
棉织	118000	2140000	3990
针织	172900	1547000	3820
毛纺织	694781	929123	752
轧花	无	无	无
染织	无	无	无
织绸	无	无	无
缫丝	无	无	无
面粉	1500000	225820	28
印刷	4373000	2686000.	5338
制革	34000	185000	476
造纸	8800	140000	91
化工	无	无	无
翻砂	8000	100000	120
冶炼	1500	50000	45
铁工	91000	710000	1545
烛皂业	31000	269000	87
水厂	5000000	399424	152
卷烟	无		
榨油	无		
酿酒	200000	770000	224
玻璃业	1500	67000	74
火柴业	300000	740000	539
总计	12534481	10958367	17281

资料来源：《中华民国档案史资料汇编》第五辑第一编财政经济（五），第235—265页。

[①] 魏树东：《北平市财政局实习报告》，成文出版社，1977年版，第89934页。

第二，尽管工业不发达，但依然有一个逐步提高、发展的过程。主要是轻工业有一定的发展。表现在20世纪20年代末后，随着北平地位的变化，各行各业的努力，投资民族工商业的资本有明显的增长。1935年，北平市合法工厂31家，资本总额为10331280元，每一厂的平均资本额约为333万元。如当时的市立第一工厂在染织业、铁工业等方面还是办得不错的。其中染织业生产的服装、帽子等的数量一度呈不断增加的趋势。

1936年6月，工业类公司（包括无限公司、两合公司、股份公司）就有7家，资本总数为1435000元。商业类股份有限公司10家，资本3843400元。[①]

工商业的从业人员有增加的趋势。1912年，内、外城经商者为121806人，占当时总人口的16.8%。[②]到1936年6月达到248273人，占总从业人口的44.2%。[③]但发展不平衡，主要是轻工业具有一定的规模。或者说与文化教育有关的产业得到较好的发展。沦陷前夕的工业主要为轻工业，重工业几乎没有。轻工业主要是指生产生活资料的工业部门。如食品、纺织、家具、造纸、印刷等。那么，当时北平民间工厂之种类有哪些呢？化学门包括火柴业、制革业等行业；饮食门包括面粉业、碾米等；纺织门包括棉织、纺织等；机械门包括五金制造业、机器等。其他还有公用门、窑业门、木料门等。[④]如当时的31家合法工厂主要是从事铁骑、车辆、电气、料器、造纸等行业的生产。

第三，为适应文化事业发展的特种轻工业得到较好的发展。如景泰蓝、地毯、玉器、雕漆、骨角、画灯等行业都较兴盛。玉器厂148家，工人2000人，远销欧美；景泰蓝厂41家，工人700人，远销外洋；制造墨盒的企业27家，工人135人，销于国内各省……制造地毯的企业72家，工人2000人，主要销往美国。[⑤]

---

　　①《北平市各公司调查表》，1936年6月调查，选自北平市秘书处第一科统计股编：《北平市统计览要》，1936年版。

　　②韩光辉：《民国时期北平市人口初析》，《人口研究》1986年第6期，第41—46页。

　　③北平市秘书处第一科统计股编：《北平市统计览要》，1936年版，第12页。

　　④《北平市大小工业之概况》，档号：J2-4-207，北京市档案馆藏。

　　⑤《北平市特产品种类调查表》，选自北平市秘书处第一科统计股编：《北平市统计览要》，1936年版，第30页。

第四，商业一度得到了快速发展，但国都南迁后，又处于颓势状况。进入民国前，以洋人和皇室贵族为服务对象的行业空前兴旺。民国后，更多的新军阀、政客、财阀涌入北平，同时，随着帝国主义入侵的加深，洋人也逐渐增加，使北京商业的服务对象有了新的变化。1935年贩卖业家数12363家，[①]该年贩卖业资本21797048元，制造业资本2422360元，其他18878256元，合计43097664元。[②]1936年，北平有商家共25318家，资本总额为23395094元。[③]

那么，各业营业状况又是如何呢？"北平商业中为洋人和皇室贵族、军阀等人服务的行业空前发展起来。这个特点在王府井大街的形成和发展上表现得极为明显。"该地在清末是极为简陋的摊群。民国后，逐渐成为集娱乐、购物、饮食为一体的商业中心。该地经营玉器的商家就达110多家。此外，形成了一系列的老字号店铺。如东来顺是由丁德山创办的一个羊肉馆。当初它主要是爆、烤、涮羊肉。后逐步兴旺起来。到民国时代，它聘请正阳楼饭庄的一个极会切羊肉的伙计——他切的羊肉不仅干净，而且薄，入水即熟，使东来顺的生意日益红火。到1932年其有房190间，工人达180多人，成为每日可同时接待400多人的大饭店。此外，还有如"瑞蚨祥""稻香村"等名店。且在经营理念、管理方式上与清末相比，有明显的创新。外城得到了快速的发展。如天桥、琉璃厂成为民国时重要的商业市场。[④]

商业的发展道路尽管极为曲折，但总体上来讲有盈有亏。"北平商业，纯照旧惯例以阴历为结账期，去岁近畿一带，菽麦丰收、粮行获利最厚，余如银钱号、绸缎号以及煤行等，无不盈余。"1936年金城银行盈余19万元，交通银行250万元……益泰源盈利1万元……德丰恒1万元。[⑤]但北平的商业在有了一定发展的同时，仍有不足之处。其"商业多

---

①刘娟，等：《北京经济史资料》，北京燕山出版社，1990年版，第453页。

②《北平市商业资本数统计表》，《冀察调查统计丛刊》1936年第1卷第3期，第89页。

③北平市政府秘书处第一科统计股：《北平市统计览要》，1936年版，第33页。

④刘娟：《民国时期北京地区商业的发展状况及特点》，《北京商学院学报》1996年4期，第51—55页。

⑤刘娟，等：《北京经济史资料》，北京燕山出版社，1990年版，第464—467页。

系零售商，不能和上海、汉口、天津、广州诸埠比较，因上海等市不只新式生产工业集中，且为国际贸易的吞吐港，它们供给全国以本国制的、外国制的"。且北平毕竟是一个消费性城市，"除极少数手工工艺品运销东西洋外，消耗了大宗货物与食粮。"①随着国府的南迁，农村的破败，商业日趋衰落。

总之，沦陷前夕北平工商业在全国并不发达。虽然民国政府以及北平政府均采取了一些积极的措施，使北平的民族工商业有一定的发展，但总体上来说依然不能摆脱经济力弱小、竞争力低下的困境。

第二节　日伪对北平民族工商业的冲击与打击

一、沦陷前夕日本侵略者在华北的走私活动

当时的华北包括冀、察、绥、晋、鲁五省和平津地区，在我国政治、经济、军事等方面拥有独特的地位。特别是这里物产极为丰富，又有广阔的市场——有1亿人口，因此日本蓄谋已久，企图夺取它。日本驻北平特务机关长松室孝良在给关东军的秘密报告中称："满洲市场已臻于饱和，短期内亦难于扩大，即不能与帝国生产率之增进相调和。""华北……在我帝国的经营与指导下，原料与生产量能增加三倍，民众之消费能力亦自能大为增进。故华北，诚为帝国最好之殖民地。"②为了更好地掠夺中国的资源，进而将华北作为其商品倾销地，日本想方设法地将商品倾销到以北平为中心的华北。那么，要减少成本，日方更多的是利用走私。1935年1月，以殷汝耕为首的冀东伪政权成立后，冀东就成为日本武装走私的大本营。日本帝国主义为了独占中国市场，加紧武装走私活动。该类走私得到了日伪双方的保护与支持，故日本称之为"冀东特殊贸易"。"参加走私者多达上万人。走私货物以人造丝、砂糖、卷烟纸、棉布、海杂货、煤油为大宗；走私地点主要

① 魏树东：《北平市财政局实习报告》，成文出版社，1977年版，第89932页。
② 延安时事问题研究会：《日本帝国主义在中国沦陷区》，上海人民出版社，1958年版，第46页。

在秦皇岛、北戴河、南大寺、留守营一带附近海滨。从秦皇岛到滦县各火车站也是走私活动场所。日本备有专门的汽车和走私专列，每天往天津运送走私货物，少则三百吨，多则一千吨以上。沿途有日本军警武装保护与接送。日本选择冀东海滨走私是为了逃避国民政府天津关、秦皇岛关的关税。"冀东伪政权成立后，为了更好地保护日本人的武装走私，于1935年11月颁布了《冀东沿海进口货物卸载查验规则》，指定留守营、北戴河、南大寺、昌黎四处为卸货地点，并收缴低于原关税四分之一至六分之一的税额，给予"验讫"证明。如每百磅人造丝原海关正税为120元，而冀东伪政权只收20元。白糖一包原正税20元，冀东只收4元，就可放行。由于税率过低，因此大批日本走私货如潮水般涌入冀东，并转送华北各地的市场。据统计，从1935年8月至1937年1月的18个月中，从冀东运往天津的走私货物，仅人造丝就达115700余箱（每箱100磅）、棉布5万余包（每包20—40匹）、白糖223余包（每包150斤）、杂货468000余包，等等。①很明显，这些走私的日本货以低于市价出售，严重地打击、冲击了北平等地的民族工商业，导致很多民族企业纷纷破产。"中国商人多是洋货的推销员。北平市也不能例外……根据统计，输入北平的洋货以纺织为第一。民国十八年洋布达1000余万码；羊绒达50万余码，人造丝及毛线值110余万元。其他，花标棉纱、呢绒、哔叽、羽缎等也为大宗。布匹类日货众多，五金机械占第二位。为制造电气、建筑、交通、印刷等。工业用化学品占第三位：以颜料、西药、火酒、化妆品、洋卤及各种酸类为主。其他钟表、纸张、文具、海味、煤油、糖类、烟草亦占重要位置。食品中日美面粉，南洋大米输入最多，糖类、海味、纸张、罐头，日货居大半，余如车类、皮带、零件、照相材料器具，医院学校仪器，眼镜、玩具、乐器、西式笔墨、新式纽扣，亦十九洋货。惟我国连年人祸天灾，日趋破产。崇关税收，1926年300万元，1929年降为170万元。平市衰落可知。然税收仍洋货占大半。估计全市每年洋货销额在三四千万元，平均每市民担负30元左右。日货占全额三分之一，即每市民年纳10元于日本。"②

①李洛之，聂汤谷：《天津的经济地位》，南开大学出版社，1948年版，第16页。
②魏树东：《北平市财政局实习报告》，成文出版社，1977年版，第89941—89942页。

这种现象到日伪时期更为厉害了。

二、沦陷后日本对北平民族工商业的打压

1. 通过商业统制来保障日方的资源优势

沦陷后，日方利用殖民统治地位，极力扩充、培养日方在北平等地的优势地位，并企图通过它来维护、强化其在华北经济圈中的垄断局面，从而造成了该地民族工商业处于一种空前的困难局面。具体的方法是推行商业统制政策。该政策是"日伪利用政治、军事的力量，监控、垄断华北商业的产生、发展，进而巩固、强化其统治的所有措施、手段的集合体。"[1]为了使该政策得以落实，它采取了如下措施：一是对民族工商业采取打击政策。"凡敌性商行，一律得使日方商店事务部利用之。"[2]根据这一掠夺性的法令，英美的商业公司以及对日稍不满的民族工商企业将面临灭顶之灾。就是这一法令使北平等地的民族工商业面临失去原料、燃料等来源的危险。如借口军需，限制、剥夺了民族工业必要的原料取得权。从事毛类加工必须要有各种毛类原料。而所有的毛类是否可做民用，完全由日方说了算。"查该项毛类系指羊毛、骆驼毛、山羊毛绒、猪毛，及其他一切兽毛等。而前之决定是否宜做军需，并声请运输作民需毛类等事均由甲第1821部队审核办理。"[3]可见，当时的工业原料完全由日方把持。对轻工业原料等也不断地增加检查、控制的强度，无形中剥夺了民族工商业的原料来源。"兹于轻工业原料需要检查及输送许可证制之品目中重新追加树皮、酸麻制品等"，如没有得到日宪兵队的许可，将面临严重的后果。"故非经该部办理者一律无效"。[4]此外，树皮酸麻及其制剂、麻绳等都面临统制的局面。

---

①王显成：《论日伪在华北推行的商业统制政策》，《抗战史料研究》2014年第2辑，第111—115页。

②《津防卫司令部布告——敌性商行由日商经营》，《民众报》1943年11月11日，第3版。

③《北京特别市社会局转发布公署、华北物价处理委员会关于轻工业原料、味素等统制的函》，档号：J071-001-00381，北京市档案馆藏。

④《宪兵队本部经济班交办之件》，档号：J183-2-35998，北京市档案馆藏。

2. 利用日企资本的优势地位

日本政府的上述政策导致日本在北平的投资急剧增加。为了帮助读者了解这一情况，笔者以1939年北平公司的投资情况予以说明。当时北平约有100家公司，其资本总额为464304300元（主要是前30家公司之资本总额，后面的因金额少，没有统计）。那么，在这30家公司中，日系企业是华北电信电话、华北烟草公司、宝海煤油公司、华北交通公司等6家日籍公司，其资本总额35710万元。占总资本额的76%以上。可见，日本公司实力之雄厚。[①]

很明显，日本雄厚的资本优势对北平当地弱小的民族工商企业构成了严重的威胁。

日本国策企业不仅在资金上有优势，而且它往往还可得到日方资金上的帮助与支持。如华北交通公司是1939年成立的直接服务于日本侵华政策的一个国策会社，该公司拥有185345名员工，管辖5728556公里的交通统制。从1939年至1944年攫取了庞大的利益。这个对日本生死攸关的霸权企业在战争后期出现了亏损。那么，日方的态度是怎么样的呢？那就是极力为其输血。"查伪华北交通公司一切措置，大都系作侵略之准备。运输计划及人才培训计划受敌大使馆及军队之指挥，故从业人员超过业务上之需要，训练调查工作之积极亦非一般铁路公司所可比拟。是故开支庞大，自业务观之，殊不经济。伪华北交通公司营业收支在1944年3月以前（日本昭和19年度）尚可适用。1943年4月至1944年3月，一年度平均每月收入伪币18270余万元，支出伪币17870余万元，计尚盈余390余万元。自1944年3月，物价骤涨，支出暴增……虽经两度增加运率，亏累甚巨。"[②]上述情况表明：当时日方对日资企业，特别是国策企业的支持力度之大。

3. 其他方式

日方既帮助入住北平的日韩居留民在生活、就业等方面享有优势地

---

① 《北京公司一览表》，档号：J2-7-14625，1939年，北京市档案馆藏。
② 中国抗日史学会，中国人民抗日战争纪念馆：《日本对华北经济的掠夺和统制》，北京出版社，1995年版，第242页。

位，还通过廉价征地、排挤中国民族工商业等方式来巩固、强化日本势力取得的既有地位，并依霸权地位扩大其不公平的利益。

为了确保日商在北平等地的商业统治地位，并考虑到"中日商人，唇齿相依"之事实，北平陆军特务机关长松崎直人，于1941年4月制定了如下规则，并函知伪北平市市长。"（一）在营业上应遵守本馆取缔规则而外，并须遵守北平菜市场取缔规则；（二）不得将名义借予他人；（三）在营业上应指导华人营业者，以身作则；（四）如违反本命令事项，或丧失日本人体面者，则停止其营业资格及取消其许可。"①鉴于此，北平市伪政权采取牺牲本土民众利益的政策，默许日人吞并、排挤华民企业。

伪社会局、警察局拟定了《日华商人承租承倒营业规则》七条，后该条文于1941年9月15日公布实施。尽管它规定日商接做华商营业者要经过一定的程序，即首先要"由华商遵照社会局发给营业执照规则呈请歇业，并取具房东同意，经报社会局核准后，通知日警署。日警署根据是项通知再发给日商许可证，其华商尚有纠葛者由社会局一方批驳，一方通知日警署以便日警署通知日商不得接做"②等规定，但当时日华法律地位不同，伪政权不敢明确地维护华商利益，其结果必然是华商处于任人宰割的境地。

总之，日方对北平民族工商业的压迫是空前的，从而导致当地的民族工商业处于更为艰难的境地。

三、伪政权对民族工商业的打压

1. 打压可能危害日伪殖民统治的民族企业

伪政权对可能危及日本主子利益的民族企业及相关人员采取打压之策。首先，要求民众认可其媚日的汉奸理论，接纳日伪的统治。北平沦

---

① 《北机经第165号函》，档号：J184-2-29791，1941年，北京市档案馆藏。
② 《社会、警察局商字第2796号会衔训令》，档号：J11-2-1—264，1941年，北京市档案馆藏。

陷后不久，伪警察局长潘某就颠倒是非地贩卖其汉奸理论，胡说："鄙人以人格为担保，日本人对中国人绝对不是仇视。其（一）因为东方的文化是整个的。中日两国的文明是联络的，根本不分离。（二）就利害来讲，欧美物质文明愈进步，中国与日本在东亚同受欧美之压迫。不过日本自明治维新变更幕府政治，吸收欧美物质之进化，纳之于东方固有文化之中，就强盛起来……日本方面想要中国强，日本才能强大，所以要同欧美对抗。"①对民众，他提出了要"礼遇""友邦"日本人的主张。其次，基于"治安第一主义"的思想，对民族工商业的营业要求极为严厉。王振方是振兴工业社负责人，专营制造墨水。警察局担心其影响治安，特派于德海详察。"兹据敷称：营业尚属相符……专造红、蓝、黑墨水，营业并不妨害治安，等语……并取有珠宝市53号茶祥纸烟庄铺保铺长马庆堂情愿担保，负完全责任。"②由此可知：当时的伪警察对是否危害到日伪的统治是十分在意的。1941年7月，日伪颁布了《临时特别交易取缔办法》，其规定："凡以华北政务委员会之指定者为对手，或为华北政务委员会之指定者，取得或处分左列之财产时，须经华北政务委员会之许可。一、不动产……六、每月内合计五百元以上之通货（用作付款之支票亦包含在内）。七、第三项至第六项以外之动产，其价值在百元以上者。"③也就是说，只要民族工商业以日伪，或日伪所保护的法人、个人为打击的对象，它都可能面临灭顶之灾。④再次，颁布了《扰乱金融暂行治罪法》《战时经济政策纲要》等伪法，使民族工商业处于动辄得咎的困境。

2. 苛捐杂税多如牛毛，且日趋沉重

税收既是一个政权运转的经济基础，同时，它又与当时的民族工商业有着密切的关系。宽松的税收政策有利于民族工商业的发展。相反，掠夺

---

①《阐明日本对华北民众之善意及最近北京地方治安之状况》，《实报》1937年10月30日，第2版。

②《警察局关于开设振兴工业社是否相符，有无妨碍治安情形的训令及端恤皮局等歇业下匣的函》，档号：J184-2-1403，1945年3月，北京市档案馆藏。

③《临时特别交易取缔办法》，《新民报晚刊》1941年7月，第6版。

④《临时特别交易取缔办法》，《新民报晚刊》1941年7月，第4版。

式的税收政策则不利于它的发展。沦陷后，伪北平市维持会于1937年12月成立，加上以前成立的伪中华民国临时政府，这样，北平就有了两个伪政权。那么，该地的税制有什么特点呢？

第一，形成了两种税制并存的局面。就是伪中华民国临时政府的税制与北平市伪政权的税制共存。如北平市伪政权共有营业税、货物税等近30种税。那么，与这些税种相关的法制就是它的税制。与此同时，它又是伪中华民国临时政府"中央"所在地。那么，与它直接有关的税制就成为伪"中央"政权的税制。如它也有矿产税、所得税等名目。正是因为两种税制的共存，再加上人为的一些非法的盘剥、敲诈，导致了苛政猛于虎局面的产生。如光统税一项就有公卖费等20项，从1938—1943年统税收入分别为46433918、59422867、98061662、141027567、221603346、304776648元（中联券）。①由上可知，当时华北沦陷区民族工商业所面临的经济压榨之深重。

第二，税率日趋沉重。营业税是工商业者按营业额的大小，或资本额之大小向伪府缴纳的税款。1931年5月颁布的《北平市征收营业税条例》规定：凡在本市区域内营业者，无论中外商店，除中央法令别有规定者外，悉按本条例缴纳营业税。其对征收税率标准及营业税率等级等问题均有极详尽的规定。1938年3月，日伪以"前订营业税评议委员会组织章程已尽适用"为借口，制定了伪《北京市营业税评议委员会组织章程草案》，后于1942年7月，又颁布实施伪《北京特别市营业税征收章程》，那么，沦陷前后，营业税税率又是如何变化的呢？为了弄清它，请看表9-5。

---

①中国抗日史学会，中国人民抗日战争纪念馆：《日本对华北经济的掠夺和统制》，北京出版社，1995年版，第909页。

表9-5　1931和1942年北平部分营业税比较表（按营业额计）

年份　业别	1931年	1942年	
印刷品业	千分之二	千分之四	
制造业	千分之一至千分之二十	碾米等手工品	千分之三
		制西式衣等细巧手工	千分之六
		工厂类制品	千分之十五至二十
印刷出版业	千分之二	千分之四	
证券业	千分之二	千分之十	
营造业	千分之二	千分之五至千分之八	
转运业	千分之二	千分之五	
租赁业	千分之二	千分之八	
理发浴室业	千分之二	千分之八	
交通业	千分之二	千分之五	
房地产租业	千分之二	千分之八	
经理介绍业	千分之二	千分之八	
旅馆业	千分之五	千分之八	

资料来源：北京市档案馆编：《民国时期北平市工商税收》，中国档案出版社，1998年版，第447-448页。

第三，税种的变化。增加了遗产税、所得税等名目。由于篇幅的限制，笔者不能将所有行业的税率均予以介绍。但由表9-5可知：该时期，民族工商业面临的经济压榨是十分沉重的——1943年后，对民族工商业的压迫更为沉重。为了将如此沉重的税率，多种多样的苛杂税捐变为现实的经济力，日伪不惜采取种种措施：

首先，完善、强化与税收有关的各种法制。日伪在颁布《北京特别市营业税征收章程》后，还制定和颁布了《营业税法》（1942年7月2日）、《乡镇营业税稽征办法》（1942年9月）、《营业税法实施细则》（1943年1月）、《北京特别市政府关于营业税税额加一倍征收布告》（1945年5月）等伪法律法规。否定了北平沦陷前夕对弱小的民族工商业者予以减免的规定。《北京特别市营业税征收章程》（1942年7月）规定："凡在本市区内设有场所，以营利为目的之一切营业，均依本章程缴纳营业税。"

能免税的是"一、已纳特种营业税或法令别有规定者。二、国家或地方团体所经营者，但官商合办者不在此限。"推行税务申报制及铺保连带责任制。在税务申报书中，要求登记商号、业别、资本额等内容，特别规定了铺保连带责任制。如有担保商号违反本章程各规定及拖欠税款情事，铺保"愿负担纳税及一切完全责任"字样，铺保如有歇业，或有其他变动时，应随时更换铺保。除此之外，还规定了营业人的其他义务。直至日本投降前，日伪还在垂死挣扎，对营业税等不断增征，规定：现行税率从营业额的2‰至10‰，或从资本额的15‰至20‰的，分别增加一倍。当然，其他捐税也增加了。①伪方估计1945年整个伪市府需增加开支314800000元。于是将上述要增加的开支统一分配在各个捐税上，于是营业税预期的增量为5000万元。烟酒牌照税、特种营业捐增加9倍以上。②

其次，完善、强化各种征收机关。伪北平市政权为了强征各种捐税，成立了北平统税分局，其管辖的地区包括市区及大兴、宛平两县及其下辖的各稽察所分管的各县。如当时的保定稽征所管辖徐水、高阳等14县，廊坊稽征所管辖安次、武清等5县。北平统税分局下设38个稽征所。可见其权力影响之广。③后又于1941年在内外城各区设8个稽征所，并组建税务警察。1942年《北平特别市财政局税警管理规则》规定："凡本局催征及稽查各种捐税之巡官、长警统称税警。"全体税警隶属于该局第一科稽察股。凡充税警，须具左列资核考试录用。（甲）高等小学毕业或曾充巡警一年以上粗通文字者。（乙）身高在市尺四尺五寸以上。（三）年龄应在25—40岁。（四）体质强壮，素无不良嗜好及暗疾。税警应取具本市商户全年营业额5000元或资本额2000元以上之保结存案，每三个月对保一次。必要时并得饬令换保。"全体税警之进退调迁，由稽察股商承主管科长核定后，呈准局长行之。税警在各股所服务，应服从各该股所长官之调遣与指挥。"同时还规定，伪警局有协助统税分局，征税之职

①北京市档案馆：《民国时期北平市工商税收》，中国档案出版社，1998年版，第1282页。
②北京市档案馆：《民国时期北平市工商税收》，中国档案出版社，1998年版，第1286页。
③《统计年报》，民国二十七年份统税公署，档号：资2-351，北京市档案馆藏。

能。①上述规定使伪税务机关及其职员能服服帖帖地听命于日伪上层，更好地为他们效命。

再次，强化各伪机关的协调合作，确保税费的征收与完成。1938年，营业税评议委员会成立。按其组织章程，参与该委员会的包含个别纳税人代表，其余都是伪府各部门的主要头目，如财政局局长、市公署代表一人等。他们都由伪市长委派。②很明显，它是一个由伪市长任命的协助他处理营业税纠纷的一个官方机构。它表明巧取豪夺本质上是日伪的利益需要。由于税收与日伪有着莫大的关系，那么，征税实质上已成为不少伪职部门的法定义务。1942年颁布的《北平特别市营业税征收章程》明确规定："依本章规定处罚案件，财政局应以书面通知被处罚人限期缴纳，并公告周知，以示警诫。如抗不遵缴者，得请警察强制执行或停止其营业。"后又规定，依本章程所处之罚金，无论何人举发或查报，得就罚金内提出四成，"以二成给举发人或经办人，以二成归征收机关办公"。③总之，在日伪看来，联合对付所谓的"偷税""漏税"行为，不仅是税务警察的职权与义务，同时也是其他人、其他机关的权力与义务。于是，在金钱与利益的驱动下，不少社会阶层参与了对孤苦的民族工商业者的盘剥与打击。1943年7月颁布的《所得税施行细则》规定："中华民国人民在国内有住所，而前项所得来源发生在中华民国域外者，亦应征税。""其本店或主事务所在中华民国国内，而其分支店、营业所全部或一部在中华民国以外者，其在中华民国国内及国外之营利所得，应合并课税"等。④上述规定反映了日伪在行将灭亡之际，仍在拼命地榨取民脂民膏和垂死挣扎的丑恶嘴脸。对于当时商人的境况，不少社会阶层予以同情。"本市一般商店苛杂负担竟达全部收入70%左右。当局规定：每月须缴营业税1.5%，所得税4%，印花税4%，资本税尚未发表税率，传系2%，最重者为所谓过分利得税"，中小商店负担达全收入60%。当局规定：各商

①北京市档案馆：《民国时期北平市工商税收》，中国档案出版社，1998年版，第34—35页。
②北京市档案馆：《民国时期北平市工商税收》，中国档案出版社，1998年版，第453页。
③北京市档案馆：《民国时期北平市工商税收》，中国档案出版社，1998年版，第459页。
④北京市档案馆：《民国时期北平市工商税收》，中国档案出版社，1998年版，第545页。

店将流水账送由北平直接税分局照账面按月征收营业税外，如账面超过原资本的20%，即须缴纳过分利得税……商民不胜苛扰，纷□豁免，当局毫不置理，且加紧催征。[1]

3. 降低关税税率，挤压民族工商业的生存空间

关税本质上是一个主权国家保护民族工商业的利器。然而在近代中国，由于对外战争的连连失败导致以西方为主导的不平等的关税制的确立。为此，民族工商业面临空前的压力。南京国民政府成立后，为了保护民族工商业，曾采取了一些卓有成效的对策，一定程度实现了关税自主。从1928—1934年，关税税率从1928年的3.9%上升到25.2%。后还有上升的趋势。伪政权为了取媚日本，重定关税。其税制有如下特点：其一，有一定的合理性。一般生活必需品税率较低，而奢侈品则极高。如野鸟蛋、家禽蛋从价15%征关税；而毛燕窝则每公斤5.612金单位。[2]其二，总体上讲，比南京国民政府的税率大为降低。如1933年，南京国民政府进口税率已达19.7%，1934年上升到25.2%。而华北伪政权则使绝大部分进口货物的关税税率较前降低。如鱼介、海产品、鱼骨等海产品的税率极低。如海带丝每百公斤只征0.70金单位（一个金单位为2.2银圆）。很明显，这么低的关税率有利于日本海产品在华的倾销。因为当时的日本是一个海洋强国，海产品较多。

表9-6　中国海关税率与冀东税率比较

货物	中国海关税率	冀东海关税率
白糖（135斤）	正税48.8元，附加4.88元	征税4.00元
人造丝（百斤）	正税290.00元，附加29元	征税20元
干贝（百斤）	正税58.00元，附加5.8元	征税15.00元

资料来源：海关总署关于津秦两关1936年1-3月初走私情形报告，中国第二历史档案馆。

由于当时华北海关自主权丧失，日货走私猖獗，海关行政形同虚设。因此，本已降低的关税在执行的过程中，又大打折扣。

---

① 《北平商人苦》，《解放日报》1946年6月13日，第3版。
② 《临时政府公布关税新税率全文》，《新民报晚刊》1938年6月13日，第5版。

4. 对民族工商业采取价格上的歧视政策

正是因为技术含量、管理等方面存在着一些未能克服的问题，导致民族工商业在与外国商品竞争中常处于劣势地位。"外国工业企业以东北和华中地区为主要基地的大量设立，使近代民族工业企业有着两种显著变化。其一，凡与外国输入商品有关的本土制造业，都出现衰落和倒闭。其二，凡与出口半成品或生产原材料的企业都兴旺发达。"[①]"20世纪初叶以前，近代民族工业企业的科技水平，只达到企业的科技进步的第一阶段。即只注意市场销售，或注意OCD（产品质量、生产成本和货到收款）阶段。"[②]早在洋务运动时期，部分精明的洋务官员已意识到该问题了。20世纪20—30年代，中国的民族工业在这方面的努力还是不够的。以至于在对外贸易中，出现了"出口土货，年减一年，往往不能相抵（进口洋货）"的状况。[③]

那么，沦陷时期，北平不仅成为日本商品的倾销地，而且已成为其资本的直接投资地。其往往利用伪政权操纵市场，使其商品的价格处于优势地位。华北物价处委会是华北政务委员会下属的一个专门制定价格的机构，从其许可的在市场上销售的商品及其价格上来看，充分反映了其打压民族工业的特质。如一般家具多是清一色的日货。

表9-7　脸盆价格概况表（1942年）

牌号	批发单位	包装量	许可价（元）	零售价（元）	备考
28平素盆	打	12	22.00	2.1	日本
30平素盆	打	12	23.10	2.21	日本
34平素盆	打	12	24.75	2.37	日本
38平素盆	打	12	26.95	2.58	日本
……	……	……	……	……	……
38旗牌	打	12	60.50	5.8	日本

资料来源：《京分会二次许可价格》，《民众报》，1942年9月16日，第4版。

---

①何世鼎：《中国近代民族工业企业的科技进步》，天津古籍出版社，2011年版，第44页。
②何世鼎：《中国近代民族工业企业的科技进步》，天津古籍出版社，2011年版，第45页。
③金汉昇：《中国经济史论丛》（第二册），香港中文大学出版社，1972年版，第705页。

很明显，从脸盆类来看，日企占有绝对优势。从盥漱品类来看，华北物价处委会共公布了32种日式产品、3种美式产品、9种中国卫生牙刷工厂产品、4种英国产品、4种天津产品。从中可以看出，当时的日货有如下特点：一是数量上占有绝对垄断地位；二是零售价高，统计日货的零售价均价为：（一）牙刷：日本牙刷零售价0.554元，中国卫生牙刷0.53元；（二）牙粉：日货零售价26元/瓶，上海牌牙粉20.3元/瓶，美国牙粉7.59元/瓶，英国牙粉7.91元/瓶。[①]很明显，日货正是利用殖民统治地位取得了价格优势。这是当时的国产货，甚至美英货所缺的。

5. 发行伪币，废除法币

七七事变前，"京津地区流通纸币的大部分是中方银行的纸币即法币。金融业者所处理的通货，全以法币为基准；而日方对纸币尚未拥有很大实力"。[②]为了彻底摧毁南京国民政府在华北的经济影响力，进而剥夺民众的财产，1938年2月5日，伪政权颁布的《中国联合准备银行条例》宣称：它以安定通货、统治金融为目的。且总行设于北平，于其他地方设立分行。资本总额为5000万元。其特权如下："一是办理伪政权赋予的铸造与发行货币之权。二是其发行的货币一律通用。三是中国联合准备银行所发行之纸币应保有纸币发行额40%以上，相当金额之生金银、外国通货，或外国通货之存款并保有发行额60%以下，相当金额之公债票及政府发行或政府保证之票据及其他确实之证券或贷出款项。四是政府得令中国联合准备银行监督一般金融机关及行使政府对其他金融事项应行权限之一部。五是其业务如下：（一）政府所发行之票据及证券，或经政府保证证券之贴现；（二）商业票据之贴现；（三）确实之证券债权成易于出售之商品，为担保之贴现成放款……（十一）得依照政府之规定经理公债及关于国库之事务。"[③]为了保障伪币的权威，日伪于1938年3月11日制定了《旧

①《华北物价处委会京分会二次许可价格》，《民众报》1942年9月18日，第4版。

②中国抗日史学会，中国人民抗日战争纪念馆：《日本对华北经济的掠夺和统制》，北京出版社，1995年版，第935页。

③中国抗日史学会，中国人民抗日战争纪念馆：《日本对华北经济的掠夺和统制》，北京出版社，1995年版，第947—948页。

通货整理办法》《禁止以旧通货订立契约办法》。根据这两个办法，"从前流通之中国银行及交通银行纸币（票面上印有天津青岛又山东等字样者）、河北省银行及冀东银行纸币自本办法施行之日起以一年中为止得以流通。上述之纸币对于国币之换算目下按照平价之比率流通之"。"从来流通之中央银行发行之纸币及前条所未载地名之中国银行及交通银行所发行之纸币自本办法施行之日起以三个月为限得以流通之。前项所述之纸币对于国币换算目下按照平价之比率流通之。从来流通之货币，凡在第二条及第三条所未载明者，亦规定三个月为限……凡一切租税课赋及对于政府一切缴纳之款均依国币支付之。但目下对于适用本条之支付项目及收纳官厅等均由政府指定之"。[1]1939年3月，又颁布了《禁止旧通货流通警察取缔实施办法》。根据该法，伪警察取得了与日宪联合取缔旧通货之权。那么，日伪采取的金融统制政策带来了什么后果呢？

第一，使伪府所发行的"伪币"取得了"合法"地位。伪联券之地位，"因治安之强化，未恢复区域经济封锁、经济统制之厉行，及生产配给机构之完备，而益形巩固"。[2]也就是说，伴随着日军侵略步伐的不断推进，伪华北金融体系在沦陷区取得了暂时的统治地位。

第二，整理旧币、发行伪币的过程本质上是对民众的一次大洗劫。从日伪颁布的法律来看，从1938年3月至1939年3月10日以前，凡印有青岛、山东等字样的法币仍以一比一比例兑换伪联币。但实际上在很多地方常以三折的方式来兑换，甚至在部分场合采取直接没收的方式，这实质上是对民众毫无人性的洗劫。

第三，滥发伪币导致民生凋敝，恶果累累。为了支持日本的不义战争，伪联合准备银行在日伪上层的默许与支持下滥发伪币。1938年6月末发行59463千元，9月末发行88239千元，12月末发行162493千元，1939年

---

①中国抗日史学会，中国人民抗日战争纪念馆：《日本对华北经济的掠夺和统制》，北京出版社，1995年版，第950页。

②中国抗日史学会，中国人民抗日战争纪念馆：《日本对华北经济的掠夺和统制》，北京出版社，1995年版，第960页。

3月末发行203581千元。① 那么，其发行的伪币总额又是多少呢？从1937年3月10日至1945年10月17日，前后发行伪币十四万二千三百九十九亿八千五百四十五万零七百七十八元。② 由于伪币发行过多，导致了物价飞涨，"人民痛苦，不堪言状"。③

6. 对日本企业的其他"优惠"政策

沦陷时期，日本除了依靠刺刀维护其殖民统治外，还将大批日侨移入北平等地。据1937年下半年的统计，当时在京的外侨共5387人，其中日侨1600多人，朝鲜侨民1063人。沦陷后，日籍人数激增。"本京西城区内四、内二居住之友邦人士，自去年春季起，即有激增之势，迨八月以降，其暂时居住者已减，而长期居住者又见增，增加者在百名以上。其中包含日本人、朝鲜人等，其中最醒目者为日本人"。④ 到1942年日籍驻京居留民达12万人。后发展到40万人，1946年12月，华北地区的日籍人士达266883人，北平达82758人。⑤ 那么，如何使这些外来的日本人在"创业"上享有"优势"地位呢？伪政权颁布了《土地税减免条例》。根据该条例，"公有土地及因公征用土地一律免税。业经立案之私立学校及其他私立学术机关办理有成效者，以其用地如不以营利为目的，其用地一律得呈请免税。民营铁路及汽车路，及地方交通，卫生及生产事业有重大关系者，其用地得呈请减免赋税。"⑥ 很明显，在当时，免税政策的实施只是对日企有利。

此外，伪府还采取了协助日本掠夺强制劳工、迫使民族资本以成本价将产品卖给日方等政策，打压民族工商业。

---

① 中国抗日史学会，中国人民抗日战争纪念馆：《日本对华北经济的掠夺和统制》，北京出版社，1995年版，第972页。

② 北京市档案馆：《绝对真相：日本侵华期间档案史料选》，新华出版社，2005年版，第495页。

③ 北京市档案馆：《绝对真相：日本侵华期间档案史料选》，新华出版社，2005年版，第403页。

④ 《友邦人士激增》，《新民报晚刊》1939年1月18日，第4版。

⑤ 胡荣华：《战后天津暨华北地区日俘日侨遣还研究》，《抗日战争研究》2008年第3期，第197页。

⑥ 《北京特别市公署财政局关于实施土地赋税减免条例及勘报灾歉条例中的问题的呈及市公署的指令》，档号：J009-004-00018，北京市档案馆藏。

总之，日伪对北平等地民族工商业的打击、迫害政策是全方位的、沉重的、残酷的。其结果必然是使本已脆弱的民族工商业处于更为危险的困境。

第三节　日伪对北平民族工商业打击的影响

一、导致北平市商会及同业公会性质发生蜕变

商会本质是维护民族工商业利益的组织。它与当时的政权、国家、社会有着某种程度的互动关系。为此，近代以来，它一度是力求维护民族工商业利益、维护国权、监督政府的力量之一。《北洋政府公布之商会法》特就其职能明确规定："一、促进工商业之方法；二、关于工商业法规制定、修改、废止及与工商业有利害关系事项，得陈述其意见于官署……八、关于市面恐慌等事，有设法或禀请该管地方长官维持之责任。"①可见，民初的商会实质上是商人利益的代表者、工商业发展的幕后推手，政府管理商业的帮手。它与政府有着一定的矛盾性与一致性。且该时期商会的选举有相对的民主色彩。"商会会员不限人员，但以中华民国之男子具有下列资格之一者为限：一、商会区域内公司本店或支店之职员为公司之代表者。二、商会区域内各业所举出之董事为各业之代表者。三、自己独立经营工商业或为工商业之经理人者"。商会之职员如下：会长、副会长、会董。会长一人、副会长一人，会董自十人至三十人。"会董由会员投票选举，会长、副会长由会董投票互选。会长、副会长及会董选定后，须禀报该管地方长官详由地方最高行政长官咨报农商部。商会得设特别会董，但不得逾会董全数五分之一。特别会董由会董推选富有工商业之学术、技艺者充之"。"会员皆有选举权及被选举权，但有被选举权者之年龄须在30岁以上"。②从上文来看，民初商会及其会员的产生确实有一定

---

①中国第二历史档案馆：《中华民国史档案资料汇编》，第三辑农商（二），江苏古籍出版社，1991年版，第798—800页。

②中国第二历史档案馆：《中华民国档案史资料汇编》，第三辑农商（二），江苏古籍出版社，1991年版，第800页。

的民主化趋势，自然可更好地推动工商业的发展。

当时的北平商会更是如此。1931年，鉴于农村经济日趋凋敝、工商业发展迟滞的现实，它提出了反对政府进口美麦的主张。"案查本会对于救济农村经济问题，电请饬防止舶来进口粮食，免致农业破产，国本动摇，早邀钧鉴……盖农夫生活程度虽极简单，然断非仅能糊口即毕其事。况粪价犹能偿，糊口问题更难解决。"

"夫以农民挥汗，辛劳所得，地方政府预征钱粮，有至民国三四十年以后者……乃中央政府又大批订购外国粮食，双方压迫，小民诚无死所也。现本市由汴来京之难民，日有千数，询其荒歉乎？曰：否。更问何故流离？答曰：毕竭一年辛勤，所得无以自赡耳。嗟乎！以农立国之国家，舶来之稻、麦、瓜、豆日见其多，夺民之力，故使沦胥。"①

可见，沦陷前夕的北平商会确实有其维护社会公益，保护弱势群体，保护自身利益的一面。

沦陷后，伪实业部下设工商局。其管理关于工商业保护、监督、奖励及改良事项及关于工商业团体事项等。日伪于1942年7月又颁布了《商会统制暂行办法》，规定：特别市、普通市及县之工商同业公会，或工商业经营者，须设立商会。行政官署在统制工商业上认为有必要时，对于无工商业公会之工商业经营者，得令其加入该地区之商会。行政官署在统制工商业时认为必要时，对商会得采取必要之措施。商会对于非工商同业公会成员内如有违反法令或不符商会统制者，得开除之。商会对于违反章程者，得依其规定科以过怠金。②在日伪的压迫与诱惑之下，急于希望通过日伪势力寻求政治发展的部分商会成员很快成为日伪的走狗。冷家骥，字展麒，山东招远人。冷于1928年开始任北平商会会长，而后兼任市参议会副议长。1930年，冷与西单恒丽绸缎店经理潘佩华共同出资开办了西来顺，由名厨褚祥担任经理。冷氏在20世纪30年代初在反对外来经济侵略、保护民族工商业的斗争中还是积极的。北平沦陷后他与日伪上层

---

① 《全国商会联合会为拒绝订购第二批美麦代电》，中国第二历史档案馆：《中华民国档案史资料汇编》，第三辑农商（二），江苏古籍出版社，1991年版，第800页。

② 《华北政务委员会公报》第157—158期，档号：J045—485—4562，第15页，北京市档案馆藏。

走得很近。1937年8月4日，伪北平地方维持会成立。伪府"各局处长等为当然委员，本市士绅自治团体、市商会、银行公会等，各出若干人为委员"。[①]为此，当时的商会会长冷某就落水为奸了。在二十九军将士为了民族的尊严不断流血牺牲，北平岌岌可危的敏感时刻，冷某等正忙着伪北平市长人选的角逐呢！当时，华北似如危卵，险象环生。如当时的通州，因战乱已致"横尸数日，无人收敛……水火断绝"的地步，而"商会唯办日兵给养而已"。[②]在这个关键时刻，"冷家骧运动北平市长"，多次哀求日方予以重用，而日方根本看不上他，很明显，当时商会的部分成员已丧失了当初的民族意识，幻想着投靠日寇升官发财了。为此，时人哀叹："如是国亡无日，猎官不已，诚无耻之极。"8月17日，在明知当伪市长无望之时，冷表示"平市长让于宇老……但维持会长一席，应请宇老让与展麒"，还扬言，如果江某就市府职，"财政局一席非冷家骧莫办"。江某则讥之说："以交情言，请冷帮忙固无不可，若谓北平内唯冷一人懂财政，未免轻量天下士。冷不过农工银行经理、商会会长之才耳，那懂财政？"[③]

在商会上层发生蜕变之后，日伪又通过了《工商同业公会暂行条例》进一步促进了商会等的伪化。其规定："凡在同一县市或特别市内经营各种正当之工业或商业者均得依本条例设立同业公会。工商业同业公会以协助政府施行经济政策及增进同业之公共利益为宗旨。工商业同业公会之主管官署在中央为实业部，在各省及特别市为经济局。同业公会及其所属会员经营之业务受其他机关主管者，除向实业部登记外，仍由各该机关主管之。工商业公会之设立须有同业公司行号五家以上之发起。但主管商品之同业公会，县市政府及特别市经济局、财政局或粮食局得指定发起人，命

---

①李景铭：《卢沟桥事变后北平见闻录》，选自中国社会科学院近代史研究所《近代史资料》编辑室：《近代史资料》，社会科学出版社，1987年版，第108页。

②李景铭：《卢沟桥事变后北平见闻录》，选自中国社会科学院近代史研究所《近代史资料》编辑室：《近代史资料》，社会科学出版社，1987年版，第116页。

③李景铭：《卢沟桥事变后北平见闻录》，选自中国社会科学院近代史研究所《近代史资料》编辑室：《近代史资料》，社会科学出版社，1987年版，第116页。

令其组织"。①很明显，当时的商会、同业公会及其成员的产生、职权的行使等无不受到日伪上层的左右。其结果必然是促使商会、同业公会的伪化——成为日伪实现其政策的一个有力工具。

二、导致日系企业得到了飞速发展

首先，日本的国策企业得到飞速发展。国策企业是日本为了实现其侵略目的而由日本政府，或由日本政府联络日本财阀所建的由日伪给予极大特权的特别重要的一些企业。如当时的交通运输业是日本扩大战争、掠夺财富所必需的生命线，同时又是日本控制华北经济的重要手段。因此，它极为重视。为此，日本创办了华北交通公司，1939年投入的资本为3亿元，到1943年发展到4亿元，其员工达185345人，垄断了全华北的铁路、公路、水路的运输，其赢利分别从1939年10月至1940年9月30日的5.919亿元上升到1944年的15亿多元。②华北电业股份有限公司也是日本在北平等地建立的统治经营发电、送电、配电等事业暨各种附带事业，并对其他同种事业的投资及融资为目的的企业。1940年至1943年3月其资产数分别为72026583元、313857096元，上升了4倍以上。③

其次，本身为非国策性企业，但因拉拢国策企业入股而暴富的日本企业。按日寇的政策，只有日本政府极力重视的国策企业才能享有物资、原料等的特许权。为此，部分非国策性企业为了获取政策上的优惠，往往采取拉拢国策企业入股的方式以求得更大的发展。如当时的东光电气株式会社北京出张所，办公地在北京市德胜门内西条胡同内13号，它是1938年由度边贞治成立，该所在天津还有一个分支机构。"为领配给计，有北支开发投资"。其业务是以修理电气工厂，垄断全华北各地的电业公司、

---

①《银行公会转发伪社会局的〈华北政务委员会关于工商业同业公会条例等问题的来函〉》，档号：J46-1-520，1943年3月，北京市档案馆藏。

②中国抗日战争史学会，中国人民抗日战争纪念馆：《日本对华北经济的掠夺和统制》，北京出版社，1995年版，第237—238页。

③中国抗日战争史学会，中国人民抗日战争纪念馆：《日本对华北经济的掠夺和统制》，北京出版社，1995年版，第306页。

各矿山及铁厂，山西实业公司的变压器、电动机之修缮、改装（放大、缩小），其规模之大，在全华北首屈一指。设备一项，目下已发展到日臻完善之地步。三四年来，平津两厂的收入，每月计在联币3000万元以上，职工北平每日最多50人以上，天津30人以上。其中，大多数为日系，目下北平厂内尚有山西实业公司及电业公司变压器七八台，半修未修，尚能克期修妥，当有联币数千万元之收入。"卷线机、试验机、切断机、打孔机、变压器、电流变流器，以上库存一年用材料。该企业的天津分厂也有大量的材料"。由于得到日方强有力的支持，因而"五六年来，独字生理，造成了供不应暇之业绩"。[①]可见，正是因为日伪的商业统制政策等，才使当时的日资企业在沦陷区处于绝对的垄断地位。

最后，日本民间个人利用居留民的身份，通过各种手段，获得了丰富的原料来源，进而在市场及整个生产领域获得了非同一般的利润。如渡边雄记战前曾任日本政府驻华使馆武官，侵华战争期间第二次来华居住于东城区苏州胡同七贤里5号，其确切身份及职业不明，其邻居都认为他是一个集政治、军事、文化、经济于一身的多元间谍。日本政府投降后，1945年8—9月间，由其管事，受他的委托变卖其所存的物资甚多。物品有：天津中纺二厂产十全牌32支纱线5件（每件40块，每块约9斤）……天津中纺二厂产红五福白布20件（每件20匹，每匹108尺）……上海产蓝炮台纸烟50条，绿炮台烟50条，大高乐、中高乐、仙乐牌纸烟二三百条。以上商品均为北平沦陷期的名牌货，与民生密切相关。日方人员正是利用日伪政权给予他们的种种特权掠夺了大量的财富，自然给北平市的一般民众的生活带来了巨大的灾难。[②]

总之，日本企业在当时的北平占有绝对的"优势"地位。伪刊曾报道："国府参战后，华北于大东亚战争后方产业基地所负之使命已愈趋重大矣。而负担此种重大使命者，厥为华北底下资源，供给战争必须资源，而期早日完成此大战。与此有切实关系者，则为华北工业……北京为华北

---

① 《东光电气株式会社营业概况》，档号：J13-1-169，1945年12月，北京市档案馆藏。

② 阿尚：《沦陷时期北平日侨囤积掠夺物资情况点滴》，北京市政协文史资料委员会：《北京文史资料》第52辑，北京出版社，1995年版，第141—142页。

政务及产业中枢地，年来北京已由古老工业，渐进展为近代化工业雏形。石景山制铁厂、双合盛啤酒工厂、日清制粉厂，各工厂中现在北京中日工厂投资总额为4500万元，其中日系工业占3500万余元，华系1000万元。故日系占77%，华系占23%，年产额为1.5亿元，其中华系5000万元，日系1亿元。其中日分类的年产额，如金品、酒类制造额最大为5400万元，占全市的36%，其中面粉类3500万元，点心类700万元，酒类酿造类540万元，杂品类10万元，其制造工业、金属器具工业为3000万元，占20%，轻工业及其他为3600万元占24%。"[1]可见当时日本企业在北平之地位。

三、伪政权财政收入的急剧增加

当时，在北平市涉及的伪政权主要是伪北平市政权及华北伪政权（中央机构）。当然，两者有着明显的统属关系，但又有不可调和的矛盾：都希望增加自己财源，强化自身的集权体制。那么，通过对民族工商业的打压、盘剥后，它们的财政状况又是如何变化的呢？

首先，伪中华民国临时政府的财政状况。伪财政部部长汪时璟在1939年做了一个《关于临时政府成立后之财政》的广播演讲词。他毫无廉耻地吹嘘："溯自前年十二月间，临时政府应时局的需要排万难以成立，尔时公家的帑藏固等于零。而人民当兵燹之余犹恐不赡，何能担任巨额租税？政府见于此，劳心焦虑，百般审慎，决定先从修养生聚入手，然后徐图发展。是以既就原来之税项，如关税、盐税、统税三项税收，自经前岁的事变，情形之复杂，整理之艰难，诚有非理论上、往例上以及常识所能想象与比拟者……经临时政府百计维持，力求救济，长芦、山东、青岛各局始获一仍其旧。山西、河南各局并分别改组、增设机构，共策进行，各商户亦渐近见复业，税收不至过形短绌。又如统税，在事变以前，章制未备，管理未周，疏漏之处甚多；事变后数月中因系统未明，督征松懈，亦了无成绩可言。经临时政府熟察地方情势，随治安秩序之恢复，添置局所，严

---

[1] 芷公：《北京近代工业全貌》，《华北商工》1943年10月20日，第2版。

定规章，加以有计划之管理，税收乃渐见起色。"[①]那么，在日伪的敲骨吸髓之下，华北伪政权的税收状况又是怎么样呢？据其供认：从1938年1月至12月，关税收入为73393500元，盐税收入为18549900余元，统税收入为39851100余元。总计三项收入为131790000余元。除关税因种种原因尚未动用外，盐统两税收入悉供给政府经临各费。同期的支出费为53155100余元。[②]在汪逆看来，华北伪政权已成为伪满以后成立的能够实实在在为日寇卖命的铁杆汉奸政权。"自满洲建立以来随治安的确立及其他诸般基础工作的进展，而招致国民经济的振兴，租税及其他收入亦倍见增收。进步之速，甚堪钦佩。甚至愿东亚新经济集团之树立，日本、满洲等各个经济单位联成强大的经济单位，各自维持国家独立，各自发挥其个性与本能。一方面各就力之所能及分工合作，以自效于集团以内。例如适于发展工业的国家，便尽力发展工业，适于生产原料之国家，便尽力生产原料；一方面无分人力、物力、财力有无相通，互相提携，例如利用日本进步的技术，开发中国蕴藏的资源，同时将中国开发所得的原料，换取日本现代工业的产品。总之，集团经济运动已成为世界经济新动向之一，英美法各国就其经济领域先亚洲而为之。在世界集团经济对峙之形势下，处于孤立地位的国家，断无足自存之理，建设东亚新秩序当自东亚经济集团做起，诚哉不可须臾矣"。[③]总之，在伪逆们看来，华北的经济要紧紧地绑在日本的战车之上，为日本的侵略服务。

其次，北京市伪政权的财政收入状况。随着苛捐杂税的不断增加，其地方税捐收入不断增加。如1941年北平市政府预算收入总计18861046.58元，其中正项收入9947805元，杂项收入298454元，补助收入3885819.27元，临时收入2628968.31元，借入费20万元。那么，在正项收入中，与工

---

①中国抗日战争史学会，中国人民抗日战争纪念馆：《日本对华北经济的掠夺和统制》，北京出版社，1995年版，第67页。

②中国抗日战争史学会，中国人民抗日战争纪念馆：《日本对华北经济的掠夺和统制》，北京出版社，1995年版，第67页。

③中国抗日战争史学会，中国人民抗日战争纪念馆：《日本对华北经济的掠夺和统制》，北京出版社，1995年版，第68页。

商业直接有关的是普通营业税、契税等12项，9618880元，占97%。[①]由此可见，日伪政权对民族工商业打压、摧残、剥削之严重。

那么，其历年财政收入又是如何变化的呢？伪市政府实际财政收入1938年上升为680万元。[②]1939年数据阙如，1941年为8103227.47元，1942年上升到1340521597元，1943年升到18909427.17元。[③]1944—1945年数据阙如。不过，尽管部分年份缺乏相关的数据，但其财政收入总体上是不断增加的，甚至到后来增加的幅度很大。一是该时期物价不断飞涨，根据财政的自给自足政策，伪政府的财政收入肯定会不断增加，因为税率在不断地提高。不仅前面介绍的营业税处于此种状况，印花税等也是这样。如债券及股票，每件按票面金额每千元贴印花三元，不满千元按千元计；合资营业之字据，每件按金额每千元贴印花三元，不满千元按千元计；等。充分反映了日伪巧取豪夺在制度层面置民族工商业于死地的丑恶嘴脸。二是北京市伪政权财政亏空是在其覆亡的前夕。前面已谈到，到1945年5月前，北平财政的收支平衡才被打破。为此，日伪经济才明确处于崩溃的境地。由此可推断，1944年，甚至1945年的某些月份其财政收入依然处于很高的状况。这一点，从伪逆王克敏的供词中可见端倪。

再次，民族工商业处于破产化的困境。民族工商业要想得到稳定发展，必须具备一些基本的条件：较充足的原料、广阔的市场、优厚的经济基础，充分必要、廉价的劳动力，政府政策的支持。很明显，沦陷时期，北平的民族工商业缺乏这些基本条件。其结果必然是民族工商业的破败与停滞：

第一，商业的衰落。商业与民族工业的发展有着密切的关系。因为商业的发展，在一定程度上能推动民族工业的发展。它可为民族工业的发展提供必要的市场，人员流动、一定的技术指导。那么，沦陷时期，北平商

---

①华北政务委员会总务厅情报局印制：《文化年刊》第三卷，第82页，档号：ZQ12-3-135，北京市档案馆藏。

②郭贵儒，等：《华北伪政权史稿》，社会科学文献出版社，2007年版，第256页。

③北京市档案馆：《民国时期北平市工商税收》，中国档案出版社，1998年版，第121—125页。

业又是如何？沦陷后，商业则一落千丈，处于极为动荡、疲软的困境。

表9-8　本市城内商店总数及营业、歇业、迁移调查统计表（1939.1—1940.9）

项别 年月	总数	营业	歇业	迁移
1939.1	23196	183	85	49
1939.2	23243	105	58	37
1939.3	23355	229	117	42
1939.4	23452	197	100	57
1939.5	23554	205	103	52
……				
1940.1	24042	199	87	24
1940.2	24135	199	87	24
……				
1940.9	25038	198	55	41

资料来源：北京市社会局编纂委员会编：《社会统计月刊》，第三卷第10号，1940年10月，第10页。

由表9-8可见，该时期北平商业一直处于萧条状态。首先表现在营商环境恶劣，商家日趋减少，从商人员减少。除了年关商业经营状况稍好一些外，其他时候商号家数尽管有增加的趋势，但不振状况明显——不少商号不得不歇业、迁移。这表明当时的营商环境不容乐观。到1940年9月，情况更为明显。该月表现为歇业商号达45家，迁出者达45家。[①]如农产品业1315家，其中刚开业的16家，歇业的5家，迁移的1家。畜产品业共1841家，开业数12家，歇业数4家。[②]从开业总数来看，是不断增加的。但歇业、迁移者众。这表明当时北平商业确有恢复之势。但经济环境的不景气，生活的艰难迫使商人们为了生存不得不改变营商的方式，谋取生存空间。

①北京市社会局编纂委员会：《社会统计月刊》第三卷第10号，1940年10月，第11页。
②北京市社会局编纂委员会：《社会统计月刊》第三卷第10号，1940年10月，第11页。

表9-9 1943年北平商店类别及家数（部分为日籍）

项别	家数	项别	家数	项别	家数
农产品业	1504	美术工艺品业	1295	交易业	1
林业	329	服装品业	2999	娱乐业	114
畜产业	2016	建筑工程业	446	土药业	284
水产业	84	废物业	98	金属制品业	1430
矿产业	1198	交通运输业	1095	土石业	205
教育用品业	756	旅店业	2559	纺织业	1398
化工业	804	草藤业	1294	总计	

资料来源：ZQ12-3-135，《文化年刊》第三册，第76页。

　　到1944年10月，据警察局的统计，全市人口为1753993人。其中失业人数399536人，无业人数638684人，从业人数为2880227人，其中商业人数262889人，占从业者的9.1%。可见商业人口在从业人口中占的比重呈明显下降的趋势。[①]直到1945年10月，商业似乎有了一定的恢复。抗战胜利后，经多方的努力，1945年10月，北平市人口发展为1650695人，各正当行业从业人员共898412人，其中工业158092人，商业368940人。[②]很明显，日伪覆亡后，北平的商业才有了较大的恢复。

　　第二，商业的萧条是全方位的。"各街市上之景象，自围城之前一日，所有北平各街市上顿顷现出一种凄凉气象，商界尤甚。""当商大不佳，鞋行更不堪，旅店关闭甚多。""昨至相当当铺调查，据云北平该行仅八十八家，去岁一年之营业，能赚钱者不过十分之一。其余各家亦多赔钱，盖因往例当面不赎者，即为市面困窘，去岁竟致当者亦不多见，其原因并非市民富户不当，实因为当无可当也。且每有当者，不过皆是三钱五钱，以至一元二元，其五元一票者实不多见。人工伙食房租官税铸捐零费，件件均见加增，而生意萧条，故多折本。是以每家均有裁员之举。"[③]戏衣庄仅有东珠市口春德生赚钱（因梅尚程、徐诸伶常年照

　　①华北政务委员会总务厅情报局印制：《文化年刊》第三册，档号：ZQ12-3-135，北京市档案馆藏。

　　②《北平市统计总报告》，档号：ZQ12-2-295，1945年12月，北京市档案馆藏。

　　③《春节后商况之调查》，《晨报》1939年2月20日，第5版。

顾），其余仅多敷衍门市……估衣一行，去岁亏累不堪，年前倒闭者多家，其老字号尚能敷衍营业。[①]沦陷前夕，一般民众向来喜欢小站米、西贡米、仰光米。而到沦陷时期，北京附近农家，"每年秋收之粮，最迟者亦于年底粜出，而春季天长种地之时，大半家无宿粮矣。是以乡间谓此为青黄不接之时，反多至北京来籴米，所以近日各门外粮栈，所存之口小米及红粮玉米，价值日见增高，而乡间之驴驮，反搬运不绝于途。总而言之，北京市民既受生活日高之影响，而米粮店亦有生意日少之困难，况北京人数，不似从前之多也。"[②]由于生意不好做，甚至赔钱者多，为此，歇业者众多。"连年因时局影响市面，以致银根吃紧，商业萧条，而歇业倒闭者，接踵而起，敷衍门面者遍地皆是"。由"阳历去年十月至十二月，共有一千六百十六家之多，歇业"。如10月份共有如宾学社等418家关门，11月就有德顺烧饼铺等40家店铺关张，12月份共有112家店铺关门。[③]

鉴于商业的极度萧条，是年元旦，北平市商会曾召集大会，讨论救济办法。因商业的极度窘迫及民众的生活艰难，中共的报刊予以披露。在他们看来，商人生活之所以困难，关键的原因是日伪的压榨。

商人歇业、停业的频仍，与日伪的横征暴敛有着密切的关系。为此，商民往往通过自己的方式来反抗日伪的掠夺。"华北敌伪财政贫困异常，又因日寇与伪政权人员多方敲诈贪污，入不敷出，财政上发生恐慌，而敌伪则不顾人民生活如何，只管横征暴敛，所有关税、盐税，都数倍增加。而其中尤以加征所得税，对商民及民众的影响尤大"。在伪"华北统税总局"公布了新订的所得税税率后，即引起北平市商会、天津市商会、天津启新洋灰公司、华北商会协议会、津市工厂联合会等团体的一致反对。纷纷向伪华北政务委员会财务总署要求取消此项新税率，但该总署已予"批驳"称"为应付收支均衡，需款孔急，势难挽回"[④]云云。以上各商会和一般市民，对此驳辞，非常不满，不愿实行，遂暗中停业以相对抗。故市

①《最近商况之调查》，《晨报》1939年2月28日，第7版。
②《煤商不敢存货，乡人来京籴粮、布商大赔其本》，《晨报》1939年2月17日，第4版。
③《三个月歇业店铺》，《晨报》1939年1月15日，第5版。
④《敌伪苛杂百出，平津商民群起反抗》，《晋察冀日报》1944年5月14日，第5版。

面商业顿形萧条，使敌伪头疼不已。

第三，民族工业处于破产的境地。北平的民族工业很少有机械化生产的，或者机械化程度不高——基本上是手工业。手工业往往是利用手工工人的技巧、经验来生产产品并投放市场，进而谋取微薄利润的小生产者。它是指使用简单工具，依靠手工劳动，从事小规模生产的工业。它最初与农业融为一体，属于农民副业性质的家庭手工业。北平周边地区本质上在近代还是以传统农业为主导地位，如房山等县在20世纪30—40年代，农业依然占主导地位。

由于主要的资源都被日伪垄断，民族工业处于十分卑微的困境，手工业者绝大部分破产。1943年6月，伪政权对其管辖下的手工业进行调查：钢铁锡制造业，涉及张云山等54位业主，其平均工时一天为10.87小时，最多的为王子安等5家（做衣服），平均每天上班15小时，雇佣工人422人，户均7.8人，总资本12354元，人均资本262元。经营状况：处于不佳的占32.5%，处于萧条的占35%，处于平常的仅占20%。如齐子惠经营帽子的制作，投资7000元，有工人11人，每天工作13小时以上，依然处于不佳的状况。[①]

在民族工业苦苦挣扎、难以为继的情况下，日方企业却拼命地大肆利用廉价的中国劳工。如小系重机工业株式会社下设熔接、制缶、锻造、搬运等部门，从其人员清册中了解到，中国籍员工遍及各个部门：其中从事设计、制图工作有赵景廉等440人，制缶工作的44人，锻造的27人，熔接的103人，搬运的40人。[②]

由此可见，当时的民族工业与日资企业处于冰火两重天的境地。

第四，民族工商业的瓦解、萧条状况进一步加剧了农村社会的贫困化。在近代，民族工商业者与农民阶层有着必然的关联，很多民族工商业者来自农村，在其经营企业成功后，往往又以自己独特的方式反哺农村、农业。然而这种局面在沦陷时期发生了很大的变化，那就是随着民族

---

①《北京市各区手工业调查表》，档号：J2-7-391，1943年6月，北京市档案馆藏。
②《北京市失业工人临时救济委员会工厂调查表》，档号：J13-1-169，1945年12月，北京市档案馆藏。

工商业瓦解、萧条状况的到来，使它们对农村的支持大大地减少了。而民族工商业的破产进一步使日伪政权强化了对农村和农民的压榨，致使农村更为破败。

后　记

　　本书的写作得益于多方面的指导、支持和帮助。首先，要感谢北京师范大学的李帆老师。2008年9月至2009年7月，本人有幸于北京师范大学进修，在此结识了早已慕名的李帆教授。在那一年内，得到他无微不至的关怀与指导——本来自己决定从事张之洞的研究，后他从选题的难易度方面建议我去北京市档案馆看看。我听从了他的建议，从此开始研究北京沦陷时期的社会史。为此，从2010年至2015年先后在《史学月刊》《理论学刊》等杂志上发表了六七篇关于抗战时期北平史的文章。而这些文章是我撰写这本书的基础。当然，近几年来，为了完成岭南师范学院的科研申报任务，我一度将上述文章作为我写作申报的基础，不断扩展，终于对该问题的研究状况有了较好的梳理。其次，要感谢我的亲人。他们为我的进修、写作付出了辛苦。在京进修期间，我的夫人正处于工作困难的时期，再加上慈父仙逝，家境困难，种种艰难可想而知。尽管如此，她依然鼓励我前往京城，完成学业。为本书的完成创造了必要的条件。近年来，小孩子已渐渐长大，大女儿已上了大学，总算可以腾出时间来完成这个多年来的心愿。再次，要感谢岭南师范学院法政学院各位同事，特别是庞天佑、雷冬文教授，他们为本书的前期准备工作给予了帮助与支持。该书由岭南师范学院历史系中国史专业支助。最后，要感谢长春出版社的各位朋友，特别是师兄张耀民、责编程秀梅为本书的完成提供了细心的指导与建议。

　　还有一点要说明的是，由于本人知识与能力的不足，因此在本书的写作过程中难免存在不足之处。敬请大家原谅与理解！